大数据时代

企业数据合规之路

杨　杰/主　编
张昌倩　冯清清/副主编

法律出版社 | LAW PRESS
北京

图书在版编目(CIP)数据

大数据时代企业数据合规之路 / 杨杰主编. -- 北京：法律出版社, 2022
ISBN 978-7-5197-6981-9

Ⅰ. ①大… Ⅱ. ①杨… Ⅲ. ①数据管理－科学技术管理法规－研究－中国 Ⅳ. ①D922.174

中国版本图书馆CIP数据核字(2022)第137275号

大数据时代企业数据合规之路
DASHUJU SHIDAI QIYE SHUJU HEGUI ZHILU

杨 杰 主编

策划编辑 邢艳萍
责任编辑 邢艳萍
装帧设计 鲍龙卉

出版发行 法律出版社
编辑统筹 法律应用出版分社
责任校对 朱海波
责任印制 刘晓伟
经　　销 新华书店

开本 710毫米×1000毫米 1/16
印张 16 **字数** 280千
版本 2022年10月第1版
印次 2022年10月第1次印刷
印刷 三河市兴达印务有限公司

地址：北京市丰台区莲花池西里7号(100073)
网址：www.lawpress.com.cn
投稿邮箱：info@lawpress.com.cn
举报盗版邮箱：jbwq@lawpress.com.cn

销售电话：010-83938349
客服电话：010-83938350
咨询电话：010-63939796

书号：ISBN 978-7-5197-6981-9
定价：65.00元

凡购买本社图书，如有印装错误，我社负责退换。电话：010-83938349

序

不知道从什么时候起,我们的生活变得和以往截然不同了。我们开始习惯了出门之前先通过地图软件查查实时路况,以便更好地规划我们的行程;我们去到任何一个陌生的城市不再会感到迷茫,因为有打车软件和各种旅行 App 帮助我们解决出行和食宿需求;我们越来越不习惯在实体店购物,因为只要在各大电商平台输入关键字,相关的商品就会被源源不断地推送给我们;工作结束后,当我们拖着疲惫的身躯回到家里,会习惯性地打开短视频,诸多短视频软件的算法,比我们自己还知道我们喜欢什么内容……这一切便利生活的背后都可以归因为"数据"。数据已经无孔不入地进入了我们的生活,通过数据可以分析出我们的行为模式和生活习惯,使我们的生活更便捷。

然而,天下万物,有阳就有阴,有正就有反。数据在极大地丰富我们生活的同时,也让我们感受到了诸多困扰。例如,每天都会接到几个陌生骚扰电话,下载手机 App 时被频繁索取各类权限,以及不知道什么时候就被收集了的人脸信息……我们真的安全吗?我们还有独立空间吗?谁来保护我们的隐私?因此,数据虽然能够帮助我们真实客观地反映这个世界,但是又经常会跟人类的感情和认知发生激烈的冲突。

2022 年 8 月,麦肯锡发布了《云端中国,展望未来》的研究报告,该报告指出中国已成为全球数字化发展的第二大市场,2025 年中国 78% 的 IT 工作负载将在云端部署。那么,当数智化、云端化成为大势所趋,我们该如何应对"数据合规"这一重要课题?数据合规,可以说是数智化发展的生命线,如果我们不能建立固若金汤的数据安全体系,又如何保障云端中国的未来发展?令人惊喜的是,国家对于数据安全体系的治理,速度和力度远超出我们所有人的想象。刚刚过去的 2021 年,被理论界和实务界称为数据合规的"元年"。因为在这一年,与数据相关的两部法律《个人信息保护法》和《数据安全法》先后发布实施,从此,数据的收集、储存、使用、加工、传输、提供、公开、删除等行为将有法可依、有法必依。

机缘巧合，早在 2018 年，我们团队就先后帮助众多的互联网企业完善在海外经营业务的过程中，《通用数据保护条例》（GDPR）对企业数据的合规化要求。2021 年以来我们也先后帮助了微信、南方电网、广汽埃安、华泰期货、广发银行等众多的企业以及大型民营企业，完成了数据合规体系的搭建。我们在执业过程中发现，尽管法律已经构建了中国数据合规的初步治理体系，但仍然有非常多的企业，合规意识不强或者缺少可以落地的实践方法，因此我们深感有必要将我们的一些经验分享给大家，帮助企业增强数据合规的意识，以及给有志于从事数据合规工作的法律工作者们提供一些启发。

在本书形成的过程中，要特别感谢我的两位合伙人张昌倩律师和冯清清律师，团队每一次进入新业务领域，你们都无条件地支持我，并在繁忙的工作之余全情投入本书的出版。也要感谢团队的所有伙伴们，以令人惊叹的执行力在数据合规这一新领域进行了大量的研究，从事了大量的实务工作，对本书的出版作出了巨大贡献。还要感谢我的家人，是你们在背后的付出和奉献，让我可以全力以赴地投入“数据合规”的法律研究工作。更要感谢为本书做推荐的各位专家学者、律师行业协会领导以及法律科技公司的首席执行官们，感谢你们对新事物的包容和对本书的认可。当然，“数据合规”这一课题还在不断地迭代发展过程中，时间仓促，本书难免存在一些疏漏不足之处，欢迎大家批评指正。

2022 年注定是让人难忘的一年。狄更斯在《双城记》里写道：“这是一个最好的时代，这是一个最坏的时代；这是一个智慧的年代，这是一个愚蠢的年代；这是一个信仰的时期，这是一个怀疑的时期。”面对变幻莫测的当今世界，我们必须保持必要的敬畏。现在的中国，显然已进入了新的时代。过去的那个一无所有、野蛮生长的时代结束了，那个冒险主义的时代也结束了，我们需要的是生生不息的科技创新和有规则、有边界的法制化发展，我们将步入一个平稳发展的理性年代。早在 400 多年前，张居正就说过：“天下之事，不难于立法，而难于法之必行。”在这个崭新的时代，如何践行和落实法律的规定，用法律的力量为国家的数智化发展保驾护航，作为法律工作者，我们使命在身，任重道远！

2022 年 9 月 5 日于广州

目录

第一章　多元共治：数字经济时代的合规监管架构

第一节　三驾马车：数据合规监管的法律体系

“十四五”规划提出“加强网络安全保护”的重要课题，国家正在推动健全国家网络安全法律法规和制度标准，加强重要领域数据资源、重要网络和信息系统安全保障。① 新形势下，大量数据合规法律规范出台，从法律、行政法规、部门规章到国家标准，数据合规的规范性文件正在构建起我国的数据合规法律体系。

一、法律：三驾马车架构下日渐完善的法律框架

2021 年以前，关于数据合规的规范内容散落于《民法典》、《刑法》、《消费者权益保护法》及《电子商务法》等法律中。2017 年正式实施的《网络安全法》是我国第一部关于网络安全管理的基本法律，对保护公民个人信息、打击网络诈骗、保护关键信息基础设施、网络实名制等内容作出明确规定。该法旨在保护网络安全，不仅涉及网络设施设备和运行安全，也涉及网络数据安全。但在数据安全及个人信息保护上着墨不多，仅作框架性规定，对个人信息保护存在后劲不足的问题。

放眼世界，全球数据安全与个人隐私立法呈现白热化趋势，欧盟的《通用数

---

① 《中华人民共和国国民经济和社会发展第十四个五年规划和 2035 年远景目标纲要》第十八章第三节。

据保护条例》(GDPR)及美国《加利福尼亚州消费者隐私保护法案》(CCPA)相继出台,为全球立法提供重要参考,目前已有137个国家通过立法保护数据及个人隐私。[①] 在这样的背景下,我国也在加速推进数据安全及个人信息保护的立法进程。

2021年,我国《数据安全法》及《个人信息保护法》两部数据合规重磅级法律接连发布,为数据处理活动装上"安全阀",使个人信息保护有了"安全锁",与《网络安全法》共同构建起我国网络安全及数据安全法律体系。

2021年6月10日,《数据安全法》审议通过,于2021年9月1日起实施。这部法律对我国境内外的数据处理活动及其安全监管均进行了全面的制度统筹,强调对个人和组织数据权益的保护,鼓励和支持数据在各行业、各领域的创新应用。具体而言,《数据安全法》对以下要点予以明确:

(1)开展数据处理活动及研究开发数据新技术应符合社会公德和伦理;

(2)任何组织和个人收集数据,应当采取合法正当的方式,不得窃取或以其他非法方式获取数据;

(3)从事数据交易中介服务的机构提供服务,应当要求数据提供方说明数据来源,审核交易双方的身份,并留存审核交易记录。

2021年8月20日,《个人信息保护法》审议通过,于2021年11月1日起实施。该法历经三次审议和两次征求意见,填补完成数据安全及个人信息保护最重要的法律板块,弥补了个人隐私立法缺位的现状。具体而言,《个人信息保护法》对以下要点予以回应:

(1)处理个人信息应当遵循"最小必要"及"告知同意"原则。

(2)处理敏感个人信息应当取得个人的单独同意;只有在具有特定的目的和充分的必要性,并采取严格保护措施的情形下,个人信息处理者方可处理敏感个人信息。

(3)不满14周岁未成年人的个人信息为敏感个人信息,处理不满14周岁未成年人个人信息的,应当取得未成年人的父母或者其他监护人的同意。

---

① 《全球数据保护与隐私立法》,载联合国贸易和发展会议官网2021年11月19日,https://unctad.org/page/data-protection-and-privacy-legislation-worldwide。

(4)个人信息处理者因业务等需要向境外提供个人信息，应当采取必要措施，保障境外接收方处理个人信息的活动不得低于我国的保护标准。

(5)禁止通过自动化决策对个人在交易价格等交易条件上实行不合理的差别待遇，在自动化决策实施前应进行个人信息保护影响评估。

随着《个人信息保护法》的出台，我国网络安全及数据安全法律体系雏形已形成。在立法层面确立了符合我国“数字大国”地位的法律制度，分别在个人信息保护、数据安全及网络安全等领域专门立法，有效应对我国数字化转型趋势，为催生新产业、新业态、新模式，壮大经济发展新引擎提供强力法律支撑。而法律大框架的落地还有待补充与细化对应实施细则。

二、法规规章：各地区各行业密集出台的新规

“三法并驾齐驱”的法律大框架外，还有庞杂的法规及规章，对框架进一步予以细化。目前针对三大法律的实施细则尚未完全落地，但已经有针对各行各业的行政法规、部门规章生效实施。

(一)行政法规及地方性法规

在行政法规方面，国务院发布的《关键信息基础设施安全保护条例》已于2021年9月1日起正式实施，因关键信息基础设施是经济社会运行的神经中枢，是网络安全的重中之重，该条例补充细化了《网络安全法》中“关键信息基础设施的运行安全”内容，为我国深入开展关键信息基础设施安全保护工作提供有力保障。《关键信息基础设施安全保护条例》明确了各部门的职责分工、关键信息基础设施的认定、关键信息基础设施运营者的义务、重要数据出境等问题。

此外，关于数据合规的要求还分布在《电信条例》《征信业管理条例》《人类遗传资源管理条例》《互联网信息服务管理办法》《计算机信息系统安全保护条例》《计算机信息网络国际联网安全保护管理办法》《计算机信息网络国际联网管理暂行规定》等行政法规中。

在地方性法规方面，各地纷纷探索数据安全及保护条例，从地方立法层面回应日渐频发的数据安全问题。《深圳经济特区数据条例》于2021年6月29日获第七届人民代表大会常务委员会第二次会议通过，并于2022年1月1日起

实施。其夯实了数据权利时代的法律基础,在解构与规范数据权及其权利体系上有着诸多探索。《深圳经济特区数据条例》率先提出"数据权益"的概念①,对个人数据处理的"最小必要"原则②、App 不得"任性"拒绝向用户提供服务③、数据处理者不得对未满十四周岁的未成年人进行用户画像④、禁止"大数据杀熟"⑤、不得滥用生物识别数据⑥等问题予以明确,强化个人数据保护,探索建立"数据交易"制度,力图在确保数据安全的基础上,最大限度地激发数据作为生产要素的经济价值。

此外,浙江省于 2021 年 9 月 29 日审议通过《浙江省电子商务条例》,并于 2022 年 3 月 1 日起实施。该条例对电子商务新业态予以监管,并针对实践中"大数据杀熟"问题予以明令禁止,电子商务经营者不得利用大数据分析、算法等技术手段,对交易条件相同的消费者在交易价格等方面实行不合理差别待遇。值得一提的是,《浙江省电子商务条例》特别明确对交易条件相同的消费者实行不合理差别待遇的,可以由市场监督管理部门依照《个人信息保护法》的规

---

① 《深圳经济特区数据条例》第 4 条规定,"自然人、法人和非法人组织对其合法处理数据形成的数据产品和服务享有法律、行政法规及本条例规定的财产权益。但是,不得危害国家安全和公共利益,不得损害他人的合法权益",此条提出了数据权益的概念。

② 《深圳经济特区数据条例》第 10 条第 2 项规定:"处理个人数据当符合下列要求:(二)限于实现处理目的所必要的最小范围、采取对个人权益影响最小的方式,不得进行与处理目的无关的个人数据处理",此条明确了最小必要原则。

③ 《深圳经济特区数据条例》第 12 条规定:"数据处理者不得以自然人不同意处理个人数据为由,拒绝向其提供相关核心功能或者服务。但是,该个人数据为提供相关核心功能或者服务所必需的除外。"此条意味着 App 提供者不能以用户不同意处理个人数据为由,拒绝提供服务。

④ 《深圳经济特区数据条例》第 30 条规定:"数据处理者不得基于用户画像向未满十四周岁的未成年人推荐个性化产品或者服务。但是,为了维护其合法权益并征得其监护人明示同意的除外。"此条明确了数据处理者不得对未成年人进行用户画像。

⑤ 《深圳经济特区数据条例》第 69 条规定:"市场主体不得利用数据分析,对交易条件相同的交易相对人实施差别待遇……"即市场主体禁止用大数据杀熟的方式进行差别待遇。

⑥ 《深圳经济特区数据条例》第 19 条第 1 ~ 2 款规定:"处理生物识别数据的,应当在征得该自然人明示同意时,提供处理其他非生物识别数据的替代方案。但是,处理生物识别数据为处理个人数据目的所必需,且不能为其他个人数据所替代的除外。基于特定目的处理生物识别数据的,未经自然人明示同意,不得将该生物识别数据用于其他目的。"此条意味着不能随意滥用生物识别数据。

定进行处罚。①

山东省于2021年9月30日审议通过《山东省大数据发展促进条例》,并于2022年1月1日起实施,对公共数据和非公共数据范围进行界定,明确除法律、行政法规规定不予共享的情形外,公共数据应当依法共享。此外,该条例还规定数据安全责任制,按照谁采集谁负责、谁持有谁负责、谁管理谁负责、谁使用谁负责的原则确定数据安全责任;明确了国家安全领导机构、网信部门、公安、国家安全、大数据等部门的监管职责和数据安全责任单位的保护责任。

2021年11月25日《上海市数据条例》发布,于2022年1月1日起正式实施,亮点颇多,系地方性法规的有益尝试,该条例明确数据交易民事主体享有"数据财产权",确立了数据交易价格"自定+评估"原则,同时确定浦东设立数据交易所,建设临港新片区离岸数据中心等内容。

2021年12月,广州市国资委印发了《广州市国资委监管企业数据安全合规管理指南(试行2021年版)》,该指南为地方国资监管部门首部针对数据合规专项领域的合规操作指南,划分了数据安全合规管理的三道防线,明确了数据分类分级管控标准和管控要求,对重大数据安全合规事项纳入"三重一大"事项并实施清单管理。

2022年1月21日《浙江省公共数据条例》发布,于2022年3月1日起施行。该条例为全国首部公共数据领域的地方性法规,并对"公共数据"进行界定,是指"本省国家机关、法律法规规章授权的具有管理公共事务职能的组织以及供水、供电、供气、公共交通等公共服务运营单位(以下统称公共管理和服务机构),在依法履行职责或者提供公共服务过程中收集、产生的数据"②。

2022年1月5日,深圳市市场监管局发布《深圳经济特区数据条例行政处罚裁量权实施标准》,对其职权范围内的数据执法事项处罚标准进行细化,该标准为《深圳经济特区数据条例》的配套处罚细则,有利于《深圳经济特区数据条

---

① 《浙江省电子商务条例》第27条第1款规定:"电子商务经营者违反本条例第十四条规定,对交易条件相同的消费者实行不合理的差别待遇的,由市场监督管理部门依照《中华人民共和国个人信息保护法》的规定进行处罚。"

② 《浙江省公共数据条例》第3条第1款。

例》的全面实施。

(二)部门规章及规范性文件

数据合规相关的部门规章呈现出分行分业的趋势,工业和信息化部(以下简称工信部)早在2013年就已发布针对电信与互联网行业的《电信和互联网用户个人信息保护规定》,该规定对电信业务经营者、互联网信息服务提供者的信息收集和使用规范予以明确,并赋予上述经营者及服务提供者实施安全措施的义务。

针对App专项整治行动,国家互联网信息办公室(以下简称网信办)秘书局、工信部办公厅、公安部办公厅、国家市场监督管理总局(以下简称市场监管总局)办公厅于2019年联合发布了《App违法违规收集使用个人信息行为认定方法》,为监督管理部门认定App违法违规收集使用个人信息行为提供参考,也为App运营者自查自纠和网民社会监督提供指引。2021年3月,网信办秘书局、工信部办公厅、公安部办公厅、市场监管总局办公厅联合发布了《常见类型移动互联网应用程序必要个人信息范围规定》,对常见类型App的必要个人信息范围予以界定,对App运营者收集个人信息具有较高的参考价值。

智能网联汽车蓬勃发展的当下,汽车行业的数据安全问题也日益凸显。个人信息之外,汽车行业还涉及车内车外道路数据、环境数据,关乎我国经济与国家安全的命脉。2021年8月16日,网信办、国家发展和改革委员会(以下简称发改委)、工信部、公安部、交通运输部联合发布《汽车数据安全管理若干规定(试行)》,该规定于2021年10月1日起正式实施,明确了汽车数据处理活动应遵循的四大原则,即车内处理原则、默认不收集原则、精度范围适用原则及脱敏处理原则。此外,该规定还对数据类型予以区分,除个人信息、敏感个人信息外,对汽车行业的重要数据予以界定。重要数据包括军事管理区、国防科工单位以及县级以上党政机关等重要敏感区域的地理信息、人员流量、车辆流量等数据;车辆流量、物流等反映经济运行情况的数据;汽车充电网的运行数据;包含人脸信息、车牌信息等的车外视频、图像数据;涉及个人信息主体超过10万人的个人信息;以及有关部门确定的其他数据。这些数据一旦遭到篡改、破坏、泄露或者非法获取、非法利用,可能危害国家安全、公共利益或者个人、组织合法权益。因此,开展重要数据处理活动,应当按照规定开展风险评估。

2020 年,网信办、发改委、工信部、公安部、国家安全部、财政部、商务部、中国人民银行、市场监管总局、国家广播电视总局、国家保密局、国家密码管理局联合发布《网络安全审查办法》①,该办法于 2020 年 6 月 1 日起正式施行,现已失效,明确运营者采购网络产品和服务影响或者可能影响国家安全的,应当向网络安全审查办公室申报网络安全审查。2021 年 7 月“滴滴出行”被启动网络安全审查,此后网络安全审查办公室陆续发布对“运满满”“货车帮”“BOSS 直聘”实施网络安全审查的公告。在此背景下,2021 年 7 月 10 日,网信办就《网络安全审查办法(修订草案征求意见稿)》公开征求意见,2021 年 11 月 16 日,《网络安全审查办法》(2021)审议通过,表明我国对网络安全的重视,除个人信息安全之外,数据合规领域的网络安全与国家安全问题更是合规领域的重中之重。我们总结《网络安全审查办法》(2021)的要点如下:

(1)将网络平台运营者的数据处理活动纳入网络安全审查范围;

(2)掌握大量个人信息的网络平台运营者赴国外上市需主动申报网络安全审查;

(3)网络安全审查将考察重要数据及出境风险;

(4)特别审查程序时间延长至 90 个工作日;

(5)《国家安全法》、《网络安全法》、《数据安全法》及《关键信息基础设施安全保护条例》为本办法的制定及适用依据。

2021 年 12 月 31 日网信办、工信部、公安部、市场监管总局联合发布《互联网信息服务算法推荐管理规定》,该规定的出台旨在规范互联网信息服务算法推荐活动,纠正算法歧视、“大数据杀熟”、诱导沉迷等算法不合理应用问题。

已发布实施的部门规章及相关规范性文件汇总见表 1 - 1。

---

① 2020 年 6 月 1 日起施行的《网络安全审查办法》已废止,下文所称《网络安全审查办法》(2021)为 2021 年 11 月 16 日审议通过,2022 年 2 月 15 日起施行的网络安全审查办法。

表 1－1　数据合规相关部门规章及规范性文件汇总

实施时间（年）	发布部门	文件名称
2010	商务部、工信部	《关于境内企业承接服务外包业务信息保护的若干规定》
2012	工信部	《规范互联网信息服务市场秩序若干规定》
2013	工信部	《电信和互联网用户个人信息保护规定》
2014	原国家卫生和计划生育委员会	《人口健康信息管理办法（试行）》
2018	国务院办公厅	《科学数据管理办法》
2019	网信办、发改委、工信部、财政部	《云计算服务安全评估办法》
2019	网信办	《儿童个人信息网络保护规定》
2019	网信办秘书局、工信部办公厅、公安部办公厅、市场监管总局办公厅	《App 违法违规收集使用个人信息行为认定方法》
2020	网信办、文化和旅游部、国家广播电视总局	《网络音视频信息服务管理规定》
2020	网信办	《网络信息内容生态治理规定》
2020	工信部办公厅	《工业数据分类分级指南（试行）》
2020	中国银行保险监督管理委员会	《中国银保监会监管数据安全管理办法（试行）》
2021	网信办秘书局、工信部办公厅、公安部办公厅、市场监管总局办公厅	《常见类型移动互联网应用程序必要个人信息范围规定》
2021	国家医疗保障局	《关于加强网络安全和数据保护工作的指导意见》
2021	网信办、发改委、工信部、公安部、交通运输部	《汽车数据安全管理若干规定（试行）》
2021	网信办	《互联网用户公众账号信息服务管理规定》（2021 年修订）

续表

实施时间（年）	发布部门	文件名称
2022	网信办、发改委、工信部、公安部、国家安全部、财政部、商务部、中国人民银行、市场监管总局、国家广播电视总局、中国证券监督管理委员会、国家保密局、国家密码管理局	《网络安全审查办法》（2021）
2022	网信办、工信部、公安部、市场监管总局	《互联网信息服务算法推荐管理规定》

三、国家标准：助益监管要求落地的重要参考

在法律、法规之外，国家及行业标准进一步细化监管要求，真正落地指导数据合规实践。尽管国家标准的效力层级不高，却是实践中的重要参考。

在《数据安全法》与《个人信息保护法》出台之前，《信息安全技术　个人信息安全规范》（GB/T 35273—2020）与《民法典》《网络安全法》共同作为司法实践的参考。在黄某诉微信读书案[①]中，法院在判决说理部分援引了《信息安全技术　个人信息安全规范》（GB/T 35273—2020）的内容，参考该规范对个人信息的定义与分类，就微信好友关系及微信读书信息是否为个人信息进行认定。在企业上市过程中，证券发行审核部门同样在问询中援引《信息安全技术　个人信息安全规范》（GB/T 35273—2020），要求发行人对照该规范说明其是否存在侵犯用户隐私或数据的情况。

《个人信息保护法》也参考了《信息安全技术　个人信息安全规范》（GB/T 35273—2020）的内容，对收集个人信息的"最小必要"原则进行规定。此外，《个人信息保护法》区分了个人信息及敏感个人信息，但并未详细说明个人信息及敏感个人信息的类型。《信息安全技术　个人信息安全规范》则有效回应此问题，对个人信息及敏感个人信息的类型予以列举，见表 1－2。

① 北京互联网法院民事判决书，（2019）京 0491 民初 16142 号。

表1-2 《信息安全技术 个人信息安全规范》(GB/T 35273—2020)附录

表A.1 个人信息举例

个人基本资料	个人姓名、生日、性别、民族、国籍、家庭关系、住址、个人电话号码、电子邮件地址等
个人身份信息	身份证、军官证、护照、驾驶证、工作证、出入证、社保卡、居住证等
个人生物识别信息	个人基因、指纹、声纹、掌纹、耳郭、虹膜、面部识别特征等
网络身份标识信息	个人信息主体账号、IP地址、个人数字证书等
个人健康生理信息	个人因生病医治等产生的相关记录,如病症、住院志、医嘱单、检验报告、手术及麻醉记录、护理记录、用药记录、药物食物过敏信息、生育信息、以往病史、诊治情况、家族病史、现病史、传染病史等,以及与个人身体健康状况相关的信息,如体重、身高、肺活量等
个人教育工作信息	个人职业、职位、工作单位、学历、学位、教育经历、工作经历、培训记录、成绩单等
个人财产信息	银行账户、鉴别信息(口令)、存款信息(包括资金数量、支付收款记录等)、房产信息、信贷记录、征信信息、交易和消费记录、流水记录等,以及虚拟货币、虚拟交易、游戏类兑换码等虚拟财产信息
个人通信信息	通信记录和内容、短信、彩信、电子邮件,以及描述个人通信的数据(通常称为元数据)等
联系人信息	通讯录、好友列表、群列表、电子邮件地址列表等
个人上网记录	指通过日志储存的个人信息主体操作记录,包括网站浏览记录、软件使用记录、点击记录、收藏列表等
个人常用设备信息	指包括硬件序列号、设备MAC地址、软件列表、唯一设备识别码(如IMEI/Android ID/IDFA/OpenUDID/GUID/SIM卡IMSI信息等)等在内的描述个人常用设备基本情况的信息
个人位置信息	包括行踪轨迹、精准定位信息、住宿信息、经纬度等
其他信息	婚史、宗教信仰、性取向、未公开的违法犯罪记录等

表 B.1　个人敏感信息举例

个人财产信息	银行账户、鉴别信息(口令)、存款信息(包括资金数量、支付收款记录等)、房产信息、信贷记录、征信信息、交易和消费记录、流水记录等,以及虚拟货币、虚拟交易、游戏类兑换码等虚拟财产信息
个人健康生理信息	个人因生病医治等产生的相关记录,如病症、住院志、医嘱单、检验报告、手术及麻醉记录、护理记录、用药记录、药物食物过敏信息、生育信息、以往病史、诊治情况、家庭病史、现病史、传染病史等
个人生物识别信息	个人基因、指纹、声纹、掌纹、耳廓、虹膜、面部识别特征等
个人身份信息	身份证、军官证、护照、驾驶证、工作证、社保卡、居住证等
其他信息	性取向、婚史、宗教信仰、未公开的违法犯罪记录、通信记录和内容、通讯录、好友列表、群组列表、行踪轨迹、网页浏览记录、住宿信息、精准定位信息等

在个人信息保护领域,针对安全影响评估的《信息安全技术　个人信息安全影响评估指南》、针对脱敏技术措施的《信息安全技术　个人信息去标识化指南》等,均为个人信息保护提供重要指导。此外,针对生物信息、信息安全、金融数据、汽车数据、医疗数据、云计算服务等各行业,也存在大量具有指导意义的标准、指南,已生效的重要标准及指南汇总见表 1－3。

表 1－3　数据合规重要标准及指南汇总

类别	标准名称
个人信息	《互联网个人信息安全保护指南》 《信息安全技术　个人信息安全规范》 《信息安全技术　个人信息安全影响评估指南》 《信息安全技术　个人信息去标识化指南》
生物信息	《信息安全技术　移动智能终端个人信息保护技术要求》 《公共安全　人脸识别应用　图像技术要求》 《信息技术　生物特征样本质量》
信息安全	《信息安全技术　网络安全等级保护定级指南》 《信息安全技术　网络安全等级保护基本要求》 《网络安全标准实践指南——网络数据分类分级指引》

续表

类别	标准名称
金融数据	《个人金融信息保护技术规范》 《网上银行系统信息安全通用规范》 《征信机构信息安全规范》 《信息安全技术　金融信息服务安全规范》
汽车数据	《汽车采集数据处理安全指南》
医疗数据	《信息安全技术　健康医疗数据安全指南》
云计算服务	《信息安全技术　云计算服务安全能力评估方法》 《信息安全技术　云计算服务安全指南》 《信息安全技术　云计算服务运行监管框架》

四、征求意见稿:进一步细化的规则纷至沓来

除上述生效法律法规外,2021 年大量征求意见稿纷至沓来,体现出愈加严格的监管趋势。我们在此列举部分重要规定以供参考。

2021 年 11 月 14 日,网信办就《网络数据安全管理条例(征求意见稿)》公开征求意见。该条例涵盖网络数据安全保护相关的一系列内容,对《网络安全法》《数据安全法》《个人信息保护法》构建体系进行了更为具体的落地规定。具体而言,《网络数据安全管理条例(征求意见稿)》对以下要点予以明晰:

(1)针对发生数据安全事件,对个人、组织造成危害的情形,对通知的具体时间予以细化;

(2)对《个人信息保护法》及相关监管部门反复提及的数据处理者收集和处理个人信息时所需遵循的相关要求予以细化,明确个人信息处理规则应包含的内容;

(3)明确"单独同意"的操作方式,即数据处理者在开展具体数据处理活动时,对每项个人信息取得个人同意,且不包括一次性针对多项个人信息、多种处理活动的同意;

(4)针对重要数据及处理 100 万人以上个人信息的数据处理者,明确要求其数据安全负责人应当具备数据安全专业知识和相关管理工作经历,并应当由其决策层成员承担,保证其有权直接向相关部门反映数据安全情况;

(5)对大型互联网平台运营者应遵循的义务予以规定,并明确大型互联网平台运营者的认定标准。

2021年9月30日,工信部就《工业和信息化领域数据安全管理办法(试行)(征求意见稿)》公开征求意见。该管理办法包含了工业和电信领域数据处理活动的一系列要素,包括管理对象、管理职责、管理保障、监督检查等内容,具体可概括为以下要点:

(1)对工业数据、电信数据、工业和电信数据处理者等管理对象的概念和范畴进行界定;

(2)对行业管理职责进行了明确,构建了"部—地方—企业"三级联动的数据分类分级、重要数据和核心数据识别认定及数据分级防护工作机制;

(3)明确规定了行业监管机构鼓励和促进工信数据安全产业发展,包括技术、产品服务、产业生态构建等,并明确了技术产品创新应遵循的最低基本准则;

(4)对工业和电信数据处理者落实数据安全保护义务进行监督检查。主要包括平台汇总(如数据备案平台、数据安全监测预警平台)、数据安全检查、数据安全审查、数据安全约谈整改;

(5)建立数据安全检测评估、认证机构管理制度,开展检测评估、认证机构选拔认定和管理。同时制定工业和信息化领域数据安全评估规范,指导开展数据安全风险评估、合规评估。

数据合规重要规定征求意见稿汇总见表1-4。

表1-4 数据合规重要规定征求意见稿汇总

发布时间(年)	发布部门	文件名称
2017	网信办	《个人信息和重要数据出境安全评估办法(征求意见稿)》
2017	全国信息安全标准化技术委员会(以下简称信安标委)秘书处	《信息安全技术 大数据安全管理指南(征求意见稿)》
2017	信安标委秘书处	《信息安全技术 数据出境安全评估指南(征求意见稿)》

续表

发布时间(年)	发布部门	文件名称
2018	公安部	《网络安全等级保护条例(征求意见稿)》
2019	网信办	《个人信息出境安全评估办法(征求意见稿)》
2019	网信办	《数据安全管理办法(征求意见稿)》
2020	信安标委秘书处	《信息安全技术　网络预约汽车服务数据安全指南(征求意见稿)》
2020	信安标委秘书处	《信息安全技术　网络数据处理安全规范(征求意见稿)》
2020	信安标委秘书处	《信息安全技术　可信执行环境服务规范(征求意见稿)》
2020	信安标委秘书处	《信息安全技术　关键信息基础设施边界确定方法(征求意见稿)》
2020	信安标委秘书处	《信息安全技术　关键信息基础设施安全防护能力评价方法(征求意见稿)》
2020	信安标委秘书处	《信息安全技术　关键信息基础设施安全检查评估指南(征求意见稿)》
2020	信安标委秘书处	《信息安全技术　个人信息告知同意指南(征求意见稿)》
2021	工信部	《工业和信息化领域数据安全管理办法(试行)(征求意见稿)》
2021	网信办	《互联网信息服务管理办法(修订草案征求意见稿)》
2021	工信部	《车联网(智能网联汽车)网络安全标准体系建设指南(征求意见稿)》
2021	信安标委秘书处	《信息安全技术　网络安全信息共享指南(征求意见稿)》

续表

发布时间(年)	发布部门	文件名称
2021	信安标委秘书处	《信息安全技术　移动互联网应用程序(App)SDK安全指南(征求意见稿)》
2021	信安标委秘书处	《信息安全技术　网上购物服务数据安全指南(征求意见稿)》
2021	信安标委秘书处	《信息安全技术　网络支付服务数据安全指南(征求意见稿)》
2021	信安标委秘书处	《信息安全技术　网络音视频服务数据安全指南(征求意见稿)》
2021	信安标委秘书处	《信息安全技术　区块链信息服务安全规范(征求意见稿)》
2021	信安标委秘书处	《信息安全技术　快递物流服务数据安全指南(征求意见稿)》
2021	信安标委秘书处	《信息安全技术　即时通信服务数据安全指南(征求意见稿)》
2021	信安标委秘书处	《信息安全技术　信息安全事件分类分级指南(征求意见稿)》
2021	市场监管总局、国标委	《信息安全技术　声纹识别数据安全要求(征求意见稿)》
2021	信安标委秘书处	《〈信息安全技术　人脸识别数据安全要求〉国家标准(征求意见稿)》
2021	信安标委秘书处	《信息安全技术　个人信息去标识化效果分级评估规范(征求意见稿)》
2022	网信办	《移动互联网应用程序信息服务管理规定(征求意见稿)》

第二节　监管生态:数据合规监管机构的分工

迈入数字经济时代,数据的开发与共享在促进社会发展、提高民生服务质量等方面发挥了不可估量的作用。然而,在数据利用的深度和广度不断拓展的同时,伴随而来的是数据处理的乱象丛生。“青岛胶州某医院6000余人医疗信息泄露”[①]事件、“江苏南通警方侦破特大‘暗网’倒卖公民个人信息案”[②]事例,以及各类互联网应用程序(App)频繁因诱导下载、超范围收集个人信息等遭下架甚至被约谈,种种现象表明,数据合规已成为亟待解决的社会性问题。

除国家相继颁布数据相关法律法规外,监管机构作为规范文本落地的执行者,俨然成为解决数据乱象的先锋。实践中,数据治理涉及的主要国家监管机构包括网信办、工信部及各通信管理局、公安机关和市场监管总局。同时,由于数据应用广泛存在于互联网、消费、金融、地产、医疗等诸多行业,根据所涉及领域的不同,数据治理还将牵涉中国人民银行、中国银行保险监督管理委员会、中国证券监督管理委员会、国家医疗保障机构、征信监督管理机构等。

那么,针对企业数据合规治理,主要监管机构的职责为何?其职权如何划分?只有厘清不同监管机构的分工与职责,业务开展才能遵循明晰的指引路径。

一、国家互联网信息办公室

网信办成立于2011年5月,系中共中央直属机构,并在各行政区域分设有地方互联网信息办公室。2018年3月,中共中央印发了《深化党和国家机构改

---

① 《疫情期间一医院6000多患者信息遭泄露:别让隐私“裸奔”》,载新华社新媒体百度百家号2020年4月20日,https://baijiahao.baidu.com/s?id=1664506502067903565&wfr=spider&for=pc。

② 《南通破获特大“暗网”侵犯公民个人信息案》,载中国警察网百度百家号2020年6月4日,https://baijiahao.baidu.com/s?id=1668528940884684403&wfr=spider&for=pc。

革方案》，设立中央网络安全和信息化委员会办公室。同时，国务院下发《关于机构设置的通知》，明确网信办与中央网络安全和信息化委员会办公室属于一个机构、两块牌子。相较之下，中央网络安全和信息化委员会更关注经济、政治、文化、社会及军事等各领域的网络安全和信息化重大问题；而根据国务院新闻办公室在网信办成立之初的官方发言，网信办的主要职责在于“落实互联网信息传播方针政策，指导协调和督促有关部门加强互联网信息内容管理”。此外，2014 年国务院发布《关于授权国家互联网信息办公室负责互联网信息内容管理工作的通知》（国发〔2014〕33 号），正式授权网信办负责“全国互联网信息内容的管理和执法监督工作”。由此可见，网信办的监管对象集中为“互联网信息”。

在职权划分方面，《网络安全法》、《数据安全法》和《个人信息保护法》均赋予网信办在网络安全、数据安全和个人信息保护相关监管工作中统筹协调的地位，具体见表 1－5。

表 1－5　关于网信办职责的法律规定汇总

《网络安全法》	《个人信息保护法》	《数据安全法》
第 8 条： 国家网信部门负责统筹协调网络安全工作和相关监督管理工作。国务院电信主管部门、公安部门和其他有关机关依照本法和有关法律、行政法规的规定，在各自职责范围内负责网络安全保护和监督管理工作。 县级以上地方人民政府有关部门的网络安全保护和监督管理职责，按照国家有关规定确定。	第 60 条： 国家网信部门负责统筹协调个人信息保护工作和相关监督管理工作。国务院有关部门依照本法和有关法律、行政法规的规定，在各自职责范围内负责个人信息保护和监督管理工作。 县级以上地方人民政府有关部门的个人信息保护和监督管理职责，按照国家有关规定确定。 前两款规定的部门统称为履行个人信息保护职责的部门。	第 6 条： 各地区、各部门对本地区、本部门工作中收集和产生的数据及数据安全负责。 工业、电信、交通、金融、自然资源、卫生健康、教育、科技等主管部门承担本行业、本领域数据安全监管职责。 公安机关、国家安全机关等依照本法和有关法律、行政法规的规定，在各自职责范围内承担数据安全监管职责。 国家网信部门依照本法和有关法律、行政法规的规定，负责统筹协调网络数据安全和相关监管工作。

在监管实施方面，网信办具有独立实施检查调查、约谈处罚等监管措施的

权力。根据2017年网信办颁布实施的《互联网信息内容管理行政执法程序规定》显示,网信办的行政执法权贯穿立案、调查取证、听证、约谈及处罚等全环节。在事中监管过程中,网信办援引《互联网信息内容管理行政执法程序规定》第35条,在作出行政处罚决定前就合规问题对企业进行约谈。2020年6月10日,北京市网信办就微博在蒋某舆论事件中干扰网络传播秩序一事,约谈了新浪微博负责人,而后要求微博暂停更新热门话题榜一周,并对微博予以罚款。① 从法律意义的角度而言,行政处罚前的约谈并不具有处分性、惩罚性和强制性,但即使事后未作出行政处罚决定,约谈内容仍可作为监管风向标,对企业起到强烈的警示和告诫作用。

二、工信部

工信部成立于2008年3月,系国务院部委,并在各行政区域分设有地方工业和信息化主管部门。

在数据治理层面,工信部主要承担"双线并行"的职责:一方面,工信部在深化工业和信息化领域数据安全保护方面扮演"领头羊"的角色,旨在加快构建相关行业的数据安全制度体系。2021年9月30日,工信部起草并公布了《工业和信息化领域数据安全管理办法(试行)(征求意见稿)》,并于2022年2月10日再次征求意见,发布《再次公开征求对〈工业和信息化领域数据安全管理办法(试行)〉的意见》,就行业数据分类分级、重要数据保护、风险通报、申诉受理、应急管理、检测评估等基础制度进行了部署。在监管方面,《工业和信息化领域数据安全管理办法(试行)(征求意见稿)》第4条第2款明确,工信部负责对工业数据处理者的数据处理活动和安全保护进行监管管理;同时,工信部肩负部分保障互联网信息安全的职责。

在互联网信息领域,根据工信部2015年7月在官方网站公布的《信息通信

① 《国家网信办指导北京市网信办依法约谈处罚新浪微博》,载网信中国微信公众号2020年6月10日,https://mp.weixin.qq.com/s/p7ozwLCviSUolYl4mIbxOg。

管理局机构职责》显示[①],其下设的信息通信管理局(以下简称信管局)作为电信管理机构,负责对电信和互联网等信息通信服务实行监管,承担互联网(含移动互联网)行业的管理职能,其中包含对电信和互联网市场的用户个人信息保护。

在以互联网为媒介的个人信息保护方面,法律法规、规章赋予了工信部及各信管局更为明确的监管权力。具体而言,《网络安全法》《电信条例》明确了信管局作为电信管理机构,具体负责电信与互联网领域的网络信息安全保护与监管;《电信和互联网用户个人信息保护规定》也明确指定信管局应依法对电信与互联网用户个人信息保护工作实施监督管理,具体规定见表1-6。

表1-6　关于工信部职责的法律法规规定汇总

《网络安全法》	《电信条例》(2016年修订)	《电信和互联网用户个人信息保护规定》
第8条: 国家网信部门负责统筹协调网络安全工作和相关监督管理工作。 国务院电信主管部门、公安部门和其他有关机关依照本法和有关法律、行政法规的规定,在各自职责范围内负责网络安全保护和监督管理工作。 县级以上地方人民政府有关部门的网络安全保护和监督管理职责,按照国家有关规定确定	第3条: 国务院信息产业主管部门依照本条例的规定对全国电信业实施监督管理。 省、自治区、直辖市电信管理机构在国务院信息产业主管部门的领导下,依照本条例的规定对本行政区域内的电信业实施监督管理	第3条: 工业和信息化部和各省、自治区、直辖市通信管理局(以下统称电信管理机构)依法对电信和互联网用户个人信息保护工作实施监督管理

在实践中,立足于《规范互联网信息服务市场秩序若干规定》《电信和互联网用户个人信息保护规定》《移动智能终端应用软件预置和分发管理暂行规定》等一系列互联网行业信息保护相关规定,工信部于2020年7月22日发布《关于开展纵深推进App侵害用户权益专项整治行动的通知》,组织地区信管局开展"电信和互联网行业提升网络数据安全保护能力专项行动"和"App侵害用户权益专项整治行动",监管对象包括App(包括小程序等新应用形态)运营者、

① 《信息通信管理局机构职责》,载工信部官网2015年7月17日,https://wap.miit.gov.cn/jgsj/xgj/jgzz/art/2020/art_a6900ae503854dc789cdd939e406c3d5.html。

SDK 提供者和应用分发平台等多类企业，尤为关注企业违规处理用户个人信息的情形。

此外，工信部于 2021 年 11 月 8 日发布《关于开展信息通信服务感知提升行动的通知》，组织地区信管局开展“信息通信服务感知提升行动”（俗称“524”行动），强调各类企业（包括但不限于互联网企业）应建立已收集个人信息清单和与第三方共享个人信息清单（“双清单”），旨在充分保障广大用户的知情权和选择权。

在监管实施方面，工信部及各信管局针对互联网个人信息保护的措施主要包括检测检查、下发整改通知书、通报曝光以及组织下架等，具体而言：其一，信管局借助用户举报、专家评议、App 专项治理工作组和 App 监管平台等渠道，持续监督检查互联网企业的个人信息安全违规问题。其二，对首次检查发现问题的企业，信管局通常会下发整改通知书，责令企业限期整改。对于整改不彻底的企业，信管局将进行通报曝光，再次督促整改。截至 2022 年 4 月 20 日，工信部官方网站已发布 23 批《关于侵害用户权益行为的 App 通报》。其三，对于通报后仍未按期整改的企业，信管局将对涉案 App 采取下架处理或停止接入服务，以及将受到行政处罚的违规主体纳入电信业务经营不良名单或失信名单。截至 2021 年 7 月 12 日，工信部已发布 14 批《关于下架侵害用户权益 App 名单的通报》。

三、公安机关

在我国现行的数据治理体系框架之下，公安机关的监管对象集中为网络用户个人信息安全与计算机信息系统安全。

在网络用户个人信息安全方面，公安机关的监管职责来源于《刑法》第 253 条之一规定的“侵犯公民个人信息罪”与《最高人民法院、最高人民检察院关于办理侵犯公民个人信息刑事案件适用法律若干问题的解释》等相关规定。同时，《个人信息保护法》第 64 条第 2 款强调，“履行个人信息保护职责的部门在履行职责中，发现违法处理个人信息涉嫌犯罪的，应当及时移送公安机关依法处理”。

根据 2020 年 3 月 8 日公安部在京召开的新闻发布会上的通报，2020 年全国公安机关深入推进的“净网”专项行动共侦办网络犯罪案件5.6万起，其中侵犯公民个人信息类案件6524起，在所有类型案件中占比最高。

在计算机信息系统安全方面，公安机关的监管职责除来源于《刑法》第285条和第286条规定的四种计算机犯罪罪名外，《人民警察法》、《计算机信息系统安全保护条例》、《网络安全法》及《数据安全法》也从不同的角度明确了公安机关对于计算信息系统的安全保障义务，具体见表1－7。

表1－7　关于公安机关职责的法律法规规定汇总

《网络安全法》	《数据安全法》	《人民警察法》（2012年修正）	《计算机信息系统安全保护条例》（2011年修订）
第8条： 国家网信部门负责统筹协调网络安全工作和相关监督管理工作。国务院电信主管部门、公安部门和其他有关机关依照本法和有关法律、行政法规的规定，在各自职责范围内负责网络安全保护和监督管理工作。 县级以上地方人民政府有关部门的网络安全保护和监督管理职责，按照国家有关规定确定	第6条： 各地区、各部门对本地区、本部门工作中收集和产生的数据及数据安全负责。 工业、电信、交通、金融、自然资源、卫生健康、教育、科技等主管部门承担本行业、本领域数据安全监管职责。 公安机关、国家安全机关等依照本法和有关法律、行政法规的规定，在各自职责范围内承担数据安全监管职责。 国家网信部门依照本法和有关法律、行政法规的规定，负责统筹协调网络数据安全和相关监管工作	第6条： 公安机关的人民警察按照职责分工，依法履行下列职责： （一）预防、制止和侦查违法犯罪活动； （二）维护社会治安秩序，制止危害社会治安秩序的行为； （三）维护交通安全和交通秩序，处理交通事故； （四）组织、实施消防工作，实行消防监督； （五）管理枪支弹药、管制刀具和易燃易爆、剧毒、放射性等危险物品； （六）对法律、法规规定的特种行业进行管理； （七）警卫国家规定的特定人员，守卫重要的场所和设施； （八）管理集会、游行、示威活动； （九）管理户政、国籍、入境出境事务和外国人在中国境内居留、旅行的有关事务； （十）维护国（边）境地区的治安秩序； （十一）对被判处拘役、剥夺政治权利的罪犯执行刑罚； （十二）监督管理计算机信息系统的安全保护工作	第17条： 公安机关对计算机信息系统安全保护工作行使下列监督职权： （一）监督、检查、指导计算机信息系统安全保护工作； （二）查处危害计算机信息系统安全的违法犯罪案件； （三）履行计算机信息系统安全保护工作的其他监督职责

续表

《网络安全法》	《数据安全法》	《人民警察法》（2012 年修正）	《计算机信息系统安全保护条例》（2011 年修订）
		（十三）指导和监督国家机关、社会团体、企业事业组织和重点建设工程的治安保卫工作，指导治安保卫委员会等群众性组织的治安防范工作； （十四）法律、法规规定的其他职责	

在监管实施方面，无论是互联网用户个人信息保护还是计算机信息系统安全保障，均由公安机关内设的网络安全保卫部门（原为公共信息网络安全监察部门）负责。除依据《刑法》条文针对侵犯公民个人信息、数据黑产、流通非法数据等罪行进行刑事制裁外，在行政处罚方面，公安机关主要针对未履行个人信息保护义务导致信息泄露，以及非法出售或向他人非法提供个人信息的情形，采取没收违法所得、并处罚款等方式进行行政制裁。

四、市场监督管理局

与网信办、工信部等监管机构相比，国家及各地区市场监督管理局的数据治理职责具有更强的针对性。根据《消费者权益保护法》（2013 年修正）第 14 条的规定，“消费者在购买、使用商品和接受服务时，享有人格尊严、民族风俗习惯得到尊重的权利，享有个人信息依法得到保护的权利”，因此市场监督管理局有权保障消费者的个人信息安全，追究经营者的侵权责任。此外，2021 年 5 月 1 日起施行的《网络交易监督管理办法》第 2 条规定，通过互联网等信息网络销售商品或者提供服务的经营活动为本办法的适用对象；第 5 条规定，市场监督管理局负责网络交易监督管理工作；第 2 章进一步明确了网络交易经营者对消费者个人信息的保护义务，规定在网络交易活动中提供网络经营场所、交易撮合、信息发布等服务的企业，都属于网络交易经营者的范围。

因此，国家及各地区市场监督管理局的监管职责集中为规范网络交易服务提供者、保障网络消费者个人信息安全。

在监管内容方面，市场监督管理局着重审查与消费者知情权、自主选择权、公平交易权相关的网络交易活动。具体而言，依据《网络交易监督管理办法》第13条的规定，市场监督管理局的审查的内容包括：(1)网络交易经营者收集、使用消费者个人信息，是否遵循合法、正当、必要的原则，是否明示收集、使用信息的目的、方式和范围，并经消费者同意；(2)网络交易经营者是否采用一次概括授权、默认授权、与其他授权捆绑、停止安装使用等违规方式，强迫或者变相强迫消费者同意收集、使用与经营活动无直接关系的信息；(3)网络交易经营者收集、使用个人生物特征、医疗健康、金融账户、个人行踪等敏感信息的，是否已逐项取得消费者同意；(4)网络交易经营者及其工作人员是否已对收集的个人信息严格保密，在未经被收集者授权同意的情形下，是否已履行不得向包括关联方在内的任何第三方提供的义务。

在监管实施方面，市场监督管理局的监管措施主要包括约谈、责令限期改正、行政罚款，以及组织与其他部门联合执法等。例如，2019年3月12日，市场监管总局印发了《关于开展“守护消费”暨打击侵害消费者个人信息违法行为专项执法行动的通知》，在全国范围内部署开展专项执法行动，旨在打击消费领域侵害消费者个人信息违法行为，切实维护消费者合法权益，营造安全放心消费环境。为期6个月的专项执法活动共立案查处各类侵害消费者个人信息案件1474起，查获涉案信息369万余条，罚没款1946万余元，组织执法联动4225次，开展行政约谈3536次。

五、App专项治理工作组

App违法违规收集使用个人信息专项治理工作组（以下简称App专项治理工作组）成立于2019年1月25日，其背景为网信办、工信部、公安部、市场监管总局四部门为落实《关于开展App违法违规收集使用个人信息专项治理的公告》相关部署，委托全国信息安全标准化技术委员会、中国消费者协会、中国互联网协会、中国网络空间安全协会成立App专项治理工作组，负责对用户数量大、与民众生活密切相关的App隐私政策和个人信息收集使用情况进行评估。

严格来说，App 专项治理工作组系受四部门委托成立的非政府机构，不具备行政职权。然而，在数据治理层面，App 专项治理工作组有权参与制定个人信息保护相关的技术规范和标准文本，且其所提出的意见为监管部门监测网络违规行为、界定违法收集情形提供了重要参考。自成立后，App 专项治理工作组先后公布诸多重要的文件，包括《App 违法违规收集使用个人信息行为认定方法》、《App 违法违规收集使用个人信息自评估指南》、《App 安全意识公众调查报告》以及《人脸识别应用公众调查报告》等。

此外，通过近两年持续的监管行动，App 专项治理工作组对用户规模大、与生活关系密切、问题反映集中的千余款 App 进行了评估和问题查处，对无隐私政策、强制索权、无注销渠道等问题进行了重点整治。根据 2020 年 6 月公布的《App 违法违规收集使用个人信息专项治理报告（2019）》显示，自 2019 年 3 月起，App 专项治理工作组根据网民举报等情况，分六批次对下载量大、用户常用的千余款 App 进行了评估，发现违法违规收集使用个人信息问题共计 6976 个。工作组向 256 款 App 的运营者通报问题，督促其完成 1267 个重点问题的整改工作，建议有关监管部门下架未落实整改要求 App 共 11 款。

综上可知，数字经济时代下，与数据规范体系多元化之特点相适配的我国现行的数据监管体系亦呈现出多层次、全方位的格局——网信办居于体系内统筹协调的核心，统领互联网信息安全；工信部深耕关乎社会民生的工业和信息化领域，旨在建立健全工业与电信行业数据安全机制；公安机关致力于打击侵害公民个人信息犯罪与计算机犯罪，维护社会正义与秩序；市场监督管理局则聚焦维护消费者合法权益，旨在合理规范网络服务提供者在交易过程中处理消费者个人信息的行为；App 专项治理工作组集中开展对互联网应用程序的评估工作，协助其他监管部门共同推进网络数据安全的治理。在数据合规和个人信息保护日趋重要的当下，企业应当意识到多方监管不是九龙治水，而是握指成拳，最终形成执法合力。只有厘清不同监管机构的分工和职责，企业才能真正提高数据合规治理能力，实现从“被动整改”到“主动建设”的合规跨越。

第三节　利剑出鞘:数据合规专项整治行动

一、网信办、工信部、公安部、市场监管总局《关于开展 App 违法违规收集使用个人信息专项治理的公告》

随着移动互联网应用程序(App)的广泛应用,以及其对经济发展与社会民生的重要性越发突出,2019 年 1 月 23 日,网信办、工信部、公安部、市场监管总局"四部门"联合发布《关于开展 App 违法违规收集使用个人信息专项治理的公告》,决定自 2019 年 1 月至 12 月将在全国范围内组织开展 App 违法违规收集使用个人信息专项治理行动。

《关于开展 App 违法违规收集使用个人信息专项治理的公告》指出,专项治理工作的开展将围绕着四个重要方面:一是组织相关专业机构,对用户数量大、与民众生活密切相关的 App 隐私政策和个人信息收集使用情况进行评估。二是加强对违法违规收集使用个人信息行为的监管和处罚,包括责令有关 App 运营者限期整改;逾期不改的,公开曝光;情节严重的,依法暂停相关业务、停业整顿、吊销相关业务许可证或者吊销营业执照。三是公安机关开展打击整治网络侵犯公民个人信息违法犯罪专项工作,依法严厉打击针对和利用个人信息的违法犯罪行为。四是开展自愿性 App 个人信息安全认证,鼓励搜索引擎、应用商店等明确标识并优先推荐通过认证的 App。其中,对 App 的评估无疑系所有专项治理工作的前置性措施。

《关于开展 App 违法违规收集使用个人信息专项治理的公告》发布之后,《信息安全技术　个人信息安全规范》、《App 违法违规收集使用个人信息自评估指南》、《互联网个人信息安全保护指南》以及《App 违法违规收集使用个人信息行为认定方法》等配套文件相继出台,App 治理的规范体系逐步成型,使得相关执法机构认定 App 违法违规收集使用个人信息的行为"有法可依"。

其中,《App 违法违规收集使用个人信息行为认定方法》居于 App 治理规范体系的核心,系作为前置性 App 评估工作展开的最重要指引依据。该方法界定了六种可被认定为违规的行为,见表 1 – 8。

表 1 – 8 《App 违法违规收集使用个人信息行为认定方法》规定的六种违规行为

行为	表现
未公开收集使用规则	(1)在 App 中没有隐私政策,或者隐私政策中没有收集使用个人信息规则; (2)在 App 首次运行时未通过弹窗等明显方式提示用户阅读隐私政策等收集使用规则; (3)隐私政策等收集使用规则难以访问; (4)隐私政策等收集使用规则难以阅读
未明示收集使用个人信息的目的、方式和范围	(1)未逐一列出 App 收集使用个人信息的目的、方式、范围等; (2)收集使用个人信息的目的、方式、范围发生变化时,未以适当方式通知用户; (3)在申请打开可收集个人信息的权限,或申请收集用户敏感个人信息时,未同步告知用户其目的,或者目的不明确、难以理解; (4)有关收集使用规则的内容晦涩难懂、冗长烦琐,用户难以理解
未经用户同意收集使用个人信息	(1)征得用户同意前就开始收集个人信息或打开可收集个人信息的权限; (2)用户明确表示不同意后,仍收集个人信息或打开可收集个人信息的权限,或频繁征求用户同意、干扰用户正常使用; (3)实际收集的个人信息或打开的可收集个人信息权限超出用户授权范围; (4)以默认选择同意隐私政策等非明示方式征求用户同意; (5)未经用户同意更改其设置的可收集个人信息权限状态; (6)利用用户个人信息和算法定向推送信息,未提供非定向推送信息的选项; (7)以欺诈、诱骗等不正当方式误导用户同意收集个人信息或打开可收集个人信息的权限; (8)未向用户提供撤回同意收集个人信息的途径、方式; (9)违反其所声明的收集使用规则,收集使用个人信息
违反必要原则,收集与其提供的服务无关的个人信息	(1)收集的个人信息类型或打开的可收集个人信息权限与现有业务功能无关; (2)因用户不同意收集非必要个人信息或打开非必要权限,拒绝提供业务功能; (3)App 新增业务功能申请收集的个人信息超出用户原有同意范围,若用户不同意,则拒绝提供原有业务功能; (4)收集个人信息的频度等超出业务功能实际需要; (5)仅以改善服务质量、提升用户体验、定向推送信息、研发新产品等为由,强制要求用户同意收集个人信息; (6)要求用户一次性同意打开多个可收集个人信息的权限,用户不同意则无法使用

续表

行为	表现
未经同意向他人提供个人信息	(1)既未经用户同意，也未做匿名化处理，App 客户端直接向第三方提供个人信息； (2)既未经用户同意，也未做匿名化处理，数据传输至 App 后台服务器后，向第三方提供其收集的个人信息； (3)App 接入第三方应用，未经用户同意，向第三方应用提供个人信息
未按法律规定提供删除或更正个人信息功能，或未公布投诉、举报方式等信息	(1)未提供有效的更正、删除个人信息及注销用户账号功能； (2)为更正、删除个人信息或注销用户账号设置不必要或不合理条件； (3)未及时响应用户相应操作，需人工处理的，未在承诺时限内完成核查和处理； (4)更正、删除个人信息或注销用户账号等用户操作已执行完毕，但 App 后台并未完成的； (5)未建立并公布个人信息安全投诉、举报渠道，或未在承诺时限内受理并处理的

在专项治理工作全面展开的背景下，《App 违法违规收集使用个人信息行为认定方法》在细化违法违规行为的认定标准的同时，突出了用户“知情同意”，回应了我国 App 领域违法违规收集个人信息行为的认定需求，填补了相关监管部门在操作规则上的空白，成为 App 评估和处置最重要参考，并贯穿于数据合规专项整治行动的全过程。

(一)网信办：建立 App 安全认证制度

在以《App 违法违规收集使用个人信息行为认定方法》为首的 App 治理规范的指引之下，网信办的治理举措集中表现为与市场监管总局联合开展 App 安全认证工作。2019 年 3 月 13 日，市场监管总局、网信办发布《关于开展 App 安全认证工作的公告》，并配以《移动互联网应用程序(App)安全认证实施规则》，鼓励 App 运营者自行申请安全认证，该规则既奠定了 App 安全认证的落地框架、原则和要求，还进一步细化了 App 安全认证的实施要求和流程。随后，2020 年 8 月 1 日，中国网络安全审查技术与认证中心(CCRC)发布《移动互联网应用程序(App)安全认证申请书》，明确与细化了 App 运营者申请安全认证所需提交的材料、填写信息以及自评估的评价标准与评价内容。至此，网信办主导推动的 App 安全认证机制已初具成型。

具体而言，App 安全认证制度适用于各个服务类型和领域的 App，《移动互联网应用程序（App）安全认证申请书》列举的 App 便涵盖地图导航、网络约车、即时通信等 37 种典型服务类型，即使申请认证的 App 不属于 37 种中的任一类型，App 运营者亦可在“其他”选项中自行填写其 App 所属服务类型。同时，安全认证制度亦适用于所有依托 App 开展的数据安全认证。根据《移动互联网应用程序信息服务管理规定》第 2 条的规定，移动互联网程序（App）是指通过预装、下载等方式获取并运行在移动智能终端上、向用户提供信息服务的应用软件，而“移动智能终端”是指接入公众移动通信网络、具有操作系统、可由用户自行安装应用软件的移动通信终端产品。因此，手机、平板电脑、车载智能终端、智能电视、智能可穿戴设备等所有移动通信终端中可通过预装、下载等方式获取及运行的 App 均可申请 App 安全认证。

尽管 App 安全认证属于自愿而非强制的认证，但 App 运营者取得网信办认可的安全认证后将获得一定的优势：一方面，获得安全认证，即一定程度表明 App 运营者满足《信息安全技术　个人信息安全规范》等相应规范、标准的要求，因此对于运营者而言，无论是融资、并购还是上市，安全认证将成为评定其在数据合规与个人信息保护方面的权威证明。另一方面，搜索引擎、应用商店等将明确标识并优先推荐通过认证的 App，运营者也可以选择将其所获证书用于网站、平台及其他程序的宣传过程中。因此，相较于竞品 App，获得安全认证的 App 将在用户群体中享有更明显的竞争优势。

截至 2020 年 6 月，根据网信办的部署，中国网络安全审查技术与认证中心从申请企业中选择了 28 款 App 进行认证试点工作，最终决定对云闪付、苏宁易购、中国移动、百度地图等 10 家企业的 18 款 App 颁发安全认证证书。安全认证证书的发放，标志着我国 App 安全认证已经进入全面实施阶段，App 安全认证制度将结合市场机制的作用共同规范 App 运营者的研发与推广行为。

（二）工信部：两个专项行动

在以《App 违法违规收集使用个人信息行为认定方法》为首的 App 治理规范指引之下，工信部的治理举措集中表现为开展“电信和互联网行业提升网络数据安全保护能力专项行动”和“App 侵害用户权益行为专项整治行动”。

2019 年 6 月 28 日,工信部办公厅发布《电信和互联网行业提升网络数据安全保护能力专项行动方案》(以下简称《方案》),旨在解决数据过度采集滥用、非法交易及用户数据泄露等数据安全问题,加强电信和互联网行业网络数据安全管理。

《方案》指出的重点任务包括五个方面:一是加快完善网络数据安全制度标准,包括强化网络数据安全管理制度设计,完善网络数据安全标准体系;二是开展合规性评估和专项治理,包括开展网络数据安全风险评估,深化 App 违法违规专项治理,强化网络数据安全监督执法;三是强化行业网络数据安全管理,包括稳步实施网络数据资源“清单式”管理,明确企业网络数据安全职能部门,强化网络数据对外合作安全管理,加强行业网络数据安全应急管理;四是创新推动网络数据安全技术防护能力建设,包括加强网络数据安全技术手段建设,推动网络数据安全技术创新发展,加强专业支撑队伍建设;五是强化社会监督和宣传交流,包括强化社会监督和行业自律,加强宣传展示和国际交流。此外,《方案》还有条不紊地将为期一年的工作安排划分为工作部署、重点保障、长效建设、总结提升四个阶段。

自“电信和互联网行业提升网络数据安全保护能力专项行动”基本结束后,工信部又紧锣密鼓地开展另一项重要的数据整治行动。2020 年 7 月 22 日,工信部印发《关于开展纵深推进 App 侵害用户权益专项整治行动的通知》,动员全国各省市通信管理局,以及中国信息通信研究院、中国互联网协会等相关单位一同协作整顿 App 侵害用户权益的市场乱象。

《关于开展纵深推进 App 侵害用户权益专项整治行动的通知》指出,整治对象涉及三大种类:一是 App 服务提供者,即互联网信息服务提供者提供的可以下载、安装、升级的应用软件,包括快应用和小程序等新应用形态;二是软件工具开发包(SDK)提供者,即集成在手机 App 里的第三方工具集合;三是应用分发平台,包括网站、应用商店、App 等承担下载、安装、升级等分发服务的各类平台。该通知列明的整治任务则涉及四方面,见表 1-9。

表 1-9 《关于开展纵深推进 App 侵害用户权益专项整治行动的通知》关于整治任务的规定

突出问题	违规表现	整治重点
App、SDK违规处理用户个人信息	(1)违规收集个人信息; (2)超范围收集个人信息 (3)违规使用个人信息; (4)强制用户使用定向推送功能	(1)未告知用户收集个人信息的目的、方式、范围且未经用户同意,私自收集用户个人信息的行为; (2)非服务所必需或无合理应用场景,特别是在静默状态下或在后台运行时,超范围收集个人信息的行为; (3)未向用户告知且未经用户同意,私自使用个人信息,将用户个人信息用于其提供服务之外的目的; (4)未以显著方式标示且未经用户同意,将收集到的用户搜索、浏览记录、使用习惯等个人信息,用于定向推送或广告精准营销,且未提供关闭该功能选项的行为
设置障碍、频繁骚扰用户	(1)App强制、频繁、过度索取权限; (2)App频繁自启动和关联启动	(1)App安装、运行和使用相关功能时,非服务所必需或无合理应用场景下,用户拒绝相关授权申请后,应用自动退出或关闭的行为; (2)整治短时长、高频次,在用户明确拒绝权限申请后,频繁弹窗、反复申请与当前服务场景无关权限的行为; (3)未及时明确告知用户索取权限的目的和用途,提前申请超出其业务功能等权限的行为; (4)App未向用户告知且未经用户同意,或无合理的使用场景,频繁自启动或关联启动第三方App的行为
欺骗误导用户	(1)欺骗误导用户下载App; (2)欺骗误导用户提供个人信息	(1)通过"偷梁换柱""移花接木"等方式欺骗误导用户下载App的行为; (2)非服务所必需或无合理场景,通过积分、奖励、优惠等方式欺骗误导用户提供身份证号码以及个人生物特征信息的行为
应用分发平台责任落实不到位	(1)应用分发平台上的App信息明示不到位; (2)应用分发平台管理责任落实不到位	(1)应用分发平台上未明示App运行所需权限列表及用途,未明示App收集、使用用户个人信息的内容、目的、方式和范围等行为; (2)App上架审核不严格、违法违规软件处理不及时和App提供者、运营者、开发者身份信息不真实、联系方式虚假失效等问题

在监管实施方面,工信部及各信管局针对互联网个人信息保护的措施主要包括检测检查、下发整改通知书、通报曝光以及组织下架等。根据《App违法违规收集使用个人信息专项治理报告(2019)》的通报内容,自中央网信办、工信部、公安部、市场监管总局《关于开展App违法违规收集使用个人信息专项治理

的公告》正式发布后,工信部便已开始着手整顿 App 侵害用户权益行为,截至 2020 年 5 月底,经过为期一年多的整顿,工信部整改的 App 共计 236 款,公开通报批评的 App 达 56 款,共下架 App 3 款。

而自 2020 年 7 月 22 日《关于开展纵深推进 App 侵害用户权益专项整治行动的通知》发布后,工信部大幅度增强了对 App 市场的整顿力度。截至 2022 年 4 月 20 日,工信部官方网站已定期发布 23 批《关于侵害用户权益行为的 App 通报》,整改的 App 已突破千款,涉及通报与下架的 App 也累计高达上百款。不难看出,从监管措施落地的角落而言,工信部可谓是数据合规专项整治行动的先锋。

二、公安机关净网专项行动

自中央网信办、工信部、公安部、市场监管总局联合发布《关于开展 App 违法违规收集使用个人信息专项治理的公告》后,公安机关的数据合规整治举措集中表现为开展“净网”专项行动,旨在依法严厉打击侵犯公民个人信息、黑客攻击破坏等网络违法犯罪活动:一方面,聚焦重点、以打开路,创新实施网络违法犯罪生态打击策略,努力全面铲除网络违法犯罪赖以生存发展的网上土壤,最大限度地打击和遏制违法犯罪的发生;另一方面,以打促防、以打促治,按照国家治理体系和治理能力现代化的要求,会同有关方面积极推动有关政策、法律、机制和措施的健全完善,进一步从源头上规范网络空间秩序、防范治理网络违法乱象。

自 2019 年 1 月开始,公安部组织部署全国公安机关开展“净网 2019”专项行动。2019 年 11 月,公安部发布《“净网 2019”专项行动工作情况》,对为期 10 月的专项行动进行了总结。通报结果显示,截至 2019 年 10 月 31 日,共侦破涉网案件 45,000 余起,抓获犯罪嫌疑人 65,000 余名,成效显著。其中侦破侵犯公民个人信息类案件 2868 起,抓获犯罪嫌疑人 7647 名;侦破黑客类案件 1361 起,抓获犯罪嫌疑人 2133 名;侦破网络诈骗类案件 21,933 起,抓获犯罪嫌疑人 22,743 名;侦破网络赌博类案件 5797 起,抓获犯罪嫌疑人 9490 名;侦破网络色情类案件 2406 起,抓获犯罪嫌疑人 4512 名。

此外,“净网 2019”行动还破获了一系列社会关注的重点热点案件,打掉多个利用“暗网”倒卖公民信息的犯罪团伙，捣毁一批为“套路贷”提供技术、数据服务的科技公司，斩断多条非法生产、销售针孔摄像头等偷拍器材的黑色产业链条，清剿了多个制售迷奸药物的犯罪网络。同时，全国公安机关针对互联网企业及单位开展安全监督检查17万余次，清理违法有害信息445万余条，关闭网络账号60万余个，约谈整改相关网站及App 3.7万余家次，行政查处9.1万家次。

2020年4月，为进一步强化打击网络违法犯罪和整治网络空间秩序的力度，巩固整治网络违法犯罪生态，公安部网络安全保卫局继续启动“净网2020”专项行动。公安部2020年12月底的工作情况通报显示，截至2020年12月20日，全国公安机关共侦办侵犯公民个人信息刑事案件3000余起，抓获犯罪嫌疑人9000余名，有力震慑了侵犯公民个人信息犯罪分子的嚣张气焰，有效地维护了网络空间秩序和人民群众合法权益。针对侵犯未成年人和老年人公民个人信息、重点行业内部人员侵犯公民个人信息、“暗网”侵犯公民个人信息、买卖人脸识别数据等犯罪活动，公安机关坚持重拳出击，破获窃取贩卖未成年人和老年人个人信息案件50起，查获重点行业内部涉案人员500余名，破获利用“暗网”等侵犯公民个人信息犯罪案件90余起，破获窃取、贩卖人脸数据案件20余起。与“净网2019”专项行动相比，2020年公安机关在继续坚持高水准执法行动的同时，已明显将打击网络犯罪的重心从传统的以互联网为依托的普通犯罪转移至着力维护公民的个人信息安全。

2021年，公安部继续部署全国公安机关深入推进“净网2021”专项行动，聚焦人民群众关切的突出网络违法犯罪和网络乱象，持续深化网络违法犯罪打击、网络生态治理和秩序整治。根据公安部的通报，在“净网2021”专项行动中，公安机关全年共侦办相关案件6.2万余起，抓获犯罪嫌疑人10.3万余名，行政处罚违法互联网企业、单位2.7万余家，有力维护了网络空间安全和网上秩序稳定。

三、市场监督管理局“守护消费”暨打击个人信息违法行为专项执法行动

自《关于开展App违法违规收集使用个人信息专项治理的公告》发布后，2019年3月，市场监管总局印发了《关于开展“守护消费”暨打击侵害消费者个

人信息违法行为专项执法行动的通知》,决定自2019年4月1日至9月30日统一部署各地市场监管部门围绕重点行业和领域开展为期6个月的“守护消费”暨打击侵害消费者个人信息违法行为专项执法行动,针对房产租售、小贷金融、教育培训、保险经纪、美容健身、装饰装修、旅游住宿、快递、电话营销、网站或App运营等侵害消费者个人信息违法行为多发高发的行业和领域开展专项执法行动,重点打击:未经消费者同意,收集、使用消费者个人信息违法行为;泄露、出售或者非法向他人提供所收集的消费者个人信息违法行为;未经消费者同意或者请求,或者消费者明确表示拒绝的,向其发送商业性信息违法行为。

市场监管部门在专项执法行动中主要采取了四个方面的措施:其一,深挖案件线索,包括通过公布热线电话、网站等投诉举报方式,畅通举报渠道,拓展案件信息来源;从互联网信息、媒体报道等多个渠道收集案件线索;通过分析消费者投诉举报平台、热线、广告监测、案件管理系统等数据信息,锁定本地区重点行业和领域,提高专项行动的针对性。其二,加强执法联动,省级市场监管部门对本辖区内的重大复杂案件加强协调指导,组织开展层级联动;对跨省(自治区、直辖市)案件,省级市场监管部门间及时通报信息,开展跨区域协查联动;消费者个人权益保护部门要协调配合,积极开展部门协作,组织联合行动。其三,开展广泛宣传,通过多种形式广泛宣传专项行动成果、典型案件以及消费者个人信息保护相关的法律法规、消费知识等,提高经营者守法经营意识,教育和引导广大消费者主动保护个人信息。其四,打击与规范相结合,对案件查办工作中发现的行业性、典型性侵害消费者个人信息问题,组织开展行政约谈,切实规范行业秩序。

根据市场监督管理局的通报,“守护消费”专项整治行动期间,全国市场监管部门共立案查办各类侵害消费者个人信息案件1474件,查获涉案信息369.2万条,罚没款1946.4万元,移送公安机关案件154件;组织执法联动4225次;开展行政约谈3536次;开展宣传活动10,653次。从查办案件的情况来看,当前侵害消费者个人信息违法行为的高发领域为房产租售、装饰装修、教育培训,共立案查处违法案件640件,涉案信息313.9万条,罚没款1080.6万元,分别占上述统计范畴总数的43.4%、85%和55.5%。而最突出的违法行为则是未经消费者同意,收集、使用消费者个人信息,共立案查处违法案件710件,涉案信息

276.3 万条，罚没款 1006.3 万元，分别占上述统计范畴总数的 48.2%、74.8% 和 51.7%。

四、证监会发审委问询

自《关于开展 App 违法违规收集使用个人信息专项治理的公告》发布后，用户数据收集、处理的合规性已成为中国证券监督管理委员会(以下简称证监会)发审委重点关注的问题之一，并成为影响企业上市成功与否的重要因素。

2019 年 10 月 11 日，北京墨迹风云科技股份有限公司首发申请未通过。证监会在《第十八届发审委 2019 年第 142 次会议审核结果公告》指出，墨迹公司的用户数据收集及处理合规是关键问题，墨迹公司通过自主收集及第三方途径获取用户数据及标签，并利用数据进行商业化变现。其于 2019 年 7 月 16 日收到 App 专项治理工作组发出的《关于 App 收集使用个人信息相关问题的通知》，要求其就收集使用个人信息中存在的问题进行整改。"墨迹科技 IPO 被否案"标志着数据合规问题成为企业申报上市的核心关注点之一。

公开披露的审核公告显示，证监会对拟上市企业提出的数据合规问题主要可以分为数据来源合法合规问题、数据使用合法合规问题、数据相关的业务经营问题三类。在数据来源合法合规问题方面，证监会的质询包括请说明发行人获取用户数据及标签的过程及方法，发行人为客户提供数据分析服务时主要的数据获取途径，以及发行人收集、整合、处理、使用数据是否符合《数据安全管理办法(征求意见稿)》的规定等问题。在数据使用合法合规方面，证监会的质询包括请说明在报告期内发行人对个人消费者及企业客户信息等数据资源的使用和维护的合法合规性，请说明数据获取、使用、处理等过程的内部控制制度及执行情况，以及请发行人说明其数据供应商的合规性、是否对数据供应商建立完善评价体系、是否向第三方提供数据等问题。在数据相关的业务经营问题方面，证监会的质询包括请发行人说明不同来源获取的数据所有权归属情况，发行人是否掌握核心数据来源，以及主要的交易对手方、主要交易对手方在报告期内是否发生重大变化等问题。

由此可见，证监会不仅明确关注数据来源、数据处理的普通合法合规问题，还会进一步质询涵盖数据采集的方式、对象、价格、趋势、成本等深层次的问题。

实践中,关于数据合规及用户个人信息保护,除牵涉网信办、工信部及各信管局、公安机关和市场监管总局"四部门"外,同时根据具体行业领域的不同,还会涉及证监会等其他监管机构。证监会在金融领域推行的数据合规治理举措,使其俨然成为数据合规专项整治行动中不可或缺的重要一员。

自《关于开展 App 违法违规收集使用个人信息专项治理的公告》发布后,在数据治理的配套法律文本相继出台的同时,各部门亦推动着数据合规专项整治行动如火如荼地开展:网信办以统筹协调的身份,领衔构建 App 安全认证制度;工信部"两手抓",既关注电信和互联网领域数据安全保护能力的提升,又着力打击 App 侵害用户权益行为,大力整治 App 市场乱象;公安部连续三年组织全国各级公安机关打击计算机犯罪,维护公民个人信息安全;市场监督局则秉承保障消费者合法权益的目的推行"守护消费"暨打击个人信息违法行为专项执法行动;证监会将数据收集、处理的合规性纳入对拟上市企业的考察重点。尽管不同的监管部门侧重于不同的监管目标,但各部门推动数据合规专项治理行动的举措,都在推动着我国数据治理体系从规范到实践的平稳落地。

第二章 收之有规:不同来源下数据的合规收集

第一节 企业数据来源及收集方式

电费贷、云计算、大数据平台、智能汽车……各种新型商业模式被不断催生,电信、工业、交通、金融、自然资源、卫生健康、教育、科技等领域信息的经济价值在不断释放。数据作为数字经济时代的核心驱动力,正逐渐成为与资本和技术并行的关键生产要素。

中国信息通信研究院(以下简称信通院)2020年发布的《大数据白皮书》显示,据国际权威机构Statista统计,2020年全球数据产生量预计已达到47ZB,其中1ZB是1TB的10亿倍。借用更形象的比喻,全世界海滩上的沙子数量总和也不过与1ZB相当,而人类在进入数字时代后1年产生的数据量可比拟47个地球上的沙子总量,数量之大令人咋舌。①

所谓"三分技术,七分管理,十二分数据",面对如此海量的数据,企业该如何盘活才能应对数字化浪潮下的转型挑战?对此,首要考量的便是"数据从何而来"的问题。

一、企业数据来源之个人数据主体

呈爆炸式增长的个人数据正塑造着一个大数据时代,也构成企业数据库的重要组成部分。作为企业数据的重要来源之一,个人数据主体主动提供数据的

---

① 中国信息通信研究院:《大数据白皮书(2020年)》,载信通院官网2020年12月28日,http://www.caict.ac.cn/kxyj/qwfb/bps/202012/t20201228_367162.htm。

场景尤为多样。

(一)传统模式

过去受限于互联网技术发展,企业通常通过纸质填写、面对面交流、电话沟通等方式获取个人数据。尽管目前创新模式逐渐成为主流,但不可否认,对于老人、儿童、通讯不便地区的民众等群体而言,这种传统方式仍具有不可替代性,常见于门诊问询、柜台业务办理、门店消费等场景。

1. 纸质填写式

以医院门诊为例,目前仍有不少医院向就诊者提供纸质病历本,就诊者可自行填写姓名、联系方式、年龄、性别、婚史、过敏史、病史等基础数据供医生问诊使用。实际就诊过程中,医生也会就患者主动反馈的病症、日常饮食等情况进行记录,并于判断病情后在病历本中补充填写用药、检查及检验报告等内容。此时,医院便以纸质病历为载体获取了患者的健康医疗数据。

此外,通过发放纸质调查问卷的方式收集用户爱好、手机号、服务体验意见等数据,也是商家了解消费者信息的常用手段。

2. 面对面交流式

对于曾经办理过银行业务的人来说,“须由本人现场办理”的要求并不陌生。根据中国人民银行《金融机构客户尽职调查和客户身份资料及交易记录保存管理办法》第 12 条的规定,[①]证券、期货、证券投资基金管理等公司为客户办

---

① 《金融机构客户尽职调查和客户身份资料及交易记录保存管理办法》第 12 条:证券公司、期货公司、证券投资基金管理公司以及其他从事基金销售业务的机构在为客户办理以下业务时,应当开展客户尽职调查,并登记客户身份基本信息,留存客户有效身份证件或者其他身份证明文件的复印件或者影印件:(一)经纪业务;(二)资产管理业务;(三)向不在本机构开立账户的客户销售各类金融产品且交易金额单笔人民币 5 万元以上或者外币等值 1 万美元以上的;(四)融资融券、股票质押、约定购回等信用交易类业务;(五)场外衍生品交易等柜台业务;(六)承销与保荐、上市公司并购重组财务顾问、公司债券受托管理、非上市公众公司推荐、资产证券化等业务;(七)中国人民银行和中国证券监督管理委员会规定的应当开展客户尽职调查的其他证券业务。不过,该办法目前已被暂缓实施,具体见《人民银行有关负责人就暂缓实施〈金融机构客户尽职调查和客户身份资料及交易记录保存管理办法〉答记者问公告》,载中国人民银行官网 2022 年 2 月 21 日,http://www.pbc.gov.cn/goutongjiaoliu/113456/113469/4477355/index.html。

理融资融券、股票质押、约定购回等信用交易类业务，场外衍生品交易等柜台业务，经纪业务，资产管理业务等服务时应当开展尽职调查，登记客户基本身份数据，并留存有效身份证件或者其他身份证明文件的复印件或者影印件。因此，金融机构为履行安全管理的监管义务，通常采用面对面的方式收集客户数据。

出于建立劳动关系之目的，企业作为用人单位在招用劳动者时，亦有权了解与劳动合同直接相关的基本情况，如劳动者的就职经历、身份信息、联系地址。这些信息将进入企业的人才信息数据库。

3. 电话沟通式

电话营销是企业常用的营销方式之一，企业通过电话实现获客与回访。例如企业在电视、报纸、杂志刊登出售商品或提供服务的广告后，客户可通过拨打电话进行订购。电话订购过程中，企业将获取用户的手机号码、联系地址、购买产品等数据。

上述传统的个人数据收集方式由于过程直观、互动性强、操作灵活，目前仍在沿用。不过，传统的获取方式存在明显劣势，如效率较低，在同一时间段能够收集的数据数量有限，且不便于长期有效存储。随着信息技术的迅猛发展，企业有了更多获取个人数据的方式。

（二）创新模式

伴随着科技创新，互联网、物联网、5G、人工智能技术纷至沓来，数据收集不再是一项“一对一”的工作。相反，企业在同一时间同步收集不同地域、不同主体的多品类数据已经变得平常。

1. PC 端/手机客户端

企业通过电脑或手机客户端收集个人数据的方式最为普遍。比如，我们在手机登录注册成为微信用户时，需要向微信提供头像、姓名/昵称、所处地区、个人手机号码、手机验证码等多项信息。同时，微信可能基于提供各类增值服务之目的，向用户索要读取相册、开启摄像头、读取通讯录、获取定位和每日运动步数等权限，从而获取用户对应的个人数据。如此获取个人数据的方式，同样适用于电脑端的微信。

与微信类似，我们常用的淘宝、京东、抖音、快手、高德地图、百度地图等软件/平台服务也承载着用户主动提供的数据，例如，用户在下单购买商品时提供的收货信息，网络直播前填写的实名认证信息，在线导航时上传的当前及目标地理位置信息。

2. 传感设备

“健康生活的好拍档”“活动，锻炼，站立，你怎么动它都能跟测”“随时监测你的心跳、睡眠、血氧饱和度”……随着 Apple Watch 的推出与普及，越来越多人开始选择更便捷、可携带的智能手表、智能手环等传感设备，以便随时监测个人生理健康情况。在此场景下，传感设备亦成为用户向企业传输个人数据的有效载体。

据报道，国内可穿戴设备出货量从 2016 年的 3876 万台增至 2020 年的 1.07 亿台，年均复合增长率接近 30%。2021 年上半年，我国可穿戴设备出货量已达 6343 万台，较去年同期增长 43.51%。[①] 未来，智能穿戴设备或将取代智能手机、平板电脑，引领下一场计算革命。用户通过传感设备上传个人数据的方式也将更为普遍。

3. 其他终端设备

随着“物联网”概念不断被丰富，万物互联时代的大门已然开启，互联网头部企业相继推出了智能门锁、智能音响、智慧屏等智能家居。

智能台灯能够感知和获取用户所处环境的光线、用灯频率等信息以适时调整亮度；智能门锁能够通过外接摄像头或指纹收集传感器收集用户的人脸、指纹数据以达到安全管理目的；智能音响更是能够通过收集用户的日常偏好、生活习惯等信息，以提供诸如天气预报、定点报时、音乐播放、推荐影视剧等个性化服务。可见，智能家居设备已成为企业获取用户数据的全新途径。

二、企业数据来源之自动化采集

自动化采集，主要表现为企业通过技术手段自动化收集或生成数据，具体包括以下三种场景。

---

① 《今年上半年中国可穿戴设备出货量达 6343 万台可穿戴设备“智慧相随”》，载人民网 2021 年 11 月 17 日，http://paper.people.com.cn/rmrbhwb/html/2021-11/17/content_25889228.htm。

(一)网络爬虫

网络爬虫,也称为网络蜘蛛、蜘蛛爬虫或网络机器人,其本质是一种能够自动获取网页信息并按照指定规则提取相应内容的程序。

以互联网金融行业为例,企业通常利用网络爬虫技术,设置相应抓取条件,从网上采集企业信用信息、涉诉执行信息、社交软件信息、招聘信息、电商数据等,经过数据分析模型的加工处理,形成风险分析报告,最终用于公司对产品或服务的风险控制。百度、搜狗、微博等社交娱乐软件也是基于爬虫技术自动化获取并分析舆情、挖掘数据、开发服务,最终实现商业化。

实务中,网络爬虫是企业更便捷和更具针对性地获取所需网络数据信息的有效路径。作为一种计算机技术,爬虫技术本身在法律上并不被禁止,但其运用具备较高的法律风险,也容易引发争议或纠纷。对于企业运用爬虫技术的合规边界问题,我们将在本章第四节重点阐述。

(二)埋点

埋点是当下常用的数据采集技术,主要对特定用户的行为或事件进行信息捕获和处理,以便跟踪产品的使用状况,为后续优化产品提供运营数据支撑。目前主流的埋点方式主要包括两种:一是公司自行在产品内注入代码进行统计,并搭建起相应的查询后台;二是通过第三方统计工具(如 SDK[①])完成统计。如采用第三方 SDK 完成统计,则 SDK 提供方也可能同时作为数据采集方。

埋点技术获取的数据内容主要为两大类,分别是用户基本信息和用户行为信息,前者能够精准关联到特定用户,如所处城市、年龄、IP;后者则通常指非特定用户的点击和浏览行为,包括访问数、访客数量、浏览时长等。

例如,某电商平台的产品经理希望优化产品的商品展示页面,此时他需要知道商品展示页面各个模块的展示量、点击量以及购买转化率(购买按钮点击到最后的成单情况)。为了获取这些信息,他通过嵌入 SDK 的方式收集了用户进入产品展示页面后实施的一系列动作数据,包括用户在某个页面的浏览时

① SDK(Software Development Kit)一般指软件开发工具包。

间、页面的浏览比率、购买按钮的点击次数等，即为埋点技术的使用。

（三）交互系统自动生成

交互系统，是为用户与企业提供信息交换、服务处理且结果可视化的互动平台。日常生活中，我们使用的网上购物、社交通信、搜索引擎等都是一个个小型交互系统，用户购买积分、会员等级、购物车记录、收藏列表等信息则为交互系统自动生成的商业数据。

此类数据虽来源于用户行为，但区别于一般意义上的用户个人数据，不可由用户自行提供，需由企业采集或生成。若企业加以分析并运用在产品营销及运营过程中，交互系统自动生成的数据同样可创造极高的经济效益。

三、企业数据来源之第三方

实践中，部分企业既无法从个人数据主体直接获取数据，也难以通过技术手段采集数据，其数据获得主要源于其他第三方，包括数据供应商、数据处理委托方、共享方或上游合作方等。

（一）数据供应商

1. 数据采购

大数据时代出现了一批以数据销售为主营业务的数据供应机构，为企业提供持续线上数据调用、一次性打包采购数据、数据补全及数据清洗等服务。企业可通过数据交易的方式，从数据供应机构获取各类机关、企事业单位、社会团体、民办非企业等机构主体的相关数据，包括但不限于公开登记数据、上市公司财汇金融数据、境外企业公开数据、人民法院依法公布的判决与裁定等公开信息。

值得注意的是，此处的数据采购类型不应包括未被自然人公开的个人信息、可能构成企业商业秘密的数据、可能属于国家秘密或者被特定行业所规范的数据等未公开信息，否则将涉嫌“数据黑产”并构成刑事犯罪。

2. 数据产品合作

数据产品合作也是近年来常见的数据采集方式，尤其对于广告主而言。传统的数据营销，企业仅能基于已注册的用户数开展，而通过数据产品合作的方式,广告主可以向数据供应商采购潜在的消费者数据,实现更大范围的精准营销。

对此,淘宝开发的一款卖家端"生意参谋"电商数据产品最具典型性。"生意参谋"提供的数据内容是淘宝经用户同意,采集用户在淘宝平台浏览、搜索、收藏、加购、交易等活动所留下的痕迹而形成的海量原始数据,再采取脱敏处理,剔除个人信息后经过深度处理、分析、整合,加工形成衍生数据。商家可在"生意参谋"平台查询获取相关关键词搜索次数、全站商品数、搜索趋势、点击率、访客数、商品浏览量、支付转化率等商业数据,并对此进行数据分析以实现销售业务的迭代升级,为优化店铺运营方向提供支撑。

(二)数据处理委托方

由于业务复杂、数据特殊、准入资格受限等原因,实务中企业间委托处理数据的情形并不少见,数据处理受托方为实现特定处理目的将获取对应的数据。以医疗健康场景为例,部分医疗机构在收集患者唾液、血液、尿液、粪便等检测样本后实际并不负责检测行为,而是委托第三方专业检测机构完成。第三方专业检测机构此时作为数据处理受托方,便获取了受托范围内涉及的部分数据,包括患者检测数据、委托方的合作数据等。

同样地,金融行业因涉及信用评级等原因,普遍存在委托第三方机构进行信用评分和风险评估的场景,例如信用卡审批、贷款时进行信用风险评估等。以自然人用户为例,第三方评级机构虽不直接面向该用户,但从委托处理方金融机构处收集包括用户姓名、身份证号、婚姻状况、薪资报酬、名下房产信息、银行流水、大额存单在内的多项个人数据,以完成对该用户的直接画像。

(三)数据共享方

实务中,企业常以接入 API(Application Programming Interface,应用程序编程接口)的方式实现特定数据共享。API 是指预先定义的接口,或指软件系统不同组成部分相互衔接的事先约定,通过接入 API,企业能够便利地访问所需数据而无须源代码。此时,数据接收方同时也是数据收集方。

例如,微博便通过开放平台向第三方提供调取用户 API 接口权限的服务。

企业作为购买者,需就双方权利义务的约束与微博签订《开发者协议》。协议签署后,企业便取得了微博授权,有权根据事先约定的数据需求接入不同 API 接口,以实时获取特定数据。根据微博公示内容,目前可调取的数据分为普通授权和高级授权,企业在普通授权下仅可获得用户昵称、地理位置、性别、微博号、头像、在线状态、粉丝数等基础信息,而高级授权则涵盖用户发布的微博信息、好友分组、联系邮箱等内容。

此外,关联企业间的数据共享,也是企业获取数据的常见来源。所谓"阿里系""腾讯系""头条系",指向的便是同一集团内的关联企业。虽然关联企业间通常存在直接或间接的控制关系,但关联企业作为独立法人,在法律关系上属于独立的机构主体。

出于优化用户服务、更新升级产品、广告市场营销的目的,很多企业都会与集团内部的关联主体共享数据。在企业公示的《隐私政策》中,可以看到"我们可能会向必要的关联方共享信息"等条款,如天猫与淘宝之间共用一个用户账号体系,微信与微信读书共享微信好友关系等。若关联企业为共享数据的接收方,则由此获取了消费者、商业、运营、技术等一系列数据。

(四)上游合作方

部分企业作为终端服务提供者,并不直接为用户提供服务,而需从上游合作方获取更多数据,这种模式主要发生在电商平台与平台内商家之间。

此前,电商平台内商家获取平台内用户订单信息、联系方式、收件人情况等主要依托于电商平台的披露。不过,在个人信息保护监管日趋严格的背景下,京东、抖音、淘宝纷纷发布了消费者订单信息加密通知及系统升级改造方案(以淘宝为例,见图 2-1)[①],致使平台内商家后续难以直接获取原始数据。

---

① 淘宝:《订单处理类应用升级方案》,载淘宝开放平台 2022 年 1 月 27 日,https://open.taobao.com/docV3.htm?spm=a219a.7386797.0.0.44dc669a843N4b&source=search&docId=120175&docType=1。

订单处理类应用升级方案

更新时间：2021-07-21

一、背景说明：

近期国家陆续出台了个人信息保护和数据安全相关的法律法规，对保障消费者个人信息权益、规范数据处理活动提出了更明确的责任要求。平台将启动订单处理链路的消费者敏感信息保护方案，对涉及消费者个人敏感信息采取加密、去标识化等安全技术措施。

新的方案将会把订单中涉及消费者的敏感信息进行脱敏处理，订单中消费者敏感信息是指消费者订单中的收件人信息。具体脱敏信息字段包含：收件人姓名、收件人手机号、收件人电话(固定号码)、收件人详细地址（不包含省市区）。为了确保商家订单履约正常运行，平台将新增收件人ID字段【简称OAID】。OAID是本次升级新增的核心字段。升级后可以通过OAID进行订单合单、电子面单生成打印、服务短信发送、必要场景的信息解密功能等。

升级使用脱敏的订单数据+OAID方案后，可确保订单履约的全链路作业顺畅不受影响，同时能确保消费者的敏感信息受到保护

二、方案概述：

1.开发者（软件服务商、自研商家）从淘宝开放平台API或订单推送服务中获取的订单消费者敏感信息（收件人姓名、收件人手机、收件人电话、地址等）均为脱敏数据，本地不允许存储明文消费者敏感数据。

2.开发者（软件服务商、自研商家）的相关系统页面只能展示平台脱敏后的信息，如需展示明文需通过平台解密方案获得，并且要做好明文数据查看权限的隔离。

3.涉及三方仓的发货履约场景，订单处理类应用（ERP、OMS等）与仓储物流类应用（WMS等）之间的数据通信，必须通过淘宝开放平台定义的奇门相关接口来实现。

4.OAID可用于菜鸟电子面单产品的生成和打印。

5.开发者（软件服务商、自研商家）向消费者发送服务短信，可使用OAID通过淘宝开放平台提供的密文发送服务短信接口来实现。

图 2－1　淘宝订单处理类应用升级方案

通过对数据来源及收集方式的梳理，我们发现企业数据的获取场景日渐多元、目的不再单一、类型更为复杂。如第一章所述，当前从国家立法、执法监管和司法救济等层面均逐步聚焦数据合规和个人信息保护，企业在数字化转型中所面临的不再是“数据如何获取”的技术问题，而是“如何合法合规获取数据”以实现企业可持续增长的战略问题。围绕企业数据收集的合规要求，我们将在本章第三节重点探讨这一问题。

第二节　企业收集数据之分类分级

企业在日常经营活动中，或从个人数据主体获得了学历背景、姓名、联系方式、消费习惯、交易记录等用户数据，或通过自动化技术采集了用户总量、留存量、人均收益、点击量、播放量等运营数据，或在生产经营中形成了策划文案、美术创意、薪资待遇、组织架构、财务报表等商业数据，或借助第三方资源采购了司法裁判文书、工商登记信息等公开数据，数据收集场景丰富多样。

由此可见,企业数据库不仅数据来源多样,组成更是纷繁复杂。要探讨收集行为的合规要求,前提在于对数据进行区分,通过分类分级匹配对应的合规举措。

一、数据分类之必要

我们在第一章曾就数据合规领域的监管文件进行了介绍,随着《数据安全法》《个人信息保护法》《最高人民法院关于审理使用人脸识别技术处理个人信息相关民事案件适用法律若干问题的规定》《信息安全技术　个人信息安全规范》等法律法规、国家标准或行业标准的颁布与生效,数据合规强监管时代已然到来。数据分类分级作为其中一项标志性的制度,重要性毋庸置疑。

(一)企业数据分类的外部推动

2021 年 9 月 1 日起施行的《数据安全法》第 21 条明确规定,国家建立数据分类分级保护制度,根据数据在经济社会发展中的重要程度,以及一旦遭到篡改、破坏、泄露或者非法获取、非法利用,对国家安全、公共利益或者个人、组织合法权益造成的危害程度,对数据实行分类分级保护。国家数据安全工作协调机制统筹协调有关部门制定重要数据目录,加强对重要数据的保护。同时,其要求各地区、各部门应当按照数据分类分级保护制度,确定本地区、本部门以及相关行业、领域的重要数据具体目录,对列入目录的数据进行重点保护。

这是数据分类分级保护制度被首次写入立法。此后,《个人信息保护法》对企业处理个人信息活动提出了更细致的要求,企业应当根据个人信息的处理目的、处理方式、个人信息的种类以及对个人权益的影响、可能存在的安全风险等情况对个人信息实行分类管理,以防止未经授权的访问以及个人信息泄露、被篡改、丢失。

自此,数据分类管理成为企业必须直面的合规义务。

(二)企业数据分类的内部驱动

除作为国家的强制监管要求,数据分类管理在企业的长期可持续发展中同样扮演着重要角色。

2021 年 11 月 15 日，工信部印发了《"十四五"大数据产业发展规划》，①提出五大发展目标，其中包括产业生态良性发展。该文件对此项目标作了进一步解释——社会对大数据认知水平不断提升，企业数据管理能力显著增强，发展环境持续优化，形成具有国际影响力的数字产业集群，国际交流合作全面深化。

作为国家与企业的共同目标，企业数据管理能力的增强，离不开数据分类分级制度的开展与落实。

1. 数据分类是企业制定数据安全措施的依据

就数据安全保障而言，企业资源有限，不同类型的数据应适用不同的安全保障措施，例如，商业价值度更高、机密性更强的数据应相较公开数据、普通数据得到更全面的安全保护。又如，企业在收集、存储、使用敏感度更高的敏感个人数据、生物识别数据时面临着高于一般个人数据的数据安全保障义务。

若企业未对数据进行分类管理，将无法清晰认识哪些场景下需采取更严格的安全保障措施。只有对数据的不同分类建立充分而明确的认知，企业才能够真正落实数据安全的保护。

2. 数据分类是企业释放数据价值的助推器

实务中，通过数据分类，企业可实现不同数据的区分标识，从而聚合同类型数据并完成批量处理，包括分单元设置加密手段、固定对外传输限制、限定授权范围等。此举在极大降低日常管理中的人力、物力等成本的同时，还能为企业带来经济效益、实现数据价值的释放，我们在上一节提到的数据营销产品"淘宝生意参谋"即为典型。

淘宝基于对收集到的用户浏览、点击、交易等不同数据类型的分析，总结出可供体验此项服务产品的淘宝卖家经营参考的市场营销数据，并收取相应服务费用，实现数据从"资源"到"资产"的价值转化。此外，企业对用户贴上"性别""年龄""地域""兴趣爱好"等标签，从而完成用户画像的过程，同样也离不开数据分类的助力。凭借不同群体的用户画像，企业可实现广告的精准投放，提高转化率。

---

① 工信部：《"十四五"大数据产业发展规划》，载工信部官网 2021 年 11 月 30 日，https://www.miit.gov.cn/zwgk/zcwj/wjfb/tz/art/2021/art_c4a16fae377f47519036b26b474123cb.html。

综上,企业开展数据分类分级有着外部推动和内部驱动的双重必要。通过构建数据分类分级体系,企业可逐步利用数据为经济赋能,为发展提质,为管理增效。

二、数据分类之基础

数据分类落地的基础是清楚了解“何为数据”。根据《数据安全法》的规定,[①]“数据”在法律概念下,是指任何以电子或者其他方式对信息的记录。那么,是否意味着“数据”和“信息”所指向的实为同一内容?这一问题引发了不少学者讨论。

有学者提出两者存在差别:

> “一是在性质上信息是本体,数据是媒介或载体。犹如纸之于文、唱片之于音乐、电视之于新闻等,这种区分是明确且易于理解的。二是在依存关系上两者是可以分开的。信息不一定依赖数据来传递,传统媒介依然可以替代性地起到信息传递的作用;数据也不必然形成有效的信息,比如乱码或缺乏显示工具的代码。三是信息和数据因分属不同的范畴而运行规律迥异。信息服从社会传播学的规律,侧重信息内容的生成、分享和限制等;数据则服从计算机和互联网背景下的数字技术规律,具有工具性的面向,只是由于数字技术在当代社会的高度发展,数据成了信息传播的主要方式,两者因高度依存而共同即时呈现,这也构成了信息和数据概念混用的背景和原因。”[②]

如此,“数据”与“信息”在实际应用上确存在一定差异,不过仔细比对我国目前与数据安全及个人信息保护相关的各项法律法规后可以发现,“数据”和“信息”两者在法律条款中的定义及适用存在高度相似性和相互可替代性。

其一,“信息”与“数据”的概念在监管文件的法律条款中相互穿插使用,如

① 《数据安全法》第3条第1款:本法所称数据,是指任何以电子或者其他方式对信息的记录。

② 转引自梅夏英:《信息和数据概念区分的法律意义》,载《比较法研究》2020年第6期。

引入"信息"定义"数据";其二,目前均未对两者作明确区分,如《深圳经济特区数据条例》虽罕见地在立法层面使用了"个人数据",但仍同时提及"个人信息",明确企业如违反《深圳经济特区数据条例》规定处理个人数据的,应依照个人信息保护有关法律、法规规定承担处罚。且对比《深圳经济特区数据条例》与《个人信息保护法》分别对"个人数据"①"个人信息"②的定义可见,两者所指向的内容均为可识别特定自然人的信息。

因此,"数据"与"信息"在实务中的适用场景虽各有侧重,前者更强调承载方式及商业经济效益,但在广义的法律概念上,两者所指向的内容并无明显区别,我们也不作严格区分。

三、数据分类之方法

如何分类管理数据,实务中没有统一答案,企业可选取的分类维度很多,具体可结合自身发展阶段、数据收集及应用场景、内部管理规范等要素综合评估确定。例如,根据数据涉及内容,可将企业的数据库分为个人基本资料、个人通信信息、联系人信息、个人常用设备信息、位置信息、业务统计数据、业务技术数据、业务经营数据等;也可根据数据的使用主体,分为研发数据、生产数据、运维数据、管理数据、行政人事数据、外部数据等;或按照数据的重要程度,分为绝密数据、机密数据、秘密数据、公开数据。

此前相关行政主管部门亦针对即时通信服务数据、快递物流服务数据、网络视频服务数据、网络支付服务数据以及健康医疗数据等特定数据,制定了数据分类分级的标准性指引文件供企业参考,如《信息安全技术　即时通信服务数据安全指南(征求意见稿)》《信息安全技术　网络音视频服务数据安全指南(征求意见稿)》《信息安全技术　健康医疗数据安全指南》等。不过,为便于企业识别不同数据的合规要求、履行个人信息保护义务,我们主要将企业数据分

---

① 《深圳经济特区数据条例》第2条第2项:个人数据,是指载有可识别特定自然人信息的数据,不包括匿名化处理后的数据。

② 《个人信息保护法》第4条第1款:个人信息是以电子或者其他方式记录的与已识别或者可识别的自然人有关的各种信息,不包括匿名化处理后的信息。

为如下四类：个人数据、敏感个人数据、生物识别数据与一般数据。

（一）个人数据

个人数据，或称个人信息，是指以电子或者其他方式记录的与已识别或者可识别的自然人有关的各种信息，不包括匿名化处理后的信息。因此，个人数据的判定标准为“是否可识别特定自然人”，具备“可识别”或“可关联”的特征。

所谓“可识别”，即从数据到个人，具体是指个人数据应有助于识别出特定个人，如企业无法从数据本身的特殊性识别出特定自然人，则不应视为个人数据。“可关联”则是从个人到数据，指特定自然人在其活动中产生的数据，如个人位置信息、个人通话记录、个人浏览记录。符合上述特性之一的数据，均应判定为个人数据。以下为《信息安全技术　个人信息安全规范》中对个人数据的部分列举（见表2-1）。

表2-1　个人数据的部分举例

个人基本资料	个人姓名、生日、性别、民族、国籍、家庭关系、住址、个人电话号码、电子邮件地址等
个人身份信息	身份证、军官证、护照、驾驶证、工作证、出入证、社保卡、居住证等
个人生物识别信息	个人基因、指纹、声纹、掌纹、耳廓、虹膜、面部识别特征等
网络身份标识信息	个人信息主体账号、IP地址、个人数字证书等
个人健康生理信息	个人因生病医治等产生的相关记录，如病症、住院志、医嘱单、检验报告、手术及麻醉记录、护理记录、用药记录、药物食物过敏信息、生育信息、以往病史、诊治情况、家族病史、现病史、传染病史等，以及与个人身体健康状况相关的信息，如体重、身高、肺活量等
个人教育工作信息	个人职业、职位、工作单位、学历、学位、教育经历、工作经历、培训记录、成绩单等
个人财产信息	银行账户、鉴别信息（口令）、存款信息（包括资金数量、支付收款记录等）、房产信息、信贷记录、征信信息、交易和消费记录、流水记录等，以及虚拟货币、虚拟交易、游戏类兑换码等虚拟财产信息
个人通信信息	通信记录和内容、短信、彩信、电子邮件，以及描述个人通信的数据（通常称为元数据）等

续表

联系人信息	通讯录、好友列表、群列表、电子邮件地址列表等
个人上网记录	指通过日志储存的个人信息主体操作记录,包括网站浏览记录、软件使用记录、点击记录、收藏列表等
个人常用设备信息	指包括硬件序列号、设备 MAC 地址、软件列表、唯一设备识别码(如 IMEI/Android ID/IDFA/OpenUDID/GUID/SIM 卡 IMSI 信息等)等在内的描述个人常用设备基本情况的信息
个人位置信息	包括行踪轨迹、精准定位信息、住宿信息、经纬度等
其他信息	婚史、宗教信仰、性取向、未公开的违法犯罪记录等

(二)敏感个人数据

"个人数据"项下,又细分了"敏感个人数据",①后者是指一旦泄露或者非法使用,容易导致自然人的人格尊严受到侵害或者人身、财产安全受到危害的个人数据,包括生物识别、宗教信仰、特定身份、医疗健康、金融账户、行踪轨迹等数据,以及不满 14 周岁未成年人的个人数据,具体可包括如下内容(见表 2-2)。

表 2-2 敏感个人数据的部分列举

个人财产信息	银行账户、鉴别信息(口令)、存款信息(包括资金数量、支付收款记录等)、房产信息、信贷记录、征信信息、交易和消费记录、流水记录等,以及虚拟货币、虚拟交易、游戏类兑换码等虚拟财产信息
个人健康生理信息	个人因生病医治等产生的相关记录,如病症、住院志、医嘱单、检验报告、手术及麻醉记录、护理记录、用药记录、药物食物过敏信息、生育信息、以往病史、诊治情况、家族病史、现病史、传染病史等,以及与个人身体健康状况产生的相关信息等

① 《深圳经济特区数据条例》第 2 条第 3 项:敏感个人数据,是指一旦泄露、非法提供或者滥用,可能导致自然人受到歧视或者人身、财产安全受到严重危害的个人数据,具体范围依照法律、行政法规的规定确定。《个人信息保护法》第 28 条第 1 款:敏感个人信息是一旦泄露或者非法使用,容易导致自然人的人格尊严受到侵害或者人身、财产安全受到危害的个人信息,包括生物识别、宗教信仰、特定身份、医疗健康、金融账户、行踪轨迹等信息,以及不满十四周岁未成年人的个人信息。

续表

个人生物识别信息	个人基因、指纹、声纹、掌纹、耳郭、虹膜、面部识别特征等
个人身份信息	身份证、军官证、护照、驾驶证、工作证、社保卡、居住证等
其他信息	性取向、婚史、宗教信仰、未公开的违法犯罪记录、通信记录和内容、通讯录、好友列表、群组列表、行踪轨迹、网页浏览记录、住宿信息、精准定位信息等

(三)生物识别数据

个人生物识别数据是敏感个人数据中较为特殊的一项数据类型,是指对自然人的身体、生理、行为等生物特征进行处理而得出的能够识别自然人独特标识的个人数据,包括自然人的基因、指纹、声纹、掌纹、耳郭、虹膜、面部识别特征等数据。① 由于具有唯一且不可替代性,其敏感度更高,面临的监管要求也更为严格,需要企业重点关注。

综上,个人数据、敏感个人数据与生物识别数据相互之间的关系如图 2 - 2 所示。

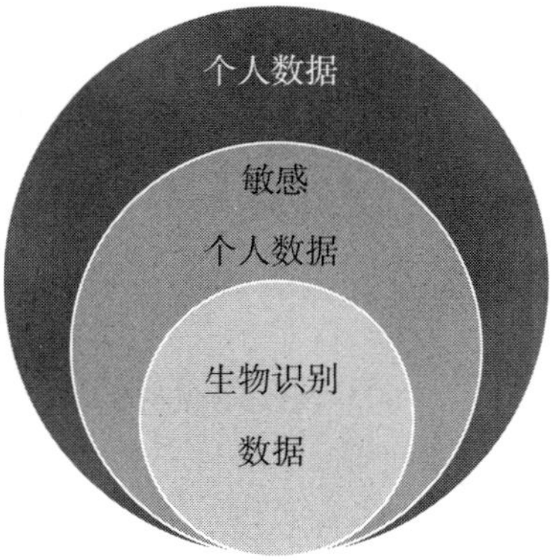

图 2 - 2　个人数据、敏感个人数据、生物识别数据关系

① 《深圳经济特区数据条例》第 2 条第 4 项:生物识别数据,是指对自然人的身体、生理、行为等生物特征进行处理而得出的能够识别自然人独特标识的个人数据,包括自然人的基因、指纹、声纹、掌纹、耳廓、虹膜、面部识别特征等数据。

（四）一般数据

除个人数据外的企业数据，我们统称为一般数据，是指单独或结合其他数据均无法识别到特定自然人的数据，包括匿名化处理后的个人数据。匿名化即个人数据经过处理无法识别特定自然人且不能复原的过程，因处理后的数据不再具备“可识别”或“可关联”的特征，因此匿名化处理后的个人数据同样属于一般数据。关于实现“匿名化”的具体方式，我们将在第六章展开阐述。

较为典型的一般数据，主要表现为资产、负债、所有者权益、现金流等财务数据，网页浏览量、页面停留时间、产品活跃人数、购买转化率等统计数据，算法模型、技术指标参数、技术方案等技术数据，活动规则、会员等级、活动方案、合作授权价格等经营数据。

四、数据分类之实务探讨

尽管我们基于现行监管文件的规定，已为企业实施数据分类提供了参考指引，但企业在实务场景中落实数据分类的工作，依然不如想象的轻松。

互联网技术的日新月异与立法文件滞后性之间的矛盾，决定了监管无法完全解决企业的实操问题，尤其针对网页浏览记录、历史行车轨迹、好友列表和读书记录等难以直观判断是否为可识别到特定自然人的数据。企业的辨别过程往往需要结合收集场景、数据内容及数量多寡等因素综合分析。若仅机械式地套用定义，容易产生认知偏差。

为帮助企业在实务场景中有效识别，我们从现有司法实践争议较大的实务问题切入，进一步厘清何谓“个人数据”。

（一）个人数据是否等同于隐私

在《民法典》单独确立“个人信息保护”章节前，“个人信息保护纠纷”并非一项独立案由。在很长一段时间里，公众能通过提起“隐私权纠纷”“网络购物合同纠纷”“网络侵权责任纠纷”保护个人信息不被侵害。其中最为常见的，便是隐私权纠纷。

然而，个人信息/个人数据真的等于个人隐私吗？答案是否定的。

根据《民法典》第 1032 条第 2 款的规定，“隐私是自然人的私人生活安宁和不愿为他人知晓的私密空间、私密活动、私密信息”。因此，隐私权更注重保护自然人的私密和生活安宁不被打扰的权利，例如，个人居所、身体的隐私部位以及旅客入住的酒店客房等即属私密空间，私密活动则包括日常生活、家庭活动、婚姻活动等与公共利益无关的个人活动，应与个人数据分开保护。这一观点在刘某某诉某科技（北京）股份有限公司隐私权纠纷二审案件[①]中，得到了法院深入的分析阐释。

该案中，原告主张被告未经明确授权调用其个人信息，侵犯个人隐私，并据此提起“隐私权纠纷”案件，二审法院对此做出了如下认定：

“……根据原告提交的公证书等证据，被告公司运营的涉案 App‘天天消消乐’（1.53 版）在未取得原告明确授权的情况下，存在全项开启手机应用权限的情况。被告上述行为，指向的是用户是否知晓并同意网络服务提供者获取己方个人信息以及同意获取信息的具体范围等个人信息的自主决定权益，而非指向未经用户同意擅自公开披露用户信息或侵扰用户生活安宁的隐私权益，故被告的诉争行为不宜在隐私权保护的范畴内被认定为侵权行为。鉴于本案诉争行为并未侵害原告的隐私权，故对于被告的过错形态及因果关系等侵权责任要件，本院均不在隐私权保护的法律关系中予以分析。原告如认为其尚有其他合法权益被诉争行为侵犯，可另行解决。”

换言之，个人数据并不能等同于个人隐私，企业如收到用户就个人隐私提起的投诉，建议先对用户投诉对象予以分析，以免处理结果与实际不符。

（二）历史行车轨迹是否为个人数据

判断是否属于个人数据的核心标准在于是否具有可识别或可关联性，但该标准的适用存在一定争议。例如，包含车架号、车辆基本行驶数据的历史车况信息是否属于个人数据？何种情况下可能构成个人信息？广州互联网法院在

① 北京市第一中级人民法院民事判决书，（2020）京 01 民终 8911 号。

"余某诉查博士案"[①]中，从信息内容、特征、来源、可还原识别特征的可能性等方面进行了充分论证。

该案被告查博士App主要为用户提供二手车估价、车辆检测、汽车保修、历史车况信息查询等服务。原告作为二手车卖家，在与买家磋商过程中发现，对方可在该款App上通过其提供的机动车行驶证上记载的车架号，付费查询到车辆的历史车况信息，并获得历史车况报告，该报告显示了案涉车辆的车况评级、年均行驶里程、年均保养次数、最后保养时间、最后记录时间、每次维修时间、维修保养项目等详细信息。

余某认为以上数据可综合反映其驾驶习惯、驾驶特征、维保行踪、消费能力、消费习惯等信息，可间接识别其个人身份。因此，被告未经其事先同意擅自向他人有偿提供上述数据的行为，侵犯了其个人数据权益。

对此，法院最终认定被告从第三方获取及对外披露的历史车况信息不属于个人数据，原因展开分析如下。

1. 案涉历史车况信息无法单独识别特定自然人

从内容上看，案涉历史车况报告中出现的信息虽包括了车架号、车辆基本行驶数据、维保数据等内容，但未出现自然人的身份信息、行踪信息、通信联系方式等能直接识别特定自然人的数据。且车架号显示在汽车车身外观，仅为识别特定车辆的编码，无法识别到特定自然人。

从特征上看，尽管案涉历史车况信息能综合反映所查车辆的日常损耗程度、未来发生故障可能性、未来使用寿命等内容，作为车主的余某可以看出数据反映的其个人的驾驶习惯、驾驶特征、消费能力、消费习惯等信息。但从社会公众的一般认知来看，案涉历史车况信息仅能反映所查车辆的使用情况，无法定位到特定个人或用于评价具体个人的行为或状态，因此不应认定可关联到特定自然人。

此外，根据日常生活经验，产生车况信息的主体不一定是特定自然人。多个自然人使用同一车辆的情况较为常见，如代驾司机、维修工勤人员、近亲朋友。前述情况会进一步模糊特定自然人的行踪信息等细节，无法通过车况信息

---

① 广州互联网法院民事判决书，(2021)粤0192民初928号。

精准识别到车辆的实际使用人是否为余某本人。

2. 案涉历史车况信息无法与其他信息结合识别特定自然人

虽然实践中的确存在通过第三方信息与车况信息结合,进而识别到特定自然人的可能性,但一般理性人在实现上述目的时会综合考虑行为成本,如技术门槛、第三方数据来源、经济成本、还原时间,从而评估实施相关行为的可能性。因该案信息已通过脱敏技术处理,第三人将案涉车况信息与其他信息结合进行关联识别的成本较高。因而在车辆交易场景下,案涉车况信息与其他信息结合进行关联识别的可能性较低,不能以此认定为个人信息。

根据法院的上述认定,该案所涉历史车况信息既无法单独识别特定自然人,也无法与其他信息结合识别特定自然人,实为匿名化处理后的个人数据,不受个人数据保护的合规要求约束,该案处理结果为企业如何合规有效地释放数据价值提供了参考。

(三)网页浏览记录是否为个人数据

如表2-1、表2-2所列举的个人数据,企业通过日志存储的个人信息主体操作记录属于个人数据,甚至是敏感个人数据,包括网站浏览记录、软件使用记录、点击记录、收藏列表等。可是,网络浏览记录是否在任何情境下均为个人数据?实务中似乎存在可探讨空间。

在"Cookie隐私第一案"①中,原告发现如使用被告公司的搜索引擎搜索相关关键词,在某些网站上便会自动出现与对应关键词相关的广告。基于此,原告主张被告未经其知情同意,记录并跟踪了其所搜索的关键词,被告将其个人兴趣爱好、生活工作特点等内容显示在相关网站,并且利用关键词投放有针对性的广告,已侵犯其个人数据权益。该案的争议焦点为,被告在个性化推荐服务中运用网络技术收集、使用的检索关键词记录是否为个人数据。对此,一审法院与二审法院做出了截然不同的认定,二审法院改判认为网络浏览记录并不一定是个人数据,并说理如下:

---

① 江苏省南京市中级人民法院民事判决书,(2014)宁民终字第5028号。

"网络用户通过使用搜索引擎形成的检索关键词记录,虽然反映了网络用户的网络活动轨迹及上网偏好,具有隐私属性,但这种网络活动轨迹及上网偏好一旦与网络用户身份相分离,便无法确定具体的信息归属主体,不再属于个人信息范畴。经查,被告公司个性化推荐服务收集和推送信息的终端是浏览器,没有定向识别使用该浏览器的网络用户身份。"

因此,虽然原告被推送了个性化内容,投放信息似乎具有指向性,但二审法院经查明认为,这种个性化推荐服务实际依赖于服务器与浏览器之间信息交互的 Cookie 技术,此种预测指向的是浏览器,而非特定自然人,并不具备可识别性。因此,这类网络活动轨迹、上网偏好的浏览记录并不属于个人数据。结合目前《信息安全技术　个人信息安全规范》将网络浏览数据认定为敏感个人数据的规定,企业在实务中判断网络浏览记录等信息是否属于个人数据时,还需结合具体业务场景和技术原理加以分析,避免简单的"一刀切式"认定。

(四)用户好友列表和读书记录是否为个人数据

用户使用应用软件形成的好友列表与读书记录是否构成个人数据,同样存在争议。

北京互联网法院在"黄某诉微信读书案"[①]中予以了评价:

"被告获取的信息包括用户的昵称、头像、OPEN_ID 以及共同使用微信读书的微信好友的 OPEN_ID。这些信息虽然不包括微信账号、手机号等可单独识别特定个人的信息,但是,首先,OPEN_ID 本身就是微信生成的识别用户的识别码……故在均由被告集团运营的应用软件中,获取 OPEN_ID 即可以识别用户身份。其次,昵称、头像、OPEN_ID 以及多个 OPEN_ID 之间的好友关系链等信息的组合并未达到匿名化和去标识化的程度,特别是 OPEN_ID 与用户主体身份具有强对应关系,在特定场景下结合其他数据仍可还原到相对应用户的具体主体身份信息……微信读书获取的好友列表包含了可以指向信息主体的

① 北京互联网法院民事判决书,(2019)京 0491 民初 16142 号。

网络身份标识信息,即'从信息到个人';而自然人的微信好友列表,体现了该自然人在微信上的联系人信息,属于'从个人到信息',应认定为用户的个人信息。

同理,微信读书中的读书信息包含了可以指向该信息主体的网络身份标识信息,即'从信息到个人';读书信息,包括读书时长、最近阅读、书架、推荐书籍、读书想法等,能够反映阅读习惯、偏好等,符合'从个人到信息'的特征,属于个人信息。"

本案法院观点与"余某诉查博士案"如出一辙。由于用户的好友列表与读书信息均产生于被告的关联产品内,被告作为产品运营者,可基于前述信息实现特定自然人的关联,对被告而言,前述信息显然构成个人数据。从一般理性人视角出发,该等内容不仅包含用户微信好友列表、微信读书信息,还有昵称、头像等信息,第三方公众实现数据再识别的成本极低,因此该数据对于普通公众同样构成可识别特定自然人的个人数据,未达到匿名化处理效果。

梳理上述司法裁判规则后,我们发现,判断某一信息是否属于个人数据,需基于个人数据处理者及第三方一般理性人的视角,结合数据处理场景和技术原理,并综合考虑数据的"可识别性"及"可关联性"进行分析判断。对企业而言,厘清哪些数据为个人数据,不仅是明辨自身应履行何种数据合规义务的基础,更是完成数据合规体系搭建的重要根基。

第三节　企业数据收集的合规要点

数据收集是数据全生命周期的起点。如何守好起点,确保数据收集环节合法合规,是企业数据治理的第一问,也是搭建数据合规体系的关键着力点,更是长期持续推进数据要素化、资产化的重要保障。

在本节,我们将从不同的数据收集来源切入,逐一梳理企业在不同数据源场景下面临的各项收集合规要求,进而探讨可落地的合规措施,助力企业规范数据收集行为。

一、数据源合规之个人数据主体

从数据合规专项整治行动的通报结果来看,个人数据的收集环节是数据合规问题频发的“重灾区”。对此,2021 年在数据合规领域落地的重磅法律《个人信息保护法》,确立了个人数据收集的五大合规要点。

(一)合法、正当、诚信

《个人信息保护法》第 5 条明确规定,处理个人信息应当遵循合法、正当、必要和诚信原则,不得通过误导、欺诈、胁迫等方式处理个人信息。所谓“合法、正当、诚信”,可具体分为“目的”与“方式”两个层面,看上去似乎界定清晰,但在实务中应如何适用,却是一个很有意思的问题。

目前,企业以“领取红包、积分、福利等奖励”为由要求用户填写手机号、姓名、联系地址等个人信息,已成为司空见惯的营销手段,但是否符合合法、正当、诚信原则?答案未必是肯定的。比如,企业以发放红包、积分、福利、抽奖等奖励为由要求用户额外提供个人信息,却在用户提供个人信息后未给予对应的奖励,或将个人信息用于说明以外的目的,则目的不可谓“合法、正当、诚信”;又如,以发放现金红包为由,收集与奖励内容不相关的个人信息如个人联系地址、姓名,则方式不可谓“合法、正当、诚信”。

(二)最小必要原则

最小必要原则是《个人信息保护法》的亮点,也是个人信息收集活动中的落地难点。对于最小必要原则的理解,应当结合企业收集个人信息的业务场景来分析评估,一般可从如下五个要点进行解读。

1. 信息收集的数量和种类是否是实现目的的最小范围

网信办秘书局、工信部办公厅、公安部办公厅、市场监管总局办公厅于 2021 年 3 月 12 日联合发布的《常见类型移动互联网应用程序必要个人信息范围规定》,明确了目前常见类型产品的必要个人信息收集范围,为企业收集个人信息的最小范围提供了指引。

例如,就提供“影视、音乐搜索和播放”基本服务的在线影音类产品而言,用户应无须提供个人信息，即可使用基本功能服务①。如果企业在用户体验产品前强制要求提供手机号码进行注册，则存在超范围收集个人信息的违规可能。

2. 信息收集的频率是否是产品或服务业务功能所必需的最小频率

虽然目前暂时没有生效的法律法规或国家标准性文件就何为“最小收集频率”进行界定，但可以参考《信息安全技术　移动互联网应用程序（App）个人信息安全测评规范（征求意见稿）》，其对不同场景下收集个人信息的参考频率举例如表2－3所示。

表2－3　不同场景下收集个人信息的频率参考

个人信息	场景	合理频率	备注
地理位置	地图导航、位置追踪等实时定位场景	持续读取（每秒1次）	户外开阔地带，设备GPS定位成功后
	展示周边可用服务等场景	周期性读取（每30秒1次）	
	识别当前地址等场景	一次性读取（进入功能界面时读取1次或者用户主动刷新时读取1次）	
通讯录	添加特定通讯录好友、分享特定通讯录联系人、设置特定通讯录联系人为紧急联系人等场景	用户主动触发时读取特定条目1次	
	通讯录备份、未知联系人骚扰拦截等场景	用户主动触发时读取或经用户明确授权后在通讯录出现变更时自动读取	
人脸信息	各类人脸识别应用场景	用户主动触发时读取	
应用程序列表	应用管理等场景	用户主动触发时读取	

① 《常见类型移动互联网应用程序必要个人信息范围规定》第5条第28项：在线影音类，基本功能服务为“影视、音乐搜索和播放”，无须个人信息，即可使用基本功能服务。

续表

个人信息	场景	合理频率	备注
短信	短信备份、短信骚扰拦截等场景	用户主动触发时读取或经用户明确授权后在接收到新短信时自动读取	
通话记录	通话记录备份	用户主动触发时读取或经用户明确授权后在通话记录变更时自动读取	

由表2-3可知，针对非实时定位所需的场景，如美图拍照、网络游戏、清理类软件，如果产品平均每秒读取一次地理位置，将有可能因超出业务功能所需被视为超出合理频率，违反最小必要原则。

3. 向用户索取权限的频率是否为最小频率

索取权限的频率是否为最小频率的认定标准，主要适用《网络安全标准实践指南——移动互联网应用程序（App）个人信息保护常见问题及处置指南》关于"频繁索权"的定义。具体而言，如果用户明确拒绝App业务功能所需权限，App不应频繁申请系统权限干扰用户正常使用，除非由用户主动触发功能，且没有该权限参与此业务功能无法实现，"频繁"的具体形式包括但不限于：

（1）单个场景在用户拒绝权限后，48小时内弹窗提示用户打开系统权限的次数超过1次；

（2）每次重新打开产品或使用某一业务功能时，都会向用户索要或提示用户缺少相关系统权限。

4. 信息的收集行为是否与其处理目的有直接关联

收集行为与业务目的之间是否具有直接关联，可结合具体收集场景加以分析。例如上一节提到的"黄某诉微信读书案"中，微信读书App基于实现部分业务功能之目的，与关联产品微信App进行了用户好友信息的共享，就该行为的必要性，法院予以了评价。

法院认为，企业对成功开发及运营产品所积累的用户关系数据，可以在其关联产品中予以合理利用，微信读书App获取用户的微信好友列表，其用途是在微信读书 App 中开展基于微信好友关系的社交功能，所共享的好友列表信息与业务功能直接关联，符合必要原则。

5. 信息收集方式是否对个人权益影响最小

由于个人信息可细分为敏感个人信息、生物识别信息，后者敏感程度更高，对个人权益影响也更大，因此企业在自查信息收集方式是否符合最小必要原则时，主要需要考虑所获取的个人数据类型是否为敏感个人数据甚至生物识别数据，进而评估是否存在其他无须收集敏感个人信息的可替代方式。如具有可替代方式，则收集此项敏感个人信息的必要性将存在瑕疵。

以企业常见的"刷脸"考勤场景为例。鉴于人脸信息属于生物识别类敏感个人信息，在启动"刷脸"机制前，用人单位应该充分论证人脸识别对于企业考勤的必要性。企业可以考虑包括业务类型、员工人员规模、企业办公环境等因素，综合判断企业是否存在适用其他考勤模式的可行性，尽量避免收集人脸等对个人权益影响较大的生物识别信息。

（三）公开透明

《个人信息保护法》第 7 条规定，处理个人信息应当遵循公开、透明原则，公开个人信息处理规则，明示处理的目的、方式和范围。

"公开"是指企业应设置便于阅读的收集使用个人信息规则，不得出现文字过小过密、颜色过淡、模糊不清，或未提供简体中文版等情形，并在产品首次运行时通过弹窗等明显方式提示用户阅读　同时，该规则应便于访问，用户进入产品主界面后应通过 4 次以内的点击即可获取。

"透明"是指企业在收集个人信息前，应当以显著方式和清晰易懂的语言真实、准确、完整地向个人告知企业名称及联系方式，收集目的、方式、信息种类、保存期限，个人行使数据权利的方式和程序等。如果发生变更，应当将变更部分告知用户。此外，收集使用个人信息规则还应内容简练、结构清晰、重点突出，避免晦涩难懂、冗长烦琐，如使用大量专业术语、以"等、例如"进行不完整列举。

(四)告知同意

根据《个人信息保护法》第 13 条[①],企业收集用户个人信息的合法性基础通常源于个人同意。告知同意具体包含几个条件:

(1)收集个人信息前提供可由用户自主作出同意或不同意的选项,不得默认勾选同意,而应确保用户是在充分知情的前提下自愿、明确作出同意;

(2)未征得用户同意前,不得收集个人信息或打开可收集个人信息权限;

(3)用户通过拒绝提供个人信息、不同意收集使用规则、拒绝提供或关闭权限等操作,明确表示不同意收集某类个人信息后,不得以任何形式收集该类个人信息或打开该类可收集个人信息权限;

(4)收集个人信息的过程需与其隐私政策等所声明的收集使用规则保持一致,不超出所述范围;

(5)未经用户同意,不得私自更改用户设置的可收集个人信息权限和收集使用个人信息相关功能的状态,如更新升级后不得将设置的可收集个人信息权限恢复到默认状态,或将用户已关闭的使用通讯录匹配好友等功能重新打开。

不过,如企业可证明收集的个人数据是为订立、履行个人作为一方当事人的合同所必需,或者按照依法制定的劳动规章制度和依法签订的集体合同实施人力资源管理所必需,则可免于履行告知同意义务,例如员工的身份证号、银行卡号是用人单位与员工签署劳动合同并进行人力资源管理所必需的个人数据,在此情况下,用人单位可无须征得员工同意。同理,如医院基于疫情管控需要要求就诊者提供健康码、行程码,亦属履行法定职责或者法定义务所必需,同样

---

① 《个人信息保护法》第 13 条:符合下列情形之一的,个人信息处理者方可处理个人信息:(一)取得个人的同意;(二)为订立、履行个人作为一方当事人的合同所必需,或者按照依法制定的劳动规章制度和依法签订的集体合同实施人力资源管理所必需;(三)为履行法定职责或者法定义务所必需;(四)为应对突发公共卫生事件,或者紧急情况下为保护自然人的生命健康和财产安全所必需;(五)为公共利益实施新闻报道、舆论监督等行为,在合理的范围内处理个人信息;(六)依照本法规定在合理的范围内处理个人自行公开或者其他已经合法公开的个人信息;(七)法律、行政法规规定的其他情形。依照本法其他有关规定,处理个人信息应当取得个人同意,但是有前款第二项至第七项规定情形的,不需取得个人同意。

可作为告知同意原则的例外。

(五)收集敏感个人数据/生物识别数据的特殊合规要求

敏感个人数据作为个人数据的细项,因更具私密性,其收集规则更为特殊。根据《个人信息保护法》第29条[①]、第30条[②]、第55条[③],企业收集敏感个人数据的,应当事前进行个人信息保护影响评估,对处理情况进行记录,并同步告知用户收集敏感个人数据的必要性以及对个人权益的影响,取得其单独同意。

涉及不满14周岁未成年人个人数据的,依据《个人信息保护法》第31条[④],企业还应当取得未成年人的父母或者其他监护人的同意,并制定专门的个人信息处理规则。

此外,《深圳经济特区数据条例》就企业收集生物识别数据作了特别要求[⑤],明确企业在征得用户明示同意时,除所收集的生物识别数据为处理个人数据目的所必需,且不能为其他个人数据所替代的外,还应当提供收集其他非生物识别数据的替代方案。

---

① 《个人信息保护法》第29条:处理敏感个人信息应当取得个人的单独同意;法律、行政法规规定处理敏感个人信息应当取得书面同意的,从其规定。

② 《个人信息保护法》第30条:个人信息处理者处理敏感个人信息的,除本法第十七条第一款规定的事项外,还应当向个人告知处理敏感个人信息的必要性以及对个人权益的影响;依照本法规定可以不向个人告知的除外。

③ 《个人信息保护法》第55条:有下列情形之一的,个人信息处理者应当事前进行个人信息保护影响评估,并对处理情况进行记录:(一)处理敏感个人信息;(二)利用个人信息进行自动化决策;(三)委托处理个人信息、向其他个人信息处理者提供个人信息、公开个人信息;(四)向境外提供个人信息;(五)其他对个人权益有重大影响的个人信息处理活动。

④ 《个人信息保护法》第31条:个人信息处理者处理不满十四周岁未成年人个人信息的,应当取得未成年人的父母或者其他监护人的同意。

个人信息处理者处理不满十四周岁未成年人个人信息的,应当制定专门的个人信息处理规则。

⑤ 《深圳经济特区数据条例》第19条:处理生物识别数据的,应当在征得该自然人明示同意时,提供处理其他非生物识别数据的替代方案。但是,处理生物识别数据为处理个人数据目的所必需,且不能为其他个人数据所替代的除外。

基于特定目的处理生物识别数据的,未经自然人明示同意,不得将该生物识别数据用于其他目的。

生物识别数据具体管理办法由市人民政府另行制定。

二、数据源合规之第三方

企业通过数据供应商、数据处理委托方、数据共享方以及上游合作方等第三方获取数据的方式,日渐普遍。这一趋势在资本市场更是有了明显的体现。参照中国证券监督管理委员会发行审核委员会(以下简称发审委)在科创板上市审核中,对企业从第三方获取数据的合规问题进行的多次审核问询,我们总结企业获取第三方数据的合规要点,主要集中在三个方面。

(一)第三方提供数据的来源应合法合规

第三方提供数据的来源合规,是企业通过第三方获取数据的合法性基础,如果数据源头受到污染,则企业的获取或采购行为同样存在违规问题。

第三方提供数据来源的合法合规性问题,体现在多个方面,比如,第三方收集数据过程中是否侵犯他人商业秘密、个人隐私,或存在其他侵权风险;是否存在潜在风险;第三方是否存在未经其他平台授权直接收集数据的行为;数据收集采用的技术、程序是否合法合规;若提供的数据属于个人数据,第三方是否已就收集该等数据的行为履行相关合规义务等。

(二)第三方提供数据的行为应合法合规

除数据来源外,第三方主体提供数据的行为也须符合法律法规要求,具体可包括如下评估维度:如第三方提供数据是否需要取得相应特殊资质、许可或备案;从事数据提供业务是否合法合规;其授权企业使用相关数据是否已经过终端用户或其他第三方同意,授权是否完备合规;是否存在因擅自对外提供或共享数据被主管部门处罚、信息主体投诉或起诉等纠纷事项等。

(三)第三方提供数据的合作模式应有内控制度保障

企业数据合规安全治理体系的构建,一方面靠技术,另一方面靠制度。

企业通过第三方获取数据的合规性应有配套的内控制度予以保障,包括按照相关法律法规规定要求第三方说明数据来源,并留存审核、交易记录等内控机制;合作后续配备相应跟进的合规措施;建立完善的供应商评价体系,以及供应商筛选、数据源核验、合同合规性审核的内控措施;通过数据合作合同约定因数据合规问题产生相关纠纷的解决机制及责任承担等。

以科创板拟上市企业北京中数智汇科技股份有限公司(以下简称中数智汇)为例,根据招股说明书披露,中数智汇是一家信用科技与大数据服务提供商,其通过对商事主体海量信息的整合加工与穿透挖掘,为客户提供跨维度、跨行业、跨部门的商事主体全景信息展示服务,其中向供应商采购数据是其获取数据的重要途径之一。

上市审核中,发审委对其通过数据供应商采购数据是否具备相应内控机制进行了问询。对此,中数智汇回复如下:

"公司目前已制定《采购管理制度》与《数据采购管理制度》,并相应落实针对数据采购全流程(包括采购前评估、采购时的协议约定、合作开展过程中的监控管理等)的合法合规性的审查机制,以保障数据供应商提供数据的合法合规性。审查机制具体措施包括:

(1)就采购数据类型而言,《数据采购管理制度》明确禁止采购未公开的个人信息、可能构成特定法人商业秘密的数据、可能落入国家秘密或者特定行业管制的数据。

(2)就数据供应商数据安全能力而言,公司在采购前根据《数据采购管理制度》的内控要求,审核评估数据供应商数据来源合规性、数据安全管理能力、前期数据交易经验及能力、服务质量等因素,并综合考量业内对于数据供应商数据安全能力的评价等,以确保提供采购数据的供应商具备数据安全保障能力,保障数据安全性和准确性。

(3)除上述公司针对数据供应商数据安全能力的已建立的穿透核查机制外,公司与数据供应商商洽过程中,会要求数据供应商通过签订协议或者出具承诺函等方式,向公司承诺其数据来源及开展业务的合法合规性等,以进一步保障公司数据采购的合法合规性。

(4)公司通过建立数据供应商档案管理制度,对供应商合同签订状态、采购数据类型、数据范围、供应商背景资质审查情况等及时记录、管理、更新,以确保在日常运营和业务发展中及时监测并管理数据采购情况,保障数据采购的合法合规性。”

总体而言，企业通过第三方获取数据应事先做好尽职调查，保证第三方提供数据的来源及行为均合法合规，并制定内控管理机制，为与第三方开展数据合作提供制度保障。

三、企业收集数据的合规建议

基于上述不同数据源的合规要点，我们就收集数据的行为提出如下合规建议。

（一）数据源为个人数据主体的合规建议

1. 通过《隐私政策》《告知书》等形式履行告知同意义务

在大多数情况下，用户的授权同意仍然是企业收集个人数据的合法性基础。因此，建议企业通过《隐私政策》《告知书》等形式取得用户同意，并注意告知同意的内容应包括数据收集类型、收集目的、收集方式、收集主体及联系方式等，有关《隐私政策》的具体落地方案，我们将在下一节阐述。

另外，如涉及敏感个人数据的，企业还应以界面弹窗、跳转链接、邮箱推送、纸面文件等方式充分告知用户，并设置强制阅读停留、用户主动点击确认、文件签署上传等模式，确保用户系在自主自愿的基础上作出的单独同意。

2. 收集个人数据的范围、频率、数量等均应控制在必要限度内

《个人信息保护法》确立的“最小必要”原则，包括收集范围最小化、收集频率最小化、索取频率最小化、权益影响最小化、收集目的直接关联五大层面的要求。

例如，企业基于提供快递服务要求用户输入个人数据，应限于配送所需的必要范围，如联系人姓名、联系地址及联系方式，避免强制用户输入银行卡号、通讯录好友及人脸图像等方面的非必要信息。又如，在用户拒绝提供联系地址且未主动触发快递服务模块的情况下，产品在48小时内不得频繁索取定位权限。

3. 为拒绝提供生物识别数据的个人数据主体提供其他可替代方案

有的企业在用户注册账号时，仅提供“刷脸认证”一种方式，强制收集用户

的人脸信息，这显然违反了收集生物识别数据的合规要求。

因此，建议企业在确定采用“刷脸认证”方式时，首先，应当论证选择该认证方式的必要性，如基于实名认证、会员识别、安全交易、风险管理等所需。其次，企业还应提供替代性方案，即除“刷脸认证”之外，提供手机号注册、微信号绑定等非生物识别数据的方式，保障用户的自主选择权，并满足生物识别数据处理的特殊合规要求。

（二）数据源为第三方主体的合规建议

1. 建立事先核查及评估合作第三方主体资质的制度

为降低与第三方展开数据合作的风险，建议企业可事先核查合作第三方的运营及数据来源资质，以保障数据隐私性与合法性，包括对第三方资质进行审核，确保第三方具有合法从业资格且未受过行政处罚；注意查看第三方数据来源合法的证明文件，如第三方与权利方签订的协议是否明确授权使用范围、用途及方式；综合评估第三方的数据安全管理能力、前期数据交易经验及能力、服务质量等。

2. 通过签署书面协议明确合作第三方的数据合规义务

为避免第三方提供的数据来源不明或缺乏合法性基础，同时明确划分企业与第三方之间的责任义务，建议企业与合作第三方签署书面协议，要求第三方确保提供的数据安全、可靠、可用，承诺数据未侵犯他人隐私、商业秘密及其他权益，并约束第三方应履行个人信息主体权利行使等方面对应的数据合规义务，明确数据泄露、数据源违规、数据权属纠纷等事件发生时的各方责任，保障双方数据合作全流程有章可循。

3. 构建合作第三方的管理和监督机制

为确保企业与其他第三方的数据合作满足合规要求，建议企业考虑构建合作第三方的管理机制，对第三方合作商的合同签订状态、采购数据类型、数据范围、第三方背景资质审查等情况及时记录、管理、更新，并建立监督制度，对第三方的数据来源、收集手段、存储安全等情况进行监督及留存，以满足内外部监管要求，避免发生数据安全事件时举证困难。

第四节　网络爬虫和埋点场景下的合规指引

如本章第一节介绍,除个人数据主体及第三方外,自动化采集同样也是企业数据的来源之一,通常表现为以埋点、爬虫技术及交互系统自动生成等技术手段实现数据的自动化采集。

基于技术中立原则,企业自动化采集数据应满足何种合规要求,需要结合具体采集的数据类型与场景进行判断。不同采集场景下,企业面临不同的潜在风险。因此,我们将围绕更为常见的网络爬虫与埋点场景,进一步厘清自动化采集数据可能存在的特殊风险及合规要点。

一、网络爬虫场景下的主要风险及合规要点

网络爬虫是一种按照指定规则运行的程序,能够在繁杂的网络信息中收集提取目标规则的指定数据。由于网络爬虫技术能够高效快捷帮助企业获得需求信息数据,因此也被广泛地应用于数据的采集环节。

(一)网络爬虫场景下的主要风险

经检索发现,目前因企业运用网络爬虫技术爬取数据所引发的司法纠纷并不罕见,或涉嫌侵犯个人信息,或涉嫌侵犯著作权,或涉嫌不正当竞争,或涉嫌侵犯商业秘密,甚至可能涉刑……如何避免被认定为“非法爬虫”,是企业采用爬虫技术获取数据前亟须解决的实务问题。就此,我们总结网络爬虫场景中的主要风险如下。

1. 采集对象为非开放数据

企业在进行数据爬取时,应首先识别所采集数据的性质。未设定访问权限的数据属于开放数据,已经设置登录规则或其他措施才可以访问的数据,则属于非开放数据。由于开放数据通常不涉及个人信息,也不涉及商业秘密,允许用户直接浏览,因此一般情况下也不对企业以爬虫方式获取数据的行为予以限制,但如果爬取对象为非开放数据,则存在构成不正当竞争的法律风险。

2. 采集手段突破被爬取平台的技术保护措施

目前，网站通常采取约定爬虫协议及设置身份校验、访问频率限制、验证码、用户登录等技术防护措施防止第三方爬虫。

所谓“爬虫协议”，又称 Robots 协议，是通过在 ICP 网站的根目录下放置 robots. txt 文件，用具体的语法规则设定禁止或允许访问、抓取数据的具体内容并告知搜索方，虽不是法律意义上的协议或合同，仅为一种宣示性的单方意思表示，但其目前已成为被普遍接受的商业道德、行业惯例及互联网行业内普遍通行与遵守的技术规范，具有软法效力。如果企业突破了被爬取网站/平台设置的爬虫协议或其他技术防护措施，则其采集手段存在违规问题。

3. 采集目的违反正当合理原则

企业爬取数据的目的应正当且合理。例如电商平台个人商家公示个人手机号码的目的是吸引消费者拨打联系，以进一步增加商机，若企业利用爬虫技术，从淘宝、京东等网站上爬取上述商家的手机号码后用于营销，明显与个人商家公示联系方式的目的相悖，此时，企业爬取数据的目的不应被认定为正当合理。

4. 采集行为对被爬取平台造成负面影响

采集行为是否对被爬取平台造成负面影响，主要从“是否造成网站过重负担”和“是否实质性替代网站”两个层面考虑。

《数据安全管理办法（征求意见稿）》第 16 条要求：“网络运营者采取自动化手段访问收集网站数据，不得妨碍网站正常运行；此类行为严重影响网站运行，如自动化访问收集流量超过网站日均流量三分之一，网站要求停止自动化访问收集时，应当停止。”因此，企业应严格控制运用网络爬虫技术进行数据爬取的频率和数量，否则将造成被爬取网站的过重负担。

可爬取数据如系对方的核心化、批量式主营业务商业数据，企业亦应尽量避免以爬虫方式收集，以免伤害被爬取网站的实质性商业利益，存在不正当竞争风险。

（二）企业通过网络爬虫采集数据的合规建议

针对目前普遍适用的网络爬虫技术，建议企业重点关注如下合规措施。

1. 严格遵守网站设置的 Robots 协议或 API 开发者协议

企业在通过网络爬虫技术进行数据爬取时应注意拟爬平台是否已有公开 Robots 协议或反爬虫声明，若拟爬平台既没有设置 Robots 协议又没有采取反爬虫技术措施，则企业在一般情况下可以爬取相关信息；若拟爬平台有 Robots 协议，则企业应了解拟爬平台的 Robots 协议内容，确认 robots. txt 中所记载的禁止爬取范围并进行规避。

同时企业可以查看拟爬平台自身的设计逻辑（账号密码、验证机制等），综合评估拟爬取数据的公开程度及拟爬平台的意愿，若企业不遵守该协议，则可能面临侵权纠纷或反不正当竞争之诉，从而陷入被动的局面且可能需要赔偿商业损失。因此，为降低涉诉风险，企业应尽量遵守拟爬平台的 Robots 协议或者更换目标平台。

2. 控制爬取数量与频率，避免干扰平台的正常运行

由于网络爬虫技术的运用可能会增加拟爬平台的额外负担，或增加拟爬平台的运营成本，从而导致拟爬平台瘫痪或无法访问等负面影响及损失，且拟爬平台可能会采用技术手段予以反制。

因此，企业在运用网络爬虫技术进行数据爬取时应当严格控制爬取数量，对代码进行妥善设置和不断优化，如设置为拟爬取平台的日均流量的四分之一或以下，如无法评估流量则可以考虑设置在访问人数较少的时段进行爬取并限制单日爬取时长。

当与拟爬取的平台构成竞争关系时，企业应当注意避免过量爬取数据，尤其是在爬取获得的数据将被再现或利用的情景下，避免造成对方直接损害或减损其可期待利益。

3. 为爬取内容设置关键词审查等限制策略

公司在设置爬取内容时，应予以必要的限制，如禁止爬取视频、音乐等可能构成作品或已具有明确著作权作品的数据，或者禁止批量爬取某些特定网站中的用户生成内容（如用户评论）。

一旦企业访问或爬取了一般用户无法接触到或为法律所保护的信息，将存在违法、违规甚至犯罪的风险。因此在通过爬取方式采集数据时，企业应当运用关键词审查等方式，审查所爬取的内容，如发现数据属于用户的个人信息、隐

私或者涉及他人的商业秘密,应及时停止爬取,并完整删除已经爬取的信息。

二、埋点场景下的主要风险及合规要点

埋点方式有二:其一,企业可在 App 注入自研代码进行统计,此时企业作为产品运营方,收集数据的行为与非埋点场景下的数据采集行为无异,如采集的数据类型为个人数据,则同样应符合前文所提及的各项个人数据收集合规要求,若仅为普通数据,则主要适用《数据安全法》《反不正当竞争法》等法律法规,确保采取合法、正当的方式获取数据,而不得窃取或者以其他非法方式。其二,企业可借助第三方 SDK 完成统计,那么 SDK 提供方同样涉及数据采集,与企业共同构成数据处理者。从 App 个人信息安全的角度来看,企业作为 App 运营方,原则上是产品内个人信息的控制者及保护用户个人信息安全的首要责任人,应对第三方 SDK 的行为负责,因此企业采集数据的合规性将与第三方 SDK 的行为深度绑定。

(一)埋点场景下的主要风险

合规的 SDK 一般随着 App 的启动和停止形成完整的生命周期,听从 App 的指令,并在 App 的权限和用户授权范围内收集数据。但从技术层面来看,SDK 理论上可以绕过 App 的授权或权限,收集各项操作系统所允许的数据。实践中也存在此类恶意 SDK,并引发了多起整改/下架通报的案例。综上,企业在埋点场景下面临着如下合规要点。

1. 确保第三方 SDK 安全

第三方 SDK 提供者在开发 SDK 时往往聚焦于功能实现,而忽视了安全性,可能导致 SDK 本身存在安全漏洞,如存在 Java 代码未混淆风险、资源文件泄露风险、Webview 明文保存密码的安全问题。企业作为 App 提供者,应采取足够的管理措施和技术手段对嵌入的 SDK 收集使用个人信息和存在的安全风险进行管理监督,确保嵌入 SDK 的开发安全和隐私设计符合要求的同时,保护数据的保密性、完整性、可用性。

2. 嵌入 SDK 的目的明确

企业选用第三方 SDK 时,应保证 SDK 具有明确、清晰、具体、合理的个人

信息处理目的,且与 App 业务功能直接相关,并仅嵌入满足业务功能需要的最少够用的 SDK,避免通过 SDK 超范围收集个人数据。

3. 确保用户主体参与

企业应向用户明示嵌入的 SDK 收集使用个人信息的目的、类型、方式及 App 共享给 SDK 提供者的个人信息类型,征求用户授权同意,并就第三方 SDK 收集个人数据的行为为用户建立查询、更正、删除其个人数据及撤回授权、同意、投诉等渠道,以响应用户个人信息权利请求。

(二)企业通过埋点采集数据的合规建议

企业以嵌入第三方 SDK 的方式采集数据较为常见,且潜在违规风险较大,我们建议考虑如下合规措施。

1. 通过隐私政策等方式逐项列举涉及个人信息收集的 SDK 清单

一方面,建议企业仅接入与业务功能相关的 SDK,控制嵌入产品内的 SDK 数量及种类;另一方面,向用户告知的内容应包含 SDK 的名称,SDK 收集的个人信息类型、目的和方式,申请的敏感权限、申请目的等,并征得用户同意,若 SDK 需向用户单独告知收集使用个人信息的行为,企业还需为其中无单独告知页面的 SDK 提供向用户告知的便捷渠道。

2. 嵌入某 SDK 前对其进行安全评估

企业对 SDK 的安全评估包括来源安全性评估,如 SDK 提供者的基本信息、SDK 提供者的沟通反馈渠道、SDK 隐私政策链接地址、SDK 提供者的安全能力、SDK 的基本功能、SDK 的版本号等;代码安全性评估,如是否存在已知的恶意代码、是否存在已知的安全漏洞、是否申请敏感权限、是否嵌入了其他 SDK 等;行为安全性评估,评估维度包括但不限于调用的敏感权限、目的和频率,收集的个人信息类型、目的和频率,个人信息回传服务器域名、IP 地址、所在地域,是否存在热更新行为及热更新是否可主动关闭,传输数据是否加密,是否存在单独收集用户个人信息的界面,是否存在后台自启动和关联启动后收集个人信息的行为等。企业在完成评估后应以评估结果为标准选择 SDK。

3. 与 SDK 提供者签订合作协议或进一步完善与 SDK 提供者的合作协议

企业应注意在与 SDK 提供者签署的协议中,应明确 SDK 收集的个人信息类型、申请的敏感权限、个人信息的收集目的、保存期限、超期处理方式等，明确双方在个人信息保护方面分别应采取的措施、承担的责任和义务等。同时，当双方合作存在重大变更时，应重新协商达成新的合作协议。

4. 嵌入 SDK 后应对其进行持续动态监测或定期安全评估

企业对于已经发现的 SDK 安全漏洞应及时修复，或者采用其他替代方案，并从 SDK 官方渠道及时更新最新版本 SDK。如果发现存在恶意行为的 SDK，则应及时停止使用。

5. 及时从产品中移除停用的 SDK 代码

企业停用某 SDK 后，应及时移除并停止使用调用该 SDK 的代码。如果存在通过产品共享或收集个人信息的，企业还应敦促 SDK 提供者按照合作协议约定，删除从该产品共享或收集的个人信息或作匿名化处理。

第五节　隐私政策监管要点盘点

隐私政策（Privacy Policy）源于英文直译，虽以“隐私”命名，但规则文件主要是针对“个人信息”。虽表述为“政策”，但其实质内容为说明、指引。因此，为了便于普通用户更清晰地理解文件内容，微信、知乎等网络平台也将“隐私政策”命名为“个人信息/隐私保护指引”。

《个人信息保护法》第 7 条规定，“处理个人信息应当遵循公开、透明原则，公开披露个人信息处理规则，明示处理的目的、方式和范围”。“公示规则”是企业数据处理的玉律金科，对于大多数企业，尤其是拥有 App、网站、小程序等用户接触渠道的互联网企业而言，最常见的公示途径莫过于对外公开隐私政策。

除了披露个人信息处理规则的公示作用外，隐私政策也是企业与用户之间关于如何处理和保护用户个人信息达成的协议，涵盖了用户个人信息收集、使用、存储、共享等处理环节，以及信息安全、个人信息权利、未成年人保护等详细内容。只要企业涉及个人信息处理，无论是 App、网站、小程序、公众号或 H5 等页面形式，均应主动制定和公示隐私政策，并关注隐私政策的合规要求。

按照企业的普遍认知，似乎只要用户接受隐私政策，就意味着企业满足了

“告知—同意”的个人信息处理原则,从此一路绿灯,高枕无忧。但事实上,作为数据合规的企业“基本法”,隐私政策在文本内容和操作设置方面都有着合规标准,流于形式的隐私政策并不能逃过监管机关或应用平台的“法眼”。

一、隐私政策的监管现状

不同于后端处理技术的隐蔽性,前端隐私政策直观、清晰,是给企业数据合规打分的“第一张试卷”。在当前监管机制下,隐私政策由一系列制度文件予以规范,受到 App 专项治理工作组等监管机关或应用平台的审视关注。

(一)合规监管要求

隐私政策有关的合规规则涉及法律法规和标准指南,前者主要从“告知—同意”的角度,规定了设置隐私政策的宏观要求;后者则条分缕析,勾勒了隐私政策的微观细节。

1. 隐私政策的法定合规要求

在法律层面,《民法典》、《网络安全法》及《个人信息保护法》都言简意赅地规定了个人信息处理者的规则公开义务,整理如表 2 –4 所示。

表 2 –4　个人信息处理者规则公开义务的法律规定

《网络安全法》
第 41 条:网络运营者收集、使用个人信息,应当遵循合法、正当、必要的原则,公开收集、使用规则,明示收集、使用信息的目的、方式和范围,并经被收集者同意。 网络运营者不得收集与其提供的服务无关的个人信息,不得违反法律、行政法规的规定和双方的约定收集、使用个人信息,并应当依照法律、行政法规的规定和与用户的约定,处理其保存的个人信息。
《民法典》
第 1035 条:处理个人信息的,应当遵循合法、正当、必要原则,不得过度处理,并符合下列条件: (一)征得该自然人或者其监护人同意,但是法律、行政法规另有规定的除外; (二)公开处理信息的规则; (三)明示处理信息的目的、方式和范围; (四)不违反法律、行政法规的规定和双方的约定。 个人信息的处理包括个人信息的收集、存储、使用、加工、传输、提供、公开等。

续表

《个人信息保护法》
第 17 条：个人信息处理者在处理个人信息前，应当以显著方式、清晰易懂的语言真实、准确、完整地向个人告知下列事项： （一）个人信息处理者的名称或者姓名和联系方式； （二）个人信息的处理目的、处理方式，处理的个人信息种类、保存期限； （三）个人行使本法规定权利的方式和程序； （四）法律、行政法规规定应当告知的其他事项。 前款规定事项发生变更的，应当将变更部分告知个人。 个人信息处理者通过制定个人信息处理规则的方式告知第一款规定事项的，处理规则应当公开，并且便于查阅和保存。

2021 年 11 月 14 日网信办发布的《网络数据安全管理条例（征求意见稿）》则对隐私政策的公开方式提出了更具实操性的规定。《网络数据安全管理条例（征求意见稿）》第 20 条第 1 款规定，“数据处理者处理个人信息，应当制定个人信息处理规则并严格遵守。个人信息处理规则应当集中公开展示、易于访问并置于醒目位置，内容明确具体、简明通俗，系统全面地向个人说明个人信息处理情况”。据此，应公开的规则内容应当包括但不限于：

（1）依据产品或者服务的功能明确所需的个人信息，以清单形式列明每项功能处理个人信息的目的、用途、方式、种类、频次或时机、保存地点等；

（2）拒绝处理个人信息对个人的影响；

（3）存储期限或期限确定方法、到期后的处理方式；

（4）个人信息权利实现的方式；

（5）集中展示所有第三方代码、插件的个人信息处理情况；

（6）向第三方提供个人信息的具体情况；

（7）个人信息安全风险及保护措施；

（8）个人信息安全问题的投诉、举报渠道及解决途径；

（9）个人信息保护负责人联系方式。

此外，针对互联网平台运营者，《网络数据安全管理条例（征求意见稿）》规定了隐私政策的前置合规程序，即运营者在制定隐私政策前，需要在官方网站等渠道面向社会公开征求意见，并确保用户能够便捷充分地表达意见。对于日活用户超过一亿的大型互联网平台，平台隐私政策还需要经国家网信部门认定的第三方机构评估,并报省级及以上网信部门和电信主管部门同意。

2. 隐私政策的合规参考标准

更为细致的隐私政策合规要求规定则散落在国家标准和指南文件中,虽然相关标准和指南不具有强制性,但已成为衡量隐私政策规范程度的重要参考标准,我们将在下文进行具体分析。相关文件包括:(1)《个人信息安全规范》;(2)《App违法违规收集使用个人信息自评估指南》;(3)TC 260—PG—20202A《网络安全标准实践指南—移动互联网应用程序(App)收集使用个人信息自评估指南》;(4)TC 260—PG—20205A《网络安全标准实践指南—移动互联网应用程序(App)使用软件开发工具包(SDK)安全指引》;(5)TC 260—PG—20203A《网络安全标准实践指南—移动互联网应用程序(App)个人信息保护常见问题及处置指南》。

(二)合规监管路径

1. 行政部门对隐私政策的合规治理

行政机关对隐私政策的合规治理早在2017年就已启动。2017年7月,网信办、工信部、公安部、中国国家标准化管理委员会等四部门联合召开了"个人信息保护提升行动"启动暨专家工作组成立会议,对微信、淘宝、新浪微博、京东商城、支付宝、高德地图、百度地图、滴滴、航旅纵横和携程网10款网络产品和服务的隐私条款进行评审。评审重点包括明确告知收集的个人信息、方式,个人信息使用规则、用户画像的形成及推送等。

2019年1月至12月,网信办、工信部、公安部和市场监管总局宣布在全国范围组织开展App违法违规收集使用个人信息专项治理行动。受前述四部门委托,App专项治理工作组随即成立,重点评估用户数量大、与民众生活密切相关的App隐私政策和个人信息收集使用情况,同时设立了多种举报渠道,如图2-3举报界面所示,"隐私政策不合理"属于举报受理范围。

图 2-3　App 专项治理工作组举报界面

2019 年 7 月 11 日,App 专项治理工作组在官网通报 30 款 App 违反《网络安全法》第 41 条的规定,[①]其中有 10 款 App 无隐私政策。2020 年,广东省通信管理局在进行 App 专项整治的过程中,公开通报大量因隐私政策违规的 App,

---

① 《网络安全法》第 41 条:网络运营者收集、使用个人信息,应当遵循合法、正当、必要的原则,公开收集、使用规则,明示收集、使用信息的目的、方式和范围,并经被收集者同意。网络运营者不得收集与其提供的服务无关的个人信息,不得违反法律、行政法规的规定和双方的约定收集、使用个人信息,并应当依照法律、行政法规的规定和与用户的约定,处理其保存的个人信息。

部分通报内容如表 2 – 5 所示。①

表 2 – 5　广东省通信管理局通报的部分存在问题的 App 名单(截至 2020 年 9 月 15 日)

73	群体通	5.7.0	广东中云体育产业发展有限公司	1. 应用内未发现隐私政策;2. 未经用户阅读隐私政策,应用就申请定位敏感权限;3. 以默认选择同意隐私政策等非明示方式征求用户同意;4. 未提供有效的删除个人信息及注销用户账号功能	
74	海鸥音乐	1.3	广州市精准分众信息咨询有限公司	1. 应用内未发现隐私政策;2. 应用内未发现注销账号功能;3. 过度索权	1. 存在 JAVA 代码反编译风险;2. 存在应用备份风险
75	省点花	1.5.6	广州糯米糍信息科技有限公司	1. 在 App 首次运行时未通过弹窗等明显方式提示用户阅读隐私政策等收集使用规则;2. 未逐一列出 App 嵌入的第三方 SDK 收集使用个人信息的目的、方式、范围等;3. 以默认选择同意隐私政策等非明示方式征求用户同意;4. 账号注销难	1. 存在 Java 代码反编译风险;2. 存在 FFmpeg 文件读取漏洞风险
76	快递 100	6.4.0	深圳前海百递网络有限公司	1. 未逐一列出 App(包括委托的第三方或嵌入的第三方 SDK)收集使用个人信息的目的、方式、范围等;2. 以默认选择同意隐私政策等非明示方式征求用户同意	

① 广东省通信管理局:《广东省通信管理局不断加大执法力度　狠抓 App 数据安全和隐私合规》,载微信公众号“广东信息通信业”2020 年 9 月 15 日,https://mp. weixin. qq. com/s? __biz = MzU5NzA0NjIzMg = = &mid = 2247490380&idx = 1&sn = 189adae3c1d6f2500d0bac8c061b87d6&chksm = fe583dfbc92fb4ed19f3d16b62ab51020fe4c38d53b08b5f76b0af8670d79b605856b6b44db5&mpshare = 1&scene = 1&srcid = 0413c9EavL1gLWjCKqmvOoRM&sharer _ sharetime = 1649835405759&sharer _ shareid = d7a89ff26ef8b82ba8b91e580d7c4ef3#rd。

2. 应用商店对隐私政策的分发审核

根据工信部印发的《移动智能终端应用软件预置和分发管理暂行规定》，应用商店有权对 App 进行审核及安全、服务等相关检测，并对审核和检测中发现的恶意应用软件进行跟踪监测和及时处理。因此，为了落实应用商店主体管理责任，各大平台会针对 App 隐私政策进行上架前的隐私合规检测，如 App 未通过合规检测，必须在整改后方可上架。图 2－4 为腾讯开放平台公示的“隐私政策整改方法”①。

图 2－4　腾讯开放平台“隐私政策整改方法”界面

① 《隐私政策整改方法》，载腾讯开放平台，https://wikinew.open.qq.com/index.html#/iwiki/886144166。

二、隐私政策的文本内容合规

(一)完整性

隐私政策文本内容合规的第一个要求是保证披露信息完整、全面。结合法律法规及国家标准的规定,我们在表2-6中梳理了隐私政策的文本要点,建议企业在隐私政策中予以列明。

表2-6 隐私政策文本要点梳理

序号	要点	内容
1	政策日期	隐私政策的发布、生效或更新日期
2	运营者基本情况	组织名称、办公地址、相关负责人联系方式
3	收集情况	收集、使用个人信息的业务功能
4		各业务功能分别收集的个人信息类型(敏感个人信息应显著标识)
5		收集个人信息的方式、范围
6	存储情况	个人信息存放地域(境内、境外哪个国家或地区)
7		存储期限(法律规定范围内最短期限或明确的期限)
8		超期处理方式
9	对外共享、转让、公开披露	对外共享、转让、公开披露个人信息的目的、方式
10		涉及的个人信息类型
11		接收方类型或身份
12	如委托第三方进行个人信息处理	委托处理个人信息的目的、方式
13		涉及的个人信息类型
14		受托第三方类型或身份
15	如使用 Cookie 等同类技术	简要说明个人信息收集机制
16		收集个人信息的目的、类型
17	如使用第三方代码、插件(如SDK)	第三方代码、插件的类型或名称
18		收集个人信息的目的、类型、方式
19	如存在用户画像、个性化展示功能	说明应用场景和可能对用户权益产生的影响
20	如存在个人信息出境情形	说明出境个人信息类型并显著标识

续表

序号	要点	内容
21	如存在处理儿童个人信息情形	说明儿童个人信息保护规则，如业务不涉及儿童个人信息则建议声明不收集/处理儿童个人信息
22	用户权利及实现机制	个人信息查询、更正、删除，账号注销，用户撤回授权同意及用户获取个人信息副本的方法
23	个人信息安全保护措施	说明保护措施及能力，必要时可公开相关合规证明
24	投诉、举报渠道	至少说明以下一种投诉、举报渠道：电子邮件、电话、在线表单、在线客服、即时通信账号
25		明确投诉处理时限，建议在 15 天内回复处理意见或结果

此外，在隐私政策的具体条款中，企业需进一步关注个人信息的“收集情况”以及“使用第三方代码插件（如 SDK）情况”的披露完整性。在上述列表中，隐私政策应重点披露的一项内容为个人信息的“收集情况”。企业容易出现的典型问题是使用“等”“例如”等方式不完整地列举个人信息收集情况。

对此，我们建议企业优先区分各业务功能（App 为面向用户的具体使用需求所提供的一类完整的服务类型，如地图导航、网络约车、即时通信、网络支付等），并就业务功能情况逐项说明每一功能场景下的个人信息收集目的、类型、方式，实现穷尽列举。

在隐私政策完整性方面，常见的另一个问题是 SDK 信息缺漏。SDK 被广泛应用于各类 App 的开发过程中，在提升 App 兼容性和灵活性、节约开发成本方面带来极大便利。但对于已嵌入 App 的 SDK 而言，用户通过 App 交互界面使用 SDK 功能时，通常对 SDK 缺乏感知能力，需要通过宿主 App 向用户传达 SDK 的个人信息处理情况。

鉴于 SDK 具有较强隐蔽性，其所造成的安全问题通常不易察觉，大量企业也未意识到 SDK 的第三方身份和安全风险，在隐私政策中对 SDK 收集使用个人信息具体情况只字未提或轻描淡写。

对此，我们建议 App 运营者加强对嵌入 SDK 的安全监督，并参考《信息安全技术　移动互联网应用程序（App）SDK 安全指南（征求意见稿）》附录 D 提供的表 D.1“App 隐私政策中披露相关 SDK 信息示例”(见表 2－7),向用户全面公示 SDK 个人信息处理情况。

表 2－7　App 隐私政策中披露相关 SDK 信息示例

SDK 名称	SDK 命名空间	合作伙伴名称	合作目的	收集个人信息字段	申请的权限	SDK 隐私政策
SDK 对外产品名称	SDK 的命名空间	公司名称	App 集成 SDK 后,SDK 提供的服务功能描述	收集的个人信息的字段及其对应的目的	申请的系统权限及其对应的目的	SDK 隐私政策的链接

(二)可读性

除保证文本内容完整外,企业还应关注隐私政策的可读性,保证内容可阅读、可理解,以获得用户对个人信息处理的真实同意。

实践中,干扰隐私政策可读性的常见问题是隐私政策“内容冗长烦琐”。企业似乎普遍认为隐私政策的“内容完整”和“文本简明”不能兼得:省略的告知会导致“同意”不自由,冗长的告知又会提升知情门槛。但在目前的隐私政策的“用户交互”中,已有部分 App 经营者实现了形式创新,通过采用多层次的告知同意模式,以简短形式告知关键内容,同时提供完整版告知内容的链接。

如图 2－5 所示,苹果公司在中国的隐私政策中使用“目录＋详情”的形式,用户可以在目录中快速寻找关注的焦点内容,点击该条目录后的“＋”键详细阅读。此外,用户还可以通过目录链接跳转的方式进行查看,以便用户定位其关注的信息。

在 Apple,个人数据是指什么?

你在 Apple 的隐私权

Apple 从你那里收集的个人数据

Apple 从其他来源收到的个人数据

Apple 对个人数据的使用

Apple 对个人数据的共享

Apple 对个人数据的保护

儿童和个人数据

Cookie 和其他技术

国家/地区间的个人数据传输

全公司对你隐私的承诺

隐私问题

图 2－5　苹果公司在中国的隐私政策目录

抖音则同时提供了“简明版隐私政策”(见图 2－6)和“完整版隐私政策”,用户首先获取简明指引,以直观了解个人信息的处理和保护方式,同时用户也可以点击完整版链接,跳转阅读完整的抖音隐私政策。

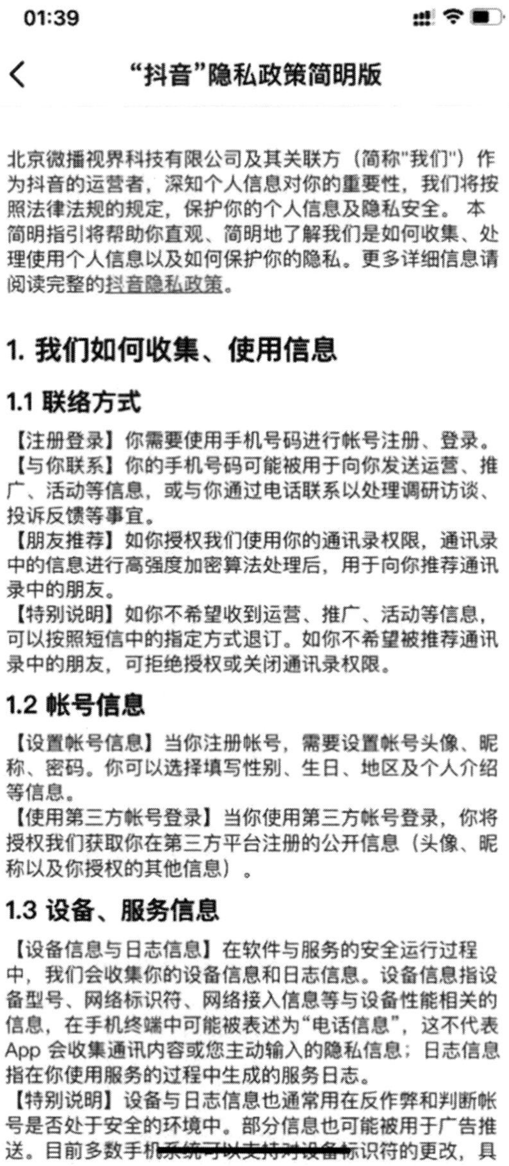

01:39

“抖音”隐私政策简明版

北京微播视界科技有限公司及其关联方（简称"我们"）作为抖音的运营者，深知个人信息对你的重要性，我们将按照法律法规的规定，保护你的个人信息及隐私安全。本简明指引将帮助你直观、简明地了解我们是如何收集、处理使用个人信息以及如何保护你的隐私。更多详细信息请阅读完整的抖音隐私政策。

1. 我们如何收集、使用信息

1.1 联络方式

【注册登录】你需要使用手机号码进行帐号注册、登录。
【与你联系】你的手机号码可能被用于向你发送运营、推广、活动等信息，或与你通过电话联系以处理调研访谈、投诉反馈等事宜。
【朋友推荐】如你授权我们使用你的通讯录权限，通讯录中的信息进行高强度加密算法处理后，用于向你推荐通讯录中的朋友。
【特别说明】如你不希望收到运营、推广、活动等信息，可以按照短信中的指定方式退订。如你不希望被推荐通讯录中的朋友，可拒绝授权或关闭通讯录权限。

1.2 帐号信息

【设置帐号信息】当你注册帐号，需要设置帐号头像、昵称、密码。你可以选择填写性别、生日、地区及个人介绍等信息。
【使用第三方帐号登录】当你使用第三方帐号登录，你将授权我们获取你在第三方平台注册的公开信息（头像、昵称以及你授权的其他信息）。

1.3 设备、服务信息

【设备信息与日志信息】在软件与服务的安全运行过程中，我们会收集你的设备信息和日志信息。设备信息指设备型号、网络标识符、网络接入信息等与设备性能相关的信息，在手机终端中可能被表述为“电话信息”，这不代表App 会收集通讯内容或您主动输入的隐私信息；日志信息指在你使用服务的过程中生成的服务日志。
【特别说明】设备与日志信息也通常用在反作弊和判断帐号是否处于安全的环境中。部分信息也可能被用于广告推送。目前多数手机系统可以支持对设备标识符的更改，具

图 2－6 “抖音”简明版隐私政策

除此以外，隐私政策还可能存在内容晦涩难懂、逻辑结构混乱等缺乏“可读性”的问题。对此，我们整理了表 2－8 所示的隐私政策“可读性”问题清单，企业可对照采取相应的解决措施。

表 2-8 隐私政策"可读性"问题清单

问题描述	解决措施
使用大量专业术语	如有必要使用专业术语,需要在使用同时附上专业术语的通俗解释或简化定义,保证普通用户可理解
逻辑结构混乱	梳理隐私政策的披露内容,出现清晰的逻辑架构
排版混乱	整体排版应简洁明了,字体格式统一、分段清晰,不可出现整体内容无段落分层,从头连到尾的情况
融合在其他用户协议	以单独成文的形式发布隐私政策,而不是作为用户协议、用户须知等文件中的一部分存在
全文无法区分重点	对敏感个人信息、个人信息出境等重点信息采用字体加粗、标星号、添加下划线、使用斜体、使用不同颜色等显著标识方式
界面或字体造成阅读困难	采取与 App 其他界面相同的样式,不得存在文本字号过小、颜色与背景色相近、行间距过密、字迹模糊、列宽大于手机屏幕、置于页面边缘等易造成阅读困难的情形
未提供简体中文版	针对 App 用户所在地域,提供用户可理解的隐私政策语言版本。例如,在中国运营的 App 应当提供简体中文版隐私政策

(三)准确性

隐私政策文本内容的第三个要求是"准确性"。实践中容易出现隐私政策看似覆盖了全部要点,但对处理目的描述粗略、处理机制概括介绍,甚至实际收集个人信息的范围、方式与隐私政策的公示内容并不一致的问题。例如,在说明个人信息处理目的时,常有隐私政策以"改善服务质量、提升用户体验、定向推送信息、研发新产品"为由,强行要求用户同意收集个人信息。这使隐私政策的宣示性效果大于实质性作用,难以让用户准确理解个人信息的收集使用场景,从而作出真实的意思表示。

为实现隐私政策文本内容的准确性,我们建议企业从自身产品处理个人信息的功能设计出发,将隐私政策当作产品的"个人信息处理说明书",让用户得以将个人信息处理情形还原至 App 的具体业务场景中。具体业务场景的清晰披露也将对企业的个人信息处理必要性提出挑战。例如,在可以通过密码验证来确保安全性的业务场景中,企业确无必要使用指纹识别或人脸识别的方式,即无须采集个人生物识别信息或敏感个人信息。

(四)合理性

第四个要求,隐私政策文件中不应设置企业免责等不合理条款,不应出现免除企业自身责任、加重用户责任、排除用户主要权利的协议条款。

其中,免除企业自身责任是指App运营者免除其依照法律规定应当负有的强制性法定义务;加重用户责任是指App运营者要求用户在法律规定的义务范围之外承担责任或损失;排除用户主要权利是指App运营者排除用户依照法律规定或者依照合同的性质通常应当享有的主要权利。

三、隐私政策的操作设置合规

(一)主动提示

作为面向用户披露的产品个人信息处理规则,隐私政策应在收集个人信息之前向用户完整公示,提示用户关注、阅读并做出选择。因此,建议企业在产品安装过程中,或在个人信息主体首次使用产品或服务时,或在个人信息主体注册账号时,通过弹窗、突出链接等显著方式提示用户阅读隐私政策。

隐私政策主要针对基础业务功能。对于扩展业务功能,企业可以在首次使用前,通过交互界面或设计(如弹窗、文字说明、填写框、提示条、提示音等形式),向用户逐一告知所提供的扩展业务功能及所收集的必要个人信息,并允许用户对扩展业务功能逐项选择同意。

(二)明示同意

在用户同意方面,应采用明示同意的方式,确保用户在理解收集目的和相关处理规则的基础上,作出自主的、具体的、清晰明确的意愿表示。同时,应当避免采取“默认勾选同意”或同意表示不明的方式,以致用户忽略对个人信息处理规则的关注。

例如,App可能在注册或登录界面下方“我已阅读并同意服务许可协议及隐私政策”表述前的勾选框中提前替用户勾选确认;或是在注册或登录界面下方只给出隐私政策链接,并未说明注册或登录后是否视为“同意隐私政策”；或是仅因用户继续正常浏览网站即认为用户同意；抑或是仅使用“好的”“我知道了”“下一步”“继续注册”等无法清晰表达用户态度的词语。这类操作都存在违规风险。

建议企业采取明示同意的方式，例如设置交互式界面，由用户做出主动勾选隐私政策、主动点击“同意”、主动发送“确认”等动作表示意愿。

（三）易于访问

除了在用户注册或登录界面为其提供隐私政策的阅读与同意路径，企业还应当在用户的日常交互界面公开发布隐私政策，保证用户可以随时访问和获取。在首次展示隐私政策时，即可先行说明查找隐私政策的方法或路径。

隐私政策应尽可能通过固定路径或常见界面公开发布，如网站主页页尾、App 的设置界面，不宜频繁变更访问路径。例如，可通过“我——设置——关于”或者“我的——设置——隐私”等用户熟悉的访问路径展示隐私政策。同时，访问路径也不应在 App 中藏匿太深，如打开主界面起多于 4 次点击、滑动至底部等才能访问到隐私政策，否则将存在难以访问的违规风险。

（四）更新提醒

隐私政策与产品的功能设计挂钩，在产品功能迭代的同时，个人信息的收集使用目的、方式和范围也随之变化，所以具有不断更新隐私政策的必要性。对此，企业可在业务和技术层面搭建隐私政策日常更新的对接机制，并以推送消息、邮件、弹窗、红点提示等方式提醒用户阅读发生变化的隐私政策条款。

如果企业的个人信息处理活动发生变更需要征得用户同意，建议考虑用户是否可以查阅需要其同意内容的历史记录，以及衡量此前同意至再次征求同意之间经历的时长。如果用户可以随时查阅其历史同意内容，或距上次“告知—同意”的时间较短，企业可以选择仅告知变更内容，并征得用户对变更内容的授权同意。否则，企业在告知变更内容并征得用户对变更内容的授权同意之外，还应建议用户确认授权同意整体的隐私政策文本。

综上所述，企业有必要留存隐私政策的告知同意证据，包括隐私政策的具体内容（公布时间、文本）、用户明示同意隐私政策的界面、同意的工作流程及行为日志。

第三章　用之有序:数据使用典型场景与合规之路

数据使用作为数据收集的直接目的,其使用的合规性基础关乎数据最终价值的实现,国家鼓励企业在合法合规的前提下对数据开发利用。

《数据安全法》第7条规定,“国家保护个人、组织与数据有关的权益,鼓励数据依法合理有效利用,保障数据依法有序自由流动,促进以数据为关键要素的数字经济发展”。可以看出,我国并不禁止企业对数据的合法有效使用,同时,根据《数据安全法》规定,我国支持数据开发利用和数据安全技术研究,鼓励数据开发利用和数据安全等领域的技术推广和商业创新,培育和发展数据开发利用和数据安全产品、产业体系,并培育数据交易市场。

类似的内容在各个地方数据条例中亦有所规定。例如《广东省数字经济促进条例》明确指出,自然人、法人和非法人组织对依法获取的数据资源开发利用的成果,所产生的财产权益受法律保护,并可以依法交易。《上海市数据条例》亦规定自然人对涉及其个人信息的数据,依法享有人格权益;自然人、法人和非法人组织对其以合法方式获取的数据,以及合法处理数据形成的数据产品和服务,依法享有财产权益、数据收集权益、数据使用加工权益、数据交易权益。《深圳经济特区数据条例》对数据产品和服务的财产权益明确赋权,认可企业对其合法处理数据形成的数据产品和服务享有自主使用、取得收益、进行处分的权利。

国家鼓励对数据进行开发利用,但绝不是滥用,在数据价值不断被挖掘的同时,数据使用也延伸出诸多问题。数据的合规收集与使用往往是息息相关的,在我们通过上一章探讨数据来源与收集的合规举措之后,我们将在本章探讨数据在合法收集之后的使用过程依然需要注意的一些边界。

在当前监管机构不断加大对个人信息保护和重要数据安全等合规问题监管力度的背景下,企业保证数据合规使用是企业稳定经营必备的条件,把握使用边界、明晰使用标准是企业进行数据合规化使用与运营的必要前提。

第一节　从各企业“隐私政策”看数据使用的常见场景

个人数据(或者个人信息)作为“企业数据”中最核心的数据类型,“告知同意”原则系其使用的合法性基础来源之一,它的存在要求数据的使用应当经过数据主体的授权同意。《个人信息保护法》第 4 条第 2 款、第 7 条、第 13 条第 2 款分别规定,“个人信息的处理包括个人信息的收集、存储、使用、加工、传输、提供、公开、删除等”;“处理个人信息应当遵循公开、透明原则,公开个人信息处理规则,明示处理的目的、方式和范围”;“依照本法其他有关规定,处理个人信息应当取得个人同意”。因此,企业必须通过合法正当的方式向用户告知其对个人数据收集使用后的具体目的和情形,是其数据合规使用的前提。

如上一节“隐私政策监管要点盘点”所述,“隐私政策”是最常见的一种公示途径,我们通过选取多种不同类型企业“隐私政策”或者“隐私声明”“隐私保护指引”(以下统称隐私政策)等文件中对外公示的个人信息使用情况,汇总了解企业数据使用的常见场景。

一、各企业隐私政策公示的使用说明

“我们如何收集和使用您的个人信息”是大多数隐私政策开宗明义的内容,一般也是最核心和内容最丰富的部分。我们调研了六个产品关于“信息使用”的说明条款(见表 3－1),节选部分条款展示如下。

表 3 – 1　六个产品隐私政策关于“信息使用”的说明

产品或服务	行业	隐私政策版本	关于“信息使用”的说明
腾讯 QQ	社交产品	《QQ 隐私保护指引》 2021 年 11 月 1 日	1. 我们会根据已收集的信息向您提供各项功能与服务 2. 为了保证账号安全 3. 我们可能将通过某些功能所收集的信息用于我们的其他服务 4. 分析我们产品的运行情况，以确保服务的安全性并优化我们的产品，提高我们的服务质量
抖音	短视频	《“抖音”隐私政策》 2022 年 3 月 25 日	1.1 账号服务 1.2 内容浏览和搜索 1.3 信息发布 1.4 互动交流 1.5 个性化推荐 1.6 其他功能 1.7 运营与安全运行
淘宝	电商	《淘宝网隐私政策》 2022 年 4 月 2 日	1. 为实现向您提供我们产品及/或服务的基本功能 2. 为实现向您提供我们产品及/或服务的附加功能
链家	房产交易	《链家隐私政策》 2021 年 10 月 8 日	1. 为实现向您提供我们产品及/或服务的基本功能 2. 为实现向您提供我们产品及/或服务的附加功能
中国银行	银行	《中国银行股份有限公司手机银行隐私政策》 2022 年 5 月 29 日	1. 在向您提供我行的金融产品或服务，并为改进这些产品或服务时使用 2. 向您提供金融服务期间，您授权我行持续收集和使用您的信息。在您注销服务时，我们将停止收集您相关的个人信息，但我行会在业务资料归档、审计、监管协查、履行反洗钱和制裁规定等领域继续使用此前收集的您的相关个人信息 3. 为提升您的产品或服务体验，或为防范风险，我行会对服务使用情况进行汇总、统计分析、加工，但这些信息不会包含您的任何身份识别信息 4. 为了使您知悉使用我行金融产品或服务的情况或使您进一步了解我行服务，我行会向您发送服务状态通知以及相关产品或服务的商业性信息

续表

产品或服务	行业	隐私政策版本	关于“信息使用”的说明
携程	旅游	《携程个人信息保护政策》 2022 年 6 月 2 日	(一)为您提供搜索、浏览功能 (二)帮助您注册与管理携程账户 (三)为您提供产品/服务信息的展示、推荐与推送 (四)为您提供收藏、关注与分享功能 (五)为您提供下单与订单管理功能 (六)帮助您完成支付和还款 (七)帮助向您完成产品/服务的交付 (八)为您提供写点评、社区笔记等信息发布功能 (九)为您提供直播服务 (十)为您提供客户服务与处理争议 (十一)为您提供安全保障功能 (十二)为您调用权限提供其他附加服务

二、企业数据使用的常见场景

根据上述隐私政策对外公示和说明的使用目的和情形,我们可以汇总出企业在数据收集后使用的几种常见场景。

(一)为了向用户提供产品的基本功能和服务

网信办秘书局、工信部办公厅、公安部办公厅、市场监管总局办公厅联合制定了《常见类型移动互联网应用程序必要个人信息范围规定》,明确移动互联网应用程序(App)运营者不得因用户不同意提供非必要个人信息,而拒绝用户使用 App 基本功能服务。反之,互联网应用程序(App)运营者在用户使用 App 基本功能和服务的场景下,即可收集和使用用户为了实现基本功能和服务提供的必要信息。

目前在实践中,最常见和最普遍的数据使用场景是向用户提供产品的基本功能和服务。例如,为了实现转账功能,银行需要使用所收集的交易双方的银行账户信息;为了实现网购平台中卖家的发货功能,平台需要使用买家的地址和联系方式,并将之提供给卖家等。房产交易的平台为了完成交易和交易订单管理，需要收集和使用交易合同信息、资金支付信息、不动产买卖契税缴纳信息、不动产过户登记信息等。

(二)提供产品的附加功能和服务

从上述我们查询的隐私政策可以看出，多家企业的隐私政策显示，企业数据使用的常见场景除提供产品的基本功能和服务之外，还包括提供产品的附加功能和服务，在此情况下企业也会收集和使用用户的个人信息。

常见的提供产品附加功能和服务有淘宝列明为了收货地址、寄件地址快速填写，推荐附近商品、服务信息及同城内容，便于用户在发布内容时添加位置、会员码手动点击开启定位，推荐附近好物等功能需要获取和使用用户的位置信息等。携程除提供旅游产品的预定、购买等服务之外，还可以提供写点评、社区笔记等信息发布功能，甚至包括直播服务和功能。

现在很多企业提供给用户的产品和服务具备多项复合功能，为了实现产品基础功能之外的其他附加功能或者更利于用户操作使用的一些功能，也会收集和使用用户的信息。

(三)保障用户的数据安全

从我们对各企业产品的隐私政策的调研可以发现，基本上所有的企业都会为了保障用户的数据安全而使用用户信息。比如：

腾讯 QQ 指出："我们会使用您的地理位置信息进行安全检测，以便为您提供更安全的账号注册服务。"

抖音列明："我们可能使用你的账号信息、设备信息、服务日志信息，以及我们的关联方、合作方获得你授权或依法可以提供给我们的信息，用于判断账号安全、交易安全、进行身份验证、识别违法违规情况、检测及防范安全事件，并依法采取必要的记录、分析、处置措施。"

中国银行隐私政策也指出："为了维护服务的正常运行、保障您的交易安全，我们会收集您的地理位置信息、电子设备信息[包括设备型号、操作系统、唯一设备标识符(iOS 系统为 UUID、Android 系统为 IMEI 或 Android ID)、登录 IP

地址、接入网络的方式、类型和状态、网络质量数据]、操作日志信息、使用手机银行功能或服务的类别及方式,及您在我行的用户信息,依据基于预防电子银行欺诈目的或有权机关的要求对这些信息进行分析。”

(四)为了提升产品和服务的质量

提升和改进产品和服务的质量也是企业使用企业数据的一种常见情形,多发生于对用户进行画像之后,针对画像的情况改进产品和服务的质量。

比如《携程个人信息保护政策》在改进携程平台的产品/服务条款中约定:

1. 我们可能会对收集的信息进行去标识化的研究、统计分析和预测,用于改善携程平台的内容和布局,为商业决策提供产品或服务支撑,以及改进我们的产品和服务。

2. 我们可能将您的订单数据用于数据分析,以便让我们能够了解您所在的位置、喜好和人口统计信息,或与其他来源(包括第三方)的数据相匹配,从而开发和改进我们的产品和服务。

3. 我们可能会通过您提供的联系方式邀请您参与市场调查,并基于您参加市场调查所提供的信息,分析、衡量您对我们的产品、服务和网站的兴趣,从而开发和改进我们的产品和服务。如您选择不参与市场调查并提供有关信息(以具体市场调查展示页面为准),不会影响您使用携程平台的基本功能。

(五)进行个性化的推荐和服务

企业通过对用户画像的解析,可以了解用户对其产品或服务的购买需求、购买习惯及价格承受能力等特征,实现个性化推荐及数据营销(尤其是精准营销)。个性化的推荐和服务也是很多企业使用数据的一种情形。

《“抖音”隐私政策》第1.5条专门规定“个性化推荐”,明确指出:

(1)为了预测你的偏好,我们可能会收集、使用你的设备信息、位置信息以及在使用抖音时的行为信息,行为信息包括你在使用抖音时的内容浏览、信息发布、互动交流、搜索、点击、关注、收藏、浏览、下载、分享及交易等活动的对应信息,也包括你自主填写的账号中的性别、生日、地区等账号信息。我们会对上述信息进行自动分析和计算,机器(或系统)会根据计算结果自动筛选并推送你可能更感兴趣的内容。

(2)我们会根据你在使用抖音过程中的内容浏览相关行为对推荐模型进行实时反馈,不断调整优化推荐结果,更好地向你提供优质内容。

请知悉,抖音中的个性化推荐算法并不会识别特定自然人的真实身份,仅是基于用户行为和特征提供相关性更高与更丰富的信息。

(六)符合国家法律法规及监管要求的使用目的和情形

除上述数据使用的情况下,还存在可能根据相关法律法规及国家标准,企业依法使用个人数据的情形,比如游戏产品为了符合监管机构未成年保护和防沉迷的要求,在用户使用游戏产品时要求其提供身份证等信息进行实名验证。

根据《个人信息保护法》第13条第2~5项的规定,以下列举一些其他符合国家法律法规及监管要求的使用情形:

1. 为订立、履行个人作为一方当事人的合同所必需,或者按照依法制定的劳动规章制度和依法签订的集体合同实施人力资源管理所必需。

2. 为履行法定职责或者法定义务所必需。

3. 为应对突发公共卫生事件,或者紧急情况下为保护自然人的生命健康和财产安全所必需。

4. 为公共利益实施新闻报道、舆论监督等行为,在合理的范围内处理个人信息。

对于上述常见使用情形中,企业除提供基本功能之外,或为了实现附加功能或者服务,提供个性化推荐和服务;或为了提高产品和服务的质量,对用户进行画像,甚至出于营销企业产品和服务的目的使用用户个人数据,这些也是我们在调研中发现极为普遍的情形,在本章的后续章节中,我们将以单章形式对此进行场景化的具体分析并提出合规建议。

三、企业数据使用场景的合规分析

对于上述在实践中常见的数据合规的使用情形，我们将对其进行法律上的分类和汇总，并提出相应的合规要求。

（一）目的、范围内的合规使用

数据使用者可能是企业本身，也可能是第三方。但无论是何种数据使用情形，企业均应严格遵守法律法规规定及与用户的约定，遵守规定及约定的目的、用途和方式使用相应的数据。

为实现产品和服务的业务功能，企业向用户提供服务与产品，可以直接使用用户授权提供的相应数据，如前文所述，为了实现转账功能，银行需要收集交易双方的银行账户信息；为了实现网购平台中卖家的发货功能，平台需要收集买家的地址和联系方式，并将之提供给卖家等。

但企业在提供目的、范围之内的数据使用时，仍需要考虑是否基于产品的基本功能和必要目的、范围内的使用，如果企业在提供基本功能之外的附加功能和服务，仍需要考虑此种信息对于附加功能和服务的实现是否是必要信息，且不能强制用户同意，而应给予用户选择权。

当涉及敏感个人数据时，除依法取得数据主体的单独同意外，企业应“具有特定的目的和充分的必要性，并采取严格保护措施”。比如，根据《信息安全技术　网上购物服务数据安全指南（征求意见稿）》第 8.1 条的规定，企业在进行数据展示时，网上购物服务平台上的卖家仅可看到用户的收件人姓名、电话、地址、支付金额、发票信息、订单内容、备注信息、订单状态、物流状态，但不应看到用户支付账号信息。根据《信息安全技术　网络支付服务数据安全指南（征求意见稿）》第 8.3 条的规定，“未经用户同意，不应扩大用于个人征信及贷款额度自动化决策的相关个人信息的使用目的，且应在自动化决策过程中使用脱敏后的个人信息”。又如，网约车驾驶员的信用记录，虽然也属于敏感数据，但因可能涉及网约车服务运营的安全及公民个人安全，《信息安全技术　网络预约汽车服务数据安全指南（征求意见稿）》第 8.4 条明确要求企业建立驾驶员信用记录用于管理驾驶员，并特别指出即便驾驶员注销账号，企业仍然可以持续保存甚至恢复驾驶员在服务过程中产生的违法违规的信用记录。

(二)目的、范围之外的合规使用

根据《个人信息保护法》第4条的规定,个人信息不包括匿名化处理后的信息。基于此,针对合法合规收集的数据,企业可以依法使用经其加工、处理后无法识别到或关联到特定主体且无法复原的数据。比如,企业可以将用户在使用其某项服务或产品时的相关数据,经匿名化处理后的用于用户研究分析与统计等服务。

《个人信息保护法》第13条规定了无须经用户授权同意使用个人数据的特殊情形,如涉及公共安全或为履行法定职责所必需等。不同的行业和不同的业务场景下对此条款的运用会有所不同。比如,《信息安全技术　健康医疗数据安全指南(征求意见稿)》第7.b条规定,在没有获得用户授权的情况下,医疗机构针对一些特殊情况,可以依靠法律法规要求、职业道德、伦理和专业判断来确认用户相关健康医疗数据是否可以使用,例如,向用户提供其本人的健康医疗数据;治疗、支付或保健护理;涉及公共利益或法律法规要求;用于科研、医学、健康教育、公共卫生或医疗保健操作目的受限制数据集。又如,新冠肺炎疫情发生以来,政府及部分互联网公司利用之前已经掌握的数据进行疫情分析,对相关数据进行二次利用,其中最常用的便是个人的行踪轨迹数据。该等数据虽然属于敏感个人数据,但其对有效定位"潜在传染源",进而判断和作出有针对性地划分隔离、防范区域,采取有效防疫举措等具有积极作用,故即便超出了原定使用目的、范围,也属于合规使用的情形。但即便是合规地超出原定目的、范围使用数据,企业也应当履行相关的告知义务。

(三)超目的、范围的不合规使用

为追求自身商业利益最大化,一些企业可能会非法使用用户数据,严重侵害用户的合法权益。这种非法使用可能是为企业所自用,也可能是向第三方提供。以App为例,《移动互联网应用基本业务功能必要信息规范》为不同类型的App保障其正常运行所需收集的个人信息提供了明确指引。实践中,大部分企业会选择在《用户协议》《隐私政策》等文件中获取用户关于部分个人数据的授权,该等个人数据的让渡通常是为了落实满足用户的具体使用需求的业务或功能,用户期待企业系为了实现该等业务或功能而使用相应的数据。比如,用户向企业提供手机号码,仅系为了实现注册登录功能,而企业却未经用户授权同意,自行利用或向第三方提供该手机号码,并对用户进行营销推广的行为,显然属于目的、范围之外的数据使用行为,违反个人信息保护相关的规定及规范要求。

实践中不少集团公司会将各成员公司基于各自的业务线获取的不同维度的数据,汇总至数据中台进行分析、处理,并将分析、处理结果用于精准营销、个人或企业信用评估等,实现高价值的数据挖掘与商业化利用,比如阿里集团即充分利用了其旗下的淘宝、天猫、支付宝等众多业务线,通过对数据分类、标签化以及分析加工、处理等方式,实现了越来越多业务的自动化决策①,比如淘宝对芝麻信用评分高的用户予以极速退款特权。根据《信息安全技术　个人信息安全规范》第7.3条、第7.6条规定,如果是基于不同业务目的所收集个人信息的汇聚融合,无论是附加新的业务功能还是数据中台本身有新的业务目的,均需履行"告知—同意"义务;且在某条业务线委托数据中台汇总数据的目的实现或委托关系解除时,数据中台不得再保存来自该业务线的数据(包括基于个人数据形成的分析结果)。但实践中许多集团公司先进行数据汇聚融合处理,在适当的场景下获得用户的授权同意后再进行输出,即使用在先、授权在后,或者使用范围和目的超出了用户的授权同意范围,前述情况显然也不符合法律法规规定及监管要求。

第二节　从"海底捞"为顾客打标签看用户画像合规

企业收集海量的数据后,对海量数据进行收集与分类,对用户行为进行分析并为用户打上"标签",形成用户画像,通过对用户画像的解析以了解用户对

① 《阿里中台,变了!》,载百度网2020年4月1日,https://baijiahao.baidu.com/s?id=1662752326293691392&wfr=spider&for=pc。

产品或服务的购买需求、购买习惯及价格承受能力等特征。这一行为对于企业而言,可以改进产品和服务的质量,或者实现个性化推荐及精准营销,对于用户而言则可以更为高效地获取优质的产品和服务。

虽然当前法律法规并未明令禁止将某类数据用于用户画像,但也明确了企业在进行用户画像时需要考虑用户画像的数据来源合法性,以及需要注意的诸多限制问题,因此不能随意地进行用户画像,本节将对企业利用数据进行用户画像应该注意的限制条件和合规要求予以分析解读。

一、“海底捞”用户画像事件引发的争议

2022 年 2 月,“海底捞”因被曝光私下为其会员顾客打标签一事冲上了微博热搜榜,引发了社会广泛关注与讨论。根据新闻报道,“海底捞”为其会员顾客打的标签内容涉及个人的年龄、体貌及性格特征、个人喜好、用餐习惯、学历等内容,这些标签包括“20 至 30 岁,安静,不吃胡萝卜”“20 多岁的瓜子脸非常漂亮,栗色头发,大学生,喜欢番茄锅”“1. 68 米左右,戴眼镜,长发,圆面型,25 岁左右,喜欢在 App 上投诉”“需要服务员剥皮橙子”等。随后,“海底捞”称其目的在于持续提升和优化顾客的个性化服务需求。①

结合网友上传的照片信息,上述“标签”记录于“海底捞”的会员系统之中,即该等“标签”与顾客的个人信息(包括姓名、手机号码、性别、出生日期等)及其消费记录一并存储。该等信息能够与其他信息结合用于识别特定个人身份或反映特定个人活动情况的,属于个人信息,应受《个人信息保护法》及相关规定的约束。因此,“海底捞”未经顾客授权同意进行用户画像(“打标签”),并将相关“标签”信息与顾客的个人信息未分开存储与管理的行为,显然有违《个人信息保护法》关于“告知—同意”的规定以及《信息安全技术　个人信息安全规范》关于用户画像使用限制的禁止性规定(可能含有歧视内容;非实现顾客授权同意的使用目的所必需,且未消除明确身份指向性)。

即便“海底捞”事先向用户明示并取得用户的授权同意,但基于限制目的原

---

① 《海底捞私下给顾客“打标签”,合适吗?》,载网易网 2022 年 2 月 27 日,https://www.163.com/dy/article/H16CEMH30552UKEY.html。

则,“海底捞”作为一家主营业务为餐饮服务的单位,参考《网络安全实践指南—移动互联网应用基本业务功能必要信息规范》中关于“基本业务功能相关必要信息”的定义,“海底捞”的基本业务功能为提供餐饮服务,其所收集和使用的会员顾客的体貌特征、性格特征、学历等信息,显然不属于与其基本业务功能直接关联,一旦缺少会导致基本业务功能无法实现的必要信息,故该等行为仍有过度索取和滥用顾客信息的嫌疑。

因此,用户画像在某种程度上虽然似乎也带来了积极的后果,但是仍然有其应当遵守的合规边界。

二、何谓“用户画像”

(一)什么是“用户画像”

根据《信息安全技术　个人信息安全规范》第 3.8 条的规定,用户画像是指通过收集、汇聚、分析个人信息,对某特定自然人个人特征,如职业、经济、健康、教育、个人喜好、信用、行为等方面作出分析或预测,形成其个人特征模型的过程。其中,直接使用特定自然人的个人信息,形成该自然人的特征模型,称为直接用户画像(又称个人画像),如基于用户画像决定个人信用及贷款额度或将用户画像用于简历筛选;使用来源于特定自然人以外的个人信息,如其所在群体的数据,形成该自然人的特征模型,称为间接用户画像(又称群体画像),如基于收集到的位置信息,针对某地区用户提供当地的房地产营销推广服务。

简而言之,用户画像是企业在所收集的用户信息的基础上,根据其目的和需求对用户的行为趋势进行预测或分析的处理过程。一般情况下,企业通过对用户“打标签”的方式实现对用户的个性化推荐以及精准营销。

(二)哪些数据可用于“用户画像”

进行用户画像,首先需要原始数据。一般而言,进行用户画像所需的原始数据属于个人数据①。相应的个人数据通常包括用户填写的相关个人资料(如

① 何渊主编:《数据法学》,北京大学出版社 2020 年版。

性别、年龄)及使用相关产品或服务时所产生的行为数据(如点击记录)。而根据《个人信息保护法》第 28 条的规定,除处理生物识别、宗教信仰、特定身份、健康医疗、金融账户、行踪轨迹等信息以及不满 14 周岁未成年人的个人信息这种敏感个人信息,要求必须具有特定的目的和充分的必要性,并采取严格保护措施和取得单独同意外,当前法律并未明文禁止某类数据用于用户画像。

三、用户画像的限制

根据《个人信息保护法》第 4 条第 1 款的规定,"个人信息是以电子或者其他方式记录的与已识别或者可识别的自然人有关的各种信息,不包括匿名化处理后的信息"。《信息安全技术　个人信息安全规范》则在个人信息的定义下将用户画像或特征标签用于举例说明,若用户画像能够单独或与其他信息结合识别特定自然人身份或反映特定自然人活动情况的,则属于个人信息。《信息安全技术　个人信息安全规范》附录 A 将网站浏览记录、软件使用记录、点击记录、收藏列表等均列入个人信息的范畴之中,其中网页浏览记录还被认定为属于敏感个人信息。因此,企业进行用户画像,仍受个人信息保护相关原则的约束。

(一)用户画像的使用限制

虽然当前法律法规并未明令禁止将某类数据用于用户画像,但《个人信息保护法》中明确要求当企业利用个人信息进行自动化决策时应当事前进行个人信息保护影响评估,并对处理情况予以记录,且评估报告和处理情况记录至少保存 3 年。《信息安全技术　个人信息安全规范》第 7.4 条则明确了用户画像的使用限制,包括:

1. 用户画像中对个人信息主体的特征描述,不应:

(1)包含淫秽、色情、赌博、迷信、恐怖、暴力的内容;

(2)表达对民族、种族、宗教、残疾、疾病歧视的内容。

2. 在业务运营或对外业务合作中使用用户画像的,不应:

(1)侵害公民、法人和其他组织的合法权益;

(2)危害国家安全、荣誉和利益,煽动颠覆国家政权、推翻社会主义制度,煽动分裂国家、破坏国家统一,宣扬恐怖主义、极端主义,宣扬民族仇恨、民族歧视，传播暴力、淫秽色情信息，编造、传播虚假信息扰乱经济秩序和社会秩序；

（3）除为实现个人信息主体授权同意的使用目的所必需外，使用个人信息时应消除明确身份指向性，避免精确定位到特定个人，如为准确评价个人信用状况，可使用直接用户画像，而用于推送商业广告目的时，则宜使用间接用户画像。

《互联网信息服务算法推荐管理规定》第10条明确规定，提供算法推荐服务的企业不得将违法和不良信息关键词记入用户兴趣点或者作为用户标签并据以推送信息。《数据安全管理办法（征求意见稿）》中亦明确规定企业分析利用所掌握的数据资源，发布市场预测、统计信息、个人和企业信用等信息，不得影响国家安全、经济运行、社会稳定，不得损害他人合法权益。

此外，在一些行业的数据安全指南中则有一些特别的规定，例如，《信息安全技术　网上购物服务数据安全指南（征求意见稿）》要求网上购物服务运营者在进行用户画像时对用户的特征描述不应包含隐私商品或服务。[①] 在《信息安全技术　即时通信服务数据安全指南（征求意见稿）》中则明确规定在用户使用陌生人好友匹配功能及在向第三方提供用户画像用于商业广告推送时应使用用户的间接画像[②]。网约车场景中，在遵守保护乘客和驾驶员人身和财产安全原则、尊重用户合法权利的前提下，网约车服务运营企业可以根据用户性别、年龄、饮酒情况或者其他信息进行用户画像，制定派单策略。[③] 又如，《信息安全技术　快递物流服务数据安全指南（征求意见稿）》中明确要求用户画像服务运营者基于业务风险控制等需求，进行个人用户画像分析活动前，还应对用户画像分析活动进行个人信息安全影响评估，降低用户画像分析活动风险；针对群体用户画像则要求服务运营企业采取将可用于恢复识别个人的信息与去标识化后的信息分开存储等措施，确保个人信息主体身份无法被反推或还原。[④]

---

① 这里的隐私商品或服务主要是指用户不愿为他人公开或知晓的商品或服务，常见的有情趣用品、保健品、内衣裤等。

② 参见《信息安全技术　即时通信服务数据安全指南（征求意见稿）》第8.2d）条、第9.4b）条。

③ 参见《信息安全技术　网络预约汽车服务数据安全指南（征求意见稿）》第8.3a）条。

④ 参见《信息安全技术　快递物流服务数据安全指南（征求意见稿）》第8.4.1条。

虽然这些行业的数据安全指南大多处于征求意见阶段,但均显示了相关部门对用户画像使用的态度与趋势,也已经成为不少行业内企业的隐私政策条款或正在施行的事项①,故其仍有非常重要的指导意义。

(二)可否对未成年人进行用户画像

《个人信息保护法》将未满14周岁未成年人的信息认定为敏感个人信息,结合《信息安全技术 个人信息安全规范》的规定,企业自收集该类信息时即需同时征得其监护人明确的单独同意;对于已满14周岁的未成年人,则应征得未成年人或其监护人的明示同意。就企业利用未成年人用户数据进行用户画像的行为,当前法律法规及相关标准并未明令禁止。

《信息安全技术 网络音视频服务数据安全指南(征求意见稿)》在关于未成年人个人信息保护部分载明,运营网络音视频服务的企业未经未成年人的监护人单独同意,不宜将未成年人个人信息用于直接营销、用户画像以及个性化广告推送。② 可能是考虑到网络音视频对未成年人的影响力,这里强调取得未成年人监护人的单独同意后方可进行用户画像。《深圳经济特区数据条例》在征求意见稿中也曾有类似表述③,但最终稿则做了修改,不再限制企业对未满14周岁未成年人进行用户画像,仅要求不得基于用户画像向未满14周岁未成年人推荐个性化产品或服务,除非是为了维护其合法权益并征得其监护人明示同意。

(三)用户画像的权利如何归属

在淘宝(中国)软件有限公司(以下简称淘宝公司)诉安徽美景信息科技有

---

① 如使用滴滴打车时,滴滴平台会询问乘客是否饮酒乘车。

② 参见《信息安全技术 网络音视频服务数据安全指南(征求意见稿)》第12i)条。

③ 《深圳经济特区数据条例(2021年征求意见稿)》第24条第3款规定:“禁止对未成年人进行用户画像以及基于用户画像向未成年人推荐个性化的产品或者服务。”该条款正式公布时修改为第30条,“数据处理者不得基于用户画像向未满十四周岁的未成年人推荐个性化产品或者服务。但是,为了维护其合法权益并征得其监护人明示同意的除外。”

限公司不正当竞争纠纷案件(以下简称淘宝诉美景案)①中,淘宝公司的“生意参谋”数据产品是在用户浏览、交易等行为痕迹信息所产生的原始数据基础上,以特定算法提炼后形成的指数型、统计型、预测型衍生数据。安徽美景信息科技有限公司(以下简称美景公司)以提供软件账号分享平台的方式帮助他人获取涉案数据产品中的数据内容以牟利。法院经审理认为,涉案数据产品的原始数据是用户网上浏览、收藏、交易等行为痕迹信息,非会员的行为痕迹信息不具备识别特定自然人个人身份的可能性,属于非个人信息;会员的行为痕迹信息则应适用“必要性 + 明示规则 + 用户同意”规则予以严格规制。淘宝公司依其与用户的约定享有对原始数据的使用权,其经过大量的智力劳动成果投入并经深度开发与系统整合而衍生的数据内容,是与用户信息、原始数据无直接对应关系的独立的衍生数据,可以为其所实际控制和使用并带来经济利益与市场竞争优势,淘宝公司对此享有独立的财产性权益,美景公司未经许可将其作为获取商业利益的工具,有悖公认的商业道德,已构成不正当竞争行为。

虽然这个案件并未明确包括用户画像在内的数据产品的所有权归属,但是实质上肯定了企业对其所研发的数据产品享有独立的财产性权益,依法享有禁止他人未经许可使用并从中获利以及处分数据产品的权利,当企业的权利受到其他人侵害时,可以以不正当竞争为由向侵权方提起诉讼,诉请其停止侵害并赔偿损失。

四、用户画像的合规建议

如上所述,虽然当前法律法规并未明令禁止企业进行用户画像行为,但是企业在利用数据进行用户画像时,仍然有其应当遵守的合规边界。

1. 明确并充分告知用户画像的具体规则及其后果。对自然人进行用户画像的,不论是群体画像(间接用户画像)或个体画像(直接用户画像),均应当明示用户画像的具体规则,包括介绍用户画像的相关逻辑,以及对用户产生的预

① 参见杭州市中级人民法院发布杭州法院司法保障数字经济十大案例之一:淘宝(中国)软件有限公司诉安徽美景信息科技有限公司不正当竞争纠纷案。本案一审案号为(2017)浙 8601 民初 4034 号,二审案号为(2018)浙 01 民终 7312 号,再审案号为(2019)浙民申 1209 号。

期后果等。此外，使用用户画像应当遵守公序良俗原则，且应当针对不同目的，基于“最小必要”原则选择不同的用户画像类型，如为进行广告推送的，宜进行群体画像。

2. 充分利用用户画像进行个性化服务的，不得实行不合理的差别待遇。在保证用户充分了解用户画像具体规则的情况下，经营者还需保证结果的公平公正性，经营者据此向用户提供个性化和定制化的服务或产品时，仅可在合理的范围内实行差别待遇。

3. 为用户提供便捷途径对用户画像功能进行关闭、调整，修改经营者在向用户提供业务功能的过程中，为用户提供个性化展示所依赖的个人信息（如个人标签、画像维度等）的自主控制权限，保障用户具有个性化展示相关性程度的调控能力，如针对单项推送内容或广告设置“不感兴趣”“屏蔽此类内容”等选项，或者是提供删除或增加个性标签的选项，或为用户提供申诉方法，便于其请求拒绝、修改或删除相关内容。

4. 保证数据准确性和必要的完整性。经营者在处理数据时应遵循来源合法、注重信息时效、保障信息质量、校验敏感信息等原则，履行必要的注意义务，避免因数据不准确、不完整对原始数据主体造成损害。

5. 加强人员管理与培训。针对强烈数据需求的业务部门和进行数据收集与处理的技术部门，应注意进行相关人员的合规培训，实行定期考核，提供个人信息保护的指引，签署保密协议等。

6. 尽量避免利用敏感个人信息进行用户画像。尤其涉及未满 14 周岁未成年人的信息时，还应当取得其监护人的单独同意。

第三节　利用数据进行自动化决策的合规探讨

在人工智能、大数据、机器学习蓬勃发展的当下，我们正在进入“算法社会”。大数据算法渗透在我们生活的方方面面，个性化推广、精准化营销、风险的预测与防范……技术的变革带给人们极大的便利。但技术利好的另一面中，大数据杀熟、信息茧房、营销推广中的价格歧视、工作求职中的性别歧视等问题开始出现,大数据算法的负面效应正在一一浮出水面。

随着我国《个人信息保护法》的颁布,我国在法律层面正式回应了利用个人信息进行自动化决策问题,强化对算法决策的规制及个人信息的保护。本节将结合法律法规的规定,分析企业利用个人信息进行自动化决策应遵循的义务,并提供相应的合规建议。

一、自动化决策的法律规制

(一)关于自动化决策的法律法规

《个人信息保护法》将自动化决策定义为“通过计算机程序自动分析、评估个人的行为习惯、兴趣爱好或者经济、健康、信用状况等,并进行决策的活动”。

目前,《个人信息保护法》《电子商务法》《深圳经济特区数据条例》《浙江省电子商务条例》等法律法规均对自动化决策进行了规定,从立法层面对这一问题进行规制。2021 年 12 月 31 日,网信办、工信部、公安部、市场监管总局联合发布了《互联网信息服务算法推荐管理规定》,旨在规范算法推荐的互联网行为,划定算法平台的行为框架。

此外,《在线旅游经营服务管理暂行规定》《信息安全技术　个人信息安全规范》《互联网个人信息安全保护指南》等一系列规范及指南从不同的侧重点对自动化决策问题进行了明晰。我们梳理了目前关于自动化决策的法律法规(见表 3－2)。

表 3－2　关于自动化决策的相关规定汇总

法规	要点
《个人信息保护法》	第 24 条:个人信息处理者利用个人信息进行自动化决策,应当保证决策的透明度和结果公平、公正,不得对个人在交易价格等交易条件上实行不合理的差别待遇。 通过自动化决策方式向个人进行信息推送、商业营销,应当同时提供不针对其个人特征的选项,或者向个人提供便捷的拒绝方式。 通过自动化决策方式作出对个人权益有重大影响的决定,个人有权要求个人信息处理者予以说明,并有权拒绝个人信息处理者仅通过自动化决策的方式作出决定。

续表

法规	要点
《电子商务法》	第18条第1款:电子商务经营者根据消费者的兴趣爱好、消费习惯等特征向其提供商品或者服务的搜索结果的,应当同时向该消费者提供不针对其个人特征的选项,尊重和平等保护消费者合法权益。
《深圳经济特区数据条例》	第29条:数据处理者基于提升产品或者服务质量的目的,对自然人进行用户画像的,应当向其明示用户画像的具体用途和主要规则。 自然人可以拒绝数据处理者根据前款规定对其进行用户画像或者基于用户画像推荐个性化产品或者服务,数据处理者应当以易获取的方式向其提供拒绝的有效途径。 第30条:数据处理者不得基于用户画像向未满十四周岁的未成年人推荐个性化产品或者服务。但是,为了维护其合法权益并征得其监护人明示同意的除外。
《浙江省电子商务条例》	第14条:电子商务经营者不得利用大数据分析、算法等技术手段,对交易条件相同的消费者在交易价格等方面实行不合理差别待遇。 下列情形不认定为不合理差别待遇:(一)根据消费者的实际需求,且符合正当的交易习惯和行业惯例,实行不同交易条件的;(二)针对新用户在合理期限内开展优惠活动的;(三)基于公平、合理、非歧视规则实施随机性交易的;(四)能够证明行为具有正当性的其他情形。 本条所称交易条件相同,是指消费者在交易安全、交易成本、信用状况、交易环节、交易方式、交易持续时间等方面不存在实质性差别。 第27条:电子商务经营者违反本条例第十四条规定,对交易条件相同的消费者实行不合理差别待遇的,由市场监督管理部门依照《中华人民共和国个人信息保护法》的规定进行处罚。 电子商务经营者违反本条例第十四条规定,构成滥用市场支配地位行为的,依照反垄断有关法律、行政法规规定处罚。
《在线旅游经营服务管理暂行规定》	第15条:在线旅游经营者不得滥用大数据分析等技术手段,基于旅游者消费记录、旅游偏好等设置不公平的交易条件,侵犯旅游者合法权益。
《禁止网络不正当竞争行为规定(公开征求意见稿)》	第21条:经营者不得利用数据、算法等技术手段,通过收集、分析交易相对方的交易信息、浏览内容及次数、交易时使用的终端设备的品牌及价值等方式,对交易条件相同的交易相对方不合理地提供不同的交易信息,侵害交易相对方的知情权、选择权、公平交易权等,扰乱市场公平交易秩序。交易信息包括交易历史、支付意愿、消费习惯、个体偏好、支付能力、依赖程度、信用状况等。
《数据安全管理办法(征求意见稿)》	第32条:网络运营者分析利用所掌握的数据资源,发布市场预测、统计信息、个人和企业信用等信息,不得影响国家安全、经济运行、社会稳定,不得用于用户个性化营销损害他人合法权益。

续表

法规	要点
《信息安全技术　个人信息安全规范》	7.4 用户画像的使用限制 对个人信息控制者的要求包括: a)用户画像中对个人信息主体的特征描述,不应:1)包含淫秽、色情、赌博、迷信、恐怖、暴力的内容;2)表达对民族、种族、宗教、残疾、疾病歧视的内容。 b)在业务运营或对外业务合作中使用用户画像的,不应:1)侵害公民、法人和其他组织的合法权益;2)危害国家安全、荣誉和利益,煽动颠覆国家政权、推翻社会主义制度,煽动分裂国家、破坏国家统一,宣扬恐怖主义、极端主义,宣扬民族仇恨、民族歧视,传播暴力、淫秽色情信息,编造、传播虚假信息扰乱经济秩序和社会秩序。 c)除为实现个人信息主体授权同意的使用目的所必需外,使用个人信息时应消除明确身份指向性,避免精确定位到特定个人。例如,为准确评价个人信用状况,可使用直接用户画像,而用于推送商业广告目的时,则宜使用间接用户画像。 7.7 信息系统自动决策机制的使用 个人信息控制者业务运营所使用的信息系统,具备自动决策机制且能对个人信息主体权益造成显著影响的(例如,自动决定个人征信及贷款额度,或用于面试人员的自动化筛选等),应: a)在规划设计阶段或首次使用前开展个人信息安全影响评估,并依评估结果采取有效的保护个人信息主体的措施; b)在使用过程中定期(至少每年一次)开展个人信息安全影响评估,并依评估结果改进保护个人信息主体的措施; c)向个人信息主体提供针对自动决策结果的投诉渠道,并支持对自动决策结果的人工复核。
《互联网个人信息安全保护指南》	6.3c)完全依靠自动化处理的用户画像技术应用于精准营销、搜索结果排序、个性化推送新闻、定向投放广告等增值应用,可事先不经用户明确授权,但应确保用户有反对或者拒绝的权利;如应用于征信服务、行政司法决策等可能对用户带来法律后果的增值应用,或跨网络运营者使用,应经用户明确授权方可使用其数据。

(二)利用个人信息自动化决策须遵循的义务

《个人信息保护法》第 24 条规定了个人信息处理者进行自动化决策须遵循的义务和原则,归纳总结主要有以下几点。

1. 应遵循公开透明原则

公开透明原则是指个人信息处理者进行自动化决策时,应使决策公开,能够被他人知悉。[①]《互联网信息服务算法推荐管理规定》第16条对公开透明原则进一步细化，要求算法推荐服务提供者以显著方式告知用户其提供算法推荐服务的情况，并以适当方式公示算法推荐服务的基本原理、目的意图、运行机制等。这一原则意在揭开算法的“黑盒子”，使公众能够感知到算法决策的运行原理，以保障用户知情权，同时也对个人信息处理者的算法决策行为进行有效监督。

2. 应遵循公平合理原则

自动化决策引发的歧视性问题在实践中屡屡发生，比如大家所熟知的“大数据杀熟”问题。公平合理原则是规制算法偏见的重要原则，2019年实施的《电子商务法》规定了使用自动化决策应当尊重和平等保护消费者合法权益。《个人信息保护法》在此之上进一步细化，要求决策结果公平合理，不得在交易条件上实行不合理的差别待遇。

公平合理原则有助于弥补因算法导致的主体间地位的不平等，充分保障个人信息主体的合法权利。企业在通过技术深度处理海量数据时，应避免对数据的滥用，注意权利行使的边界。

3. 应赋予用户选择或拒绝的权利

《个人信息保护法》第24条第2款规定，通过自动化决策方式向个人进行信息推送、商业营销，应当同时提供不针对其个人特征的选项，或者向个人提供便捷的拒绝方式。根据此规定，个人信息处理者在进行自动化决策时应赋予用户选择或拒绝的权利。

关于提供不针对其个人特征的选项，《信息安全技术　个人信息安全规范》第7.5b)条的注释对这一问题进行了解释，即基于个人信息主体所选择的特定地理位置进行展示、搜索结果排序，且不因个人信息主体身份不同展示不一样的内容和搜索结果排序，则属于不针对其个人特征的选项。因此，如果企业在进行自动化决策时，同时提供了地理位置这一选项，且不同用户在同一地理位置可以获得相同的内容，那么可以视为企业提供了不针对其个人特征的选项。

---

① 杨立新、赵鑫：《利用个人信息自动化决策的知情同意规则及保障——以个性化广告为视角解读〈个人信息保护法〉第24条规定》，载《法律适用》2021年第10期。

除此之外,我们认为企业在对用户进行个性化推荐时,能够使用户自主选择想要看到的内容,也可以视为赋予用户选择权。例如,用户在外卖平台搜索店铺时,除向其提供个性化推荐内容,还同时提供销量、距离、好评等设置选项,使用户可以选择想要看到的内容。

提供便捷的拒绝方式则要求企业不仅是在隐私政策中进行文字提示,还需要设置明确的关闭功能,如用户可以自行在 App 内设置关闭。同时,赋予用户拒绝的权利不得以剥夺用户其他权益为代价,如剥夺其使用基础功能的权利。

4. 涉及重大影响的决定,应保障用户的请求说明权和拒绝权

《个人信息保护法》第 24 条第 3 款特别规定,通过自动化决策方式作出对个人权益有重大影响的决定,个人有权要求个人信息处理者予以说明,并有权拒绝个人信息处理者仅通过自动化决策的方式作出决定。此条内容参考了 GDPR 的相关规定,但何为"对个人权益有重大影响的决定"目前仍缺乏统一的解释,《信息安全技术　个人信息安全规范》第 7.7 条列举了"自动决定个人征信及贷款额度,或用于面试人员的自动化筛选等"情形。此外,《互联网个人信息安全保护指南》第 6.3c) 条规定,完全依靠自动化处理的用户画像技术如应用于征信服务、行政司法决策等可能对用户带来法律后果的增值应用,或跨网络运营者使用,应经用户明确授权方可使用其数据。按照上述规定,"对个人权益有重大影响的决定"可能包括个人征信、行政司法决策、面试求职等情况,在上述场景,企业应充分保障用户的知情权,同时用户有权拒绝企业仅采用自动化决策手段,并要求其提供人工核查渠道。

二、自动化决策的应用场景

(一) 大数据杀熟

"大数据杀熟"是指互联网企业利用用户数据对消费者实施的价格歧视,同样的商品或服务,老客户看到的价格反而比新客户要贵出许多。

"大数据杀熟"是一种严重违反了公平合理原则,被《个人信息保护法》《电子商务法》等法律法规明令禁止的行为。我们将在本章以专节的形式进行探讨。

(二)平台依据自动化决策进行处罚

实践中,平台会采用自动化决策对用户违规行为进行处罚,例如推广者为了获取用户利益,以不正当的方式吸引用户点击,平台通过算法自动化决策判定账户流量异常的,通常会采取冻结账号等处罚措施。

比如《淘宝平台服务协议》中明确载明:“淘宝可依据您的用户数据与海量用户数据的关系来认定您是否构成违约……”

(三)个性化推荐

个性化推荐,是指企业使用用户的个人信息并通过计算机算法模型自动计算、预测用户的偏好,用以匹配用户感兴趣的信息和服务,向用户推荐商品、服务或者广告。

根据我们在本章第一节所总结的隐私政策可以看出,目前很多企业都存在利用算法进行个性化推荐的内容,比如抖音在其隐私政策中通过“个性化推荐”的专门条款予以说明:“为了向你展示、推荐相关性更高的信息,提供更契合你要求的服务,抖音会收集、使用你的个人信息并通过计算机算法模型自动计算、预测你的偏好,以匹配你可能感兴趣的信息或服务。”

三、自动化决策的合规建议

2021 年 9 月,网信办、中央宣传部、教育部、科学技术部、公安部、文化和旅游部、市场监管总局、国家广播电视总局等九部委联合发布《关于加强互联网信息服务算法综合治理的指导意见》,其中提到了引导算法应用“透明可释”,推动算法“公开透明”,保障大众的合理权益。

在《互联网信息服务算法推荐管理规定》实施半个月后,国务院新闻办在 2022 年 3 月 17 日的“清朗”系列专项行动新闻发布会中,国家网信办相关负责人就今年即将开展的“清朗 · 2022 年算法综合治理”专项行动向行业预告了即将来临的监管风暴,“信息茧房”“算法歧视”“大数据杀熟”等影响网民生产生活的问题,将会成为本次专项行为督促整改的重点。

（一）事前进行个人信息安全影响评估

《个人信息保护法》第55条及第56条规定，个人信息处理者利用个人信息进行自动化决策应当事前进行个人信息保护影响评估，并对处理情况进行记录，个人信息保护影响评估报告和处理情况记录应当至少保存三年。评估应当包括下列内容：

1. 个人信息的处理目的、处理方式等是否合法、正当、必要。

2. 是否对个人权益产生影响或带来安全风险。

3. 所采取的保护措施是否合法、有效并与风险程度相适应。

企业实施自动化决策前应首先进行个人信息安全影响评估，结合应用场景分析可能对个人权益产生的影响，如可能影响个人征信及贷款额度、导致个人人身财产受损、引发差别性待遇及行政司法决策等，建议增加人工审核渠道，避免算法单独做出决定。此外，已有司法判例认定企业要求用户许可使用用户信息进行自动化决策属于非必要信息的采集和使用，因此建议企业充分评估利用个人信息自动化决策的必要性，避免产生合规风险。

（二）公示自动化决策的机制

根据《个人信息保护法》的规定，个人信息处理者进行自动化决策须遵循公开、透明原则，企业应在事前以适当方式公示算法推荐服务的基本原理、目的意图、运行机制等，以充分保障用户知情权。在实施自动化决策过程中，如用户提出请求的，企业有必要对相关机制予以说明。

结合《互联网信息服务算法推荐管理规定》第16条，算法公示的方式和要求如下：

1. 以显著方式告知，指公示足以引起用户注意，实践上即算法公示内容不应过于隐蔽，如查阅入口设置过多点击跳转层级、字体故意缩小、变淡等。如果在用户服务协议、隐私政策等文件中提及，也应以突出字体提醒用户。

2. 以适当方式公示，指公示适合于用户查阅理解，如果内容晦涩难懂、冗长烦琐，使用大量专业术语，用户难以理解，很可能不被认为“以适当形式”公示。

3. 提供算法推荐服务的情况，包括说明在什么类别服务、什么情况下，以什么形式使用算法推荐技术，会对用户产生什么影响。

4. 说明算法推荐服务的基本原理、目的意图、主要运行机制，这是对算法推荐技术描述本身所需包含内容的最低要求。

（三）为用户提供便捷途径对自动化决策功能进行控制与管理

为保障用户的选择退出权，企业应为用户提供便捷途径对自动化决策功能进行关闭或调整。对自动化决策功能的管理不仅需要在隐私政策里进行披露，还需要使用户能够在 App 中自行设置，选择开启或关闭个性化推荐功能。此外，为保证用户可以自主选择想要看到的内容，我们也建议企业提供自主增加/减少、排序相关兴趣的选项，避免“信息茧房”的出现。

（四）尽量避免向未成年人进行个性化推荐

《深圳经济特区数据条例》第 30 条规定，除为了维护未满 14 周岁未成年人的合法权益并征得其监护人明示同意外，数据处理者不得向其进行个性化推荐。《互联网信息服务算法推荐管理规定》第 18 条则明确算法推荐服务提供者不得向未成年人用户推送可能引发未成年人模仿不安全行为和违反社会公德行为、诱导未成年人不良嗜好等可能影响未成年人身心健康的信息内容，不得利用算法推荐服务诱导未成年人沉迷网络。

尽管《个人信息保护法》未明令禁止向未成年人进行个性化推荐，但未满 14 周岁未成年人的个人信息属于敏感个人信息，只有在具有特定的目的及充分的必要性，并采取严格保护措施的情形下才可进行处理。企业如果仅为进行个性化推荐，且对推荐内容无法做到完全审核时，我们建议尽量避免使用未成年人个人信息进行自动化决策，以降低自身的违规风险。

第四节　企业进行大数据营销的合规监管

所谓的“大数据营销”主要是指企业通过大数据技术及分析方法对来源广泛、规模巨大且丰富、内容模糊又随机的海量数据进行挖掘、组合与分析，并从中提取出对企业有利的、具有商业价值的信息,并在此基础上针对性地开展营销活动,使其商品在合适的时间,通过合适的载体,以合适的方式,传达至合适的个人/群体,实现企业商业价值最大化。大数据技术的进步使用户的一切行为踪迹得以被保留和记录,“大数据营销的使命就是基于这些不断累积的数据,去及时、准确地捕捉和洞察消费者的改变,为最大化地创造消费者价值提供解决方案”①。

一、大数据营销推广可能涉及的法律风险

“通过对海量沉淀的个人信息的二次或多次使用,大数据可以发现隐藏在这些孤立的数据背后的商业价值与公共性价值。”②从企业的角度来看,大数据营销推广即为对用户的个人信息、购买记录、浏览记录、评价等数据进行采集后,运用大数据技术对相关数据进行分析并预测用户的需求,进而更精确地进行广告投放和信息推送,获取商业价值的过程。常见利用大数据的营销推广手段包括短信营销、电话营销、邮箱营销和 App 内的开屏广告、定推广告等。技术是中立的,但利用大数据的营销推广仍可能存在超出个人信息主体授权范围使用个人信息、侵犯个人隐私安全的问题,或导致“信息茧房”③、歧视待遇等风险;若涉及多个企业,还可能存在个人信息被共享或移转的风险。

二、企业进行大数据营销的监管要求

(一)个人信息保护法生效前的大数据营销监管情况

在《个人信息保护法》正式落地施行以前,工信部就已启动专项整治活动,在 2021 年 7 月的互联网行业专项整治活动中,重点整治应用软件启动弹窗欺

---

① 杨扬、刘圣、李宜威等:《大数据营销:综述与展望》,载《系统工程理论与实践》2020 年第 8 期。

② 丁晓东:《论个人信息法律保护的思想渊源与基本原理——基于“公平信息实践”的分析》,载《现代法学》2019 年第 3 期。

③ 信息茧房(Information cocoons):指人们只关注自己选择的或愉悦自己的信息,长此以往将自己陷入信息孤岛的现象。参见崔淑洁、张弘:《数据挖掘对个人信息的侵害与保护路径》,载《西安交通大学学报(社会科学版)》2020 年第 6 期,转引自[美]凯斯·R. 桑斯坦:《信息乌托邦:众人如何生产知识》,毕竞悦译,法律出版社 2008 年版,第 8 页。

骗误导用户、强制提供个性化服务等问题，包括弹窗整屏为跳转链接、定向推送时提供虚假关闭按钮等场景，重申《互联网广告管理暂行办法》中关于企业利用互联网发布、发送广告的不得影响用户正常使用网络，并提供显著的关闭标志，确保一键关闭的规定。类似的规定在具体国家标准、行业安全规范中均有所体现，如《互联网电子邮件服务管理办法》第 13 条："任何组织或者个人不得有下列发送或者委托发送互联网电子邮件的行为……（二）未经互联网电子邮件接收者明确同意，向其发送包含商业广告内容的互联网电子邮件；（三）发送包含商业广告内容的互联网电子邮件时，未在互联网电子邮件标题信息前部注明'广告'或者'AD'字样。"针对短信营销，《通信短信息服务管理规定》第 18 条亦明确规定，短信息服务提供者、短信息内容提供者未经用户同意或请求，不得向用户发送商业性短信息，用户同意后又拒绝接收的，应当停止向其发送。

（二）个人信息保护法对企业实施大数据营销的监管要求

针对企业加工处理与使用所采集的数据，《个人信息保护法》以一个章节的内容明确规定企业应承担的个人信息保护义务，这些义务包括制定内部管理制度和操作规程，对个人信息实行分类管理，进行定期合规审计，在利用个人信息进行自动化决策、委托或对外提供个人信息时进行事前评估等。与此同时，《个人信息保护法》一方面针对企业采用自动化决策进行商业营销、信息推送的场景，要求企业保证自动化决策的透明度和公正性，履行说明义务，并为个人信息主体提供拒绝的方式或同时提供不针对其特征的选项，避免出现不合理的差别待遇；另一方面在个人信息主体已经授权同意企业处理其个人信息的场景下，还要求企业提供便捷途径以便个人信息主体对有关信息进行更正或删除。若涉及生物识别、健康医疗、金融账户、行踪轨迹等敏感个人信息的，还要求企业取得个人的单独同意。利用大数据进行营销推广的企业大多是基于用户在社交平台的行为轨迹、偏好、定位信息等因素来开展营销活动，而根据《信息安全技术　个人信息安全规范》附录 B，用户的行踪轨迹、网页浏览记录、精准定位信息等均为敏感个人信息，这意味着企业收集并处理这些信息将面临更大的法律风险。

对于违反相关规定的企业，一方面，当前网信办、工信部等相关部门将持续针对移动应用软件违规收集数据信息问题开展专项整治活动,企业可能会被约谈、通报整改,逾期整改的企业将被处以行政处罚;另一方面,企业因违反《个人信息保护法》规定处理个人信息或处理个人信息时未履行个人信息保护义务,未能按要求整改或者情节严重的,除处以罚款外,相关应用程序还可能被责令暂停或终止提供服务、涉事企业可能被吊销相关业务许可或吊销营业执照,直接负责的主管人员和其他直接责任人员还可能被处以罚款和禁止担任相关职位。若造成个人信息权益受损的,企业还可能面临侵权损害赔偿诉讼;若涉及刑事犯罪,还可能被追究刑事责任。

工信部2021年11月1日印发的《关于开展信息通信服务感知提升行动的通知》中,明确要求相关互联网企业建立与第三方共享个人信息清单,工信部针对用户频繁反映的"在某一App上浏览、购买产品,而其他App会推送相关内容"的情况,要求企业明确App、SDK及其他第三方之间的共享情况,以落实用户的知情权。在工信部11月8日对上述通知的解读中,还进一步说明了未来工信部将建立跟踪、约谈、排名、社会公示机制,以及时交流、推广典型案例和成功做法,并要求各地通信管理局将督促属地企业按时保质完成任务。由此,随着人们对个人信息的重视程度越来越高,国家与社会对企业的要求也将越来越严格。正如大数据与信息隐私专家舍恩伯格所述,"数据的使用者将无须再取得个人的明确同意,就可以对个人数据进行二次利用。相反地,数据使用者也要为敷衍了事的评测和不达标准的保护措施承担法律责任,诸如强制执行、罚款甚至刑事处罚"。[①]

三、以手机号码营销推广为例看数据营销的合规建议

对于企业以"个性化推荐"等方式进行推广营销使用的场景和建议,我们已在上一节有关自动化决策的合规建议中进行探讨,此处我们主要探讨企业在使用数据进行营销推广中另一种常见的营销方式,利用用户向企业提供的手机号码进行电话、短信营销推广的合规问题。

---

① 丁晓东:《论个人信息法律保护的思想渊源与基本原理——基于"公平信息实践"的分析》,载《现代法学》2019年第3期。

结合上述法律规定和我们实践调研的情况，我们认为在个人信息保护行动全面铺开的今天，即使利用注册账号时获取的手机号码进行营销推广，仍然需要考虑以下问题。

（一）手机号码的收集与使用，必须合法正当且必要

“万事要授权”是个人信息保护合规的不二法则，将用户提供的手机号码用作营销推广，必须明确告知用户用途，并取得其同意，即便手机号码是在用户注册时合法收集所得，亦不应该在没得到同意的情况下擅自使用。此外，企业进行电话营销应与该服务提供者本身的基本功能服务保持一致性或高度关联性，通过自动化决策机制或其他合理方式能够确认推广的项目是对用户有益的、符合用户需要的，而非任何与用户无关的营销活动，切忌向无关第三方开展与自身业务无关的营销活动，尽量避免受到合理性和必要性的挑战。

（二）如后续服务中需要用手机号码进行营销推广，应经过用户明示同意

如果要利用注册获取的手机号码进行营销推广，应写明“收集手机号码”的用途包括进行商业推广，比如，加入“将您提供的手机号码用于发送商业性推广短信、拨打商业性推广电话”的描述，或者加入“为了及时向用户提供最合适的服务，可能会利用您填写的手机号码与您进行电话或短信联系”等类似表述的条款，把个人信息来源、个人信息具体用途列明。

若《用户协议》或《隐私协议》中，原本设定的手机号码用途中没有列明营销推广，而在后续服务中需要用到手机号码进行营销推广的，需要对协议内容进行更新。根据《个人信息保护法》第 14 条的规定，这种更新应当重新取得个人同意。企业需要提示《用户协议》或《隐私协议》中关于用户个人信息使用方式的部分发生变更，并在新的《用户协议》或《隐私协议》中对变更部分进行高亮或加粗以突出显示，再取得用户同意；通过单独提示等方式取得用户同意的，应在提示时明确使用用户手机号码的目的、方式、用户权利等信息，并且不能超过当次同意的范围使用。

（三）明确用户拒绝或撤回同意的权利

无论以何种形式使用户同意利用注册手机号码用于营销，都应尊重用户意愿，明确撤回相关同意或拒绝营销推广的方式和路径，且方式和路径应明确展示给用户。企业应在用户协议或隐私政策中明确常见的手机营销的授权撤回方式，其中一般短信营销以回复特定文本（TD）视为撤回同意，电话营销以明确向拨打对象告知拒绝接受任何电话推广营销视为撤回同意。企业也可以在App或网页服务中加入一键设置，包括用户账号设置和《用户协议》或《隐私协议》中提到将手机号码用作电话营销的位置加入一键开关，并在向用户展示上述协议时提示用户；或者在账户设置的一级或二级页面加入设置选项，从而方便用户最快速便捷地撤回同意。在用户撤回同意或者拒绝营销推广之后，不得继续通过原号码或者更换其他号码向用户继续发送短信或者拨打电话。

第五节　个人信息的违法使用：大数据杀熟

前文我们提到了企业使用数据的几种常见情形，无论是用户画像，还是大数据营销、个性化推荐，只要存在必要的基础，都是合法的数据使用行为。但事实上，不少企业以“正当使用”为幌子，行“过度使用”个人信息之实，例如“大数据杀熟”。

曾有互联网用户分享过这样的经历，一位美团会员在点外卖时发现同样的店铺、同样的配送地址、同样的产品，会员配送费比非会员配送费更高。之后美团发声明回应，配送费的差异与会员身份无关，是由于软件存在定位缓存问题，错误地使用了用户上一次的历史定位，与用户实际位置产生了偏差，导致了配送费预估不准。虽然美团给出了回应，但仍在舆论上引起了不小的争议，用户认为自己被“大数据杀熟”，而企业认为自己是基于合法正当的理由进行“差异化定价”营销。

虽然并非所有的价格差别都可归咎于“大数据杀熟”，并且法律并不禁止合法条件下的“差异化定价”。但事实上，有的企业对“差异化定价”与“大数据杀熟”的行为产生了误认和混淆。虽然两者都是对用户画像进行利用后的结果，但前者属于法律在一定条件下允许的对用户实施差别待遇的正当行为，后者则是企业不当使用个人信息从而对用户实施价格歧视的一种违法行为。归根结底，“大数据杀熟”是一种超出目的和范围的不合法使用个人信息的行为。

本节将根据法律规定对正当合法的“差异性定价”与违法的“大数据杀熟”进行分析，避免企业在实施“差异化定价”营销的过程中，被认定为违法的“大数据杀熟”。

一、“大数据杀熟”与“差异化定价”联系与区别

“差异化定价”实质是企业基于不同用户的不同交易条件，为实施不同的营销策略而形成的差异化交易价格。在当前法律规定下，“差异化定价”并非全部不合规，《关于平台经济领域的反垄断指南》第 16 条就规定了平台经济领域经营者可以实施差别待遇行为的正当理由：

(1)根据交易相对人实际需求且符合正当的交易习惯和行业惯例，实行不同交易条件；

(2)针对新用户在合理期限内开展的优惠活动；

(3)基于平台公平、合理、无歧视的规则实施的随机性交易；

(4)能够证明行为具有正当性的其他理由。

合法正当的“差异化定价”是企业根据不同的交易条件以及影响价格确定的因素实施不同的营销策略而形成的具有合理理由的定价差异。而“大数据杀熟”实际是在企业实施“差异化定价”后可能产生的进一步结果，是对实质条件相同的交易进行价格歧视，不具有任何正当理由(见表 3－3)。

表 3－3 “差异化定价”与“大数据杀熟”对比

认定条件	差异化定价	大数据杀熟
交易条件是否相同	不同	相同
是否有合理理由	有	没有
行为本质	对市场供需的合理调节	价格歧视

从结果呈现上来说，企业通过合法正当的“差异化定价”，使得部分用户享

受到一定优惠，提高用户对互联网平台的活跃度和黏性，从而既能提高企业商业价值，也能差异化地满足市场的动态需求。但“大数据杀熟”本质是为了实现差别待遇，是互联网平台利用大数据和算法，对用户进行支付能力、消费偏好、使用习惯等方面的“画像”分析，从而收取不同价格的结果。

常见的“大数据杀熟”根据用户维度存在不同情形，例如，根据不同设备进行差别定价，对 iOS 设备用户定价高于安卓设备用户；根据用户的消费频率进行差别定价，对会员用户定价高于非会员用户；对老用户定价高于新用户（不包括针对新用户合理期限内开展的优惠活动）；根据用户消费时的地理位置进行差别定价，对周围企业少的用户定价高于周围企业多的用户；根据用户消费习惯进行差别定价，对领取使用优惠券少的用户定价高于领取使用优惠券多的用户；等等。

二、“大数据杀熟”的行为特点

如前所述，“大数据杀熟”与“差异化定价”都必须从用户画像开始，二者之前存在一定的边界，一旦企业在使用画像的过程中把握合规尺度不当，将有可能突破“差异化定价”的合法边界，演变成“大数据杀熟”。接下来我们将归纳“大数据杀熟”行为的特点。这些特点成为区分“大数据杀熟”与“差异化定价”的关键点。

（一）“大数据杀熟”的前提是对个人数据的超范围收集

“大数据杀熟”相比于合法正当的“差异化定价”，需要考虑更多一般交易条件之外的其他维度，比如，该用户是否比其他用户经济条件更好，对价格更不敏感，从而需要更为详细地收集个人信息，可能涉及用户的性别、年龄、受教育程度、地理位置、设备型号、消费及行为记录等多维度的个人信息，即使这些信息可能对交易本身并无实际必要。

（二）“大数据杀熟”针对的交易条件本身不存在实质性差别

《关于平台经济领域的反垄断指南》第 17 条规定了网络平台没有合理正当理由，不得基于大数据和算法对交易条件相同的交易相对人实施差别待遇（根据交易相对人的支付能力、消费偏好、使用习惯等，实行差异性交易价格或者其他交易条件)。而条件相同是指交易相对人之间在交易安全、交易成本、信用状况、所处交易环节、交易持续时间等方面不存在对交易产生实质影响的差别。平台在交易中获取的交易相对人的隐私信息、交易历史、个体偏好、消费习惯等方面存在的差异，不影响对于交易相对人条件相同的认定。

(三)"大数据杀熟"形成的价格差异不存在正当合理理由

实施合法正当的"差异化定价"本身应该有一定的合理基础，例如节假日的机票酒店费用比平时更贵，越早订机票越便宜，学生票、老人票、本地户籍优惠或针对新用户首次交易展开的价格优惠等。从上述情况可以看到，合法的"差异化定价"中，用户面对的信息往往是透明的，用户事先知道企业有不同的收费标准，一般不存在企业隐瞒信息的行为或隐瞒理由。用户在明知存在不同价格或收费标准的情况下，根据自身实际情况自愿作出行为决策。但在"大数据杀熟"中，信息往往是不透明的，企业"看人下菜碟"，有意隐瞒差异化定价的事实，用户完全被蒙在鼓里。在这种情况下消费者的高价支付行为是在不知情的情况下做出的，是非自愿的。实务中如果定价差异无法满足上述正当理由，可能被认定存在价格歧视的违法或侵权行为。

三、关于"大数据杀熟"的立法情况

目前，国家层面陆续出台了关于利用"大数据杀熟"的相关规定(见表3－4)，明确对"大数据杀熟"行为的认定方式及处罚后果。

表3－4 "大数据杀熟"行为认定方式及处罚后果的相关规定

法律法规	具体条款
《个人信息保护法》	第24条第1款：个人信息处理者利用个人信息进行自动化决策，应当保证决策的透明度和结果公平、公正，不得对个人在交易价格等交易条件上实行不合理的差别待遇。

续表

法律法规	具体条款
国家市场监督管理总局《价格违法行为行政处罚规定(修订征求意见稿)》	第5条:经营者违反价格法第十四条第(五)项的规定,提供相同商品或者服务,对具有同等交易条件的其他经营者实行价格歧视的,责令改正,没收违法所得,并处违法所得5倍以下的罚款;没有违法所得的,给予警告,可以并处违法行为发生期间销售额1%以上10%以下的罚款;情节严重的,责令停业整顿,或者吊销营业执照。
《互联网信息服务算法推荐管理规定(征求意见稿)》	第10条:算法推荐服务提供者应当加强用户模型和用户标签管理,完善记入用户模型的兴趣点规则和用户标签管理规则,不得将违法和不良信息关键词记入用户兴趣点或者作为用户标签并据以推送信息内容,不得设置歧视性或者偏见性用户标签。

上述规范性文件对因"大数据杀熟"形成的差别待遇持否定态度。从字面规定来看,立法层面判断是否成立"大数据杀熟"的依据,主要就是两点:一是交易条件是否相同,二是实施差别待遇是否有合理理由。

四、司法实践中如何认定"大数据杀熟"

目前大多互联网平台采取的是动态定价的模式,当平台采取复杂的算法,多维度地划定交易类型后采取定价差异,能否将动态价格认定为"大数据杀熟",在司法实践中就变成一个难点。下面我们将通过两个判决结果完全相反的案例归纳司法实践中验证上述"大数据杀熟"的构成条件。

(一)刘某诉"美团"侵权纠纷案

2018年7月19日11时55分20秒,刘某通过"美团外卖"平台,向企业"沙哇低卡轻食沙拉(国金中心店)"购买了"套餐金枪鱼三明治+红豆薏米汁"一份,收货地址为长沙市芙蓉区八一路×××号A大厦×××室,配送费为4.1元。同日12时8分20秒,刘某的同事通过上述平台向同一企业订购了同样的套餐一份,收货地址相同,但配送费仅为3.1元。刘某认为美团外卖对其多收取的1元钱配送费是"大数据杀熟"区别定价,侵犯了其知情权、公平交易权等,遂向法院起诉。

对此,美团抗辩称配送费差异是因外卖下单时间产生的合理波动,并提供平台日志后台，显示刘某订单所涉商圈当日 11 点 47 分开始订单大幅上涨，配送费动态上调，11 点 57 分后订单大幅上涨的状态结束，配送费动态恢复正常水平。

本案经法院两审审结，两审法院均不认为美团平台成立“大数据杀熟”行为，判决驳回刘某的全部起诉。在判决中，法院的主要说理如下：

第一，虽然两份下单的企业相同、产品相同、配送地址相同，但因其下单时间不同，且美团平台已提供证据证明配送价格不同系由于因下单时间点平台订单量增长而对配送费进行动态调整的结果，并不存在价格歧视。

第二，刘某作为原告，其证据不能证明美团平台存在不合理的价格歧视。

（二）胡某诉“携程”侵权纠纷案

胡某通过携程 App 预定了某地希尔顿酒店一间豪华湖景大床房，支付 2889 元，次日却发现酒店该房型的实际挂牌价加上税金、服务费后仅需 1377.63 元。胡某认为，其作为携程钻石贵宾客户，非但没有享受到会员优惠，还支付了高于实际产品价格的费用，遭遇平台“杀熟”，遂将携程平台诉至法院。

庭审中，携程辩称自己不存在价格欺诈的侵权行为。首先，胡某预定的酒店并非携程自营产品，而是由第三方代理商提供的报价，在代理模式下，携程所显示的价格由代理商自行在携程后台设定报价并附加携程公司合理服务费后组成，由代理商、采购酒店房间并通过携程 App 展示销售，携程与酒店方之间并不存在直接合同关系，不掌握代理商渠道的客房销售及价格情况。其次，根据民事诉讼法“谁主张谁举证”的原则，在没有明文规定举证责任倒置的情况下，胡某应当对自己的主张提供证据予以证明。胡某指控侵权的“大数据杀熟”没有任何证据证明，仅仅是个人的怀疑与臆测。实际上本案中携程公司并无对胡某实施用户画像和精准推荐行为。最后，酒店价格高是代理商提前预判酒店客房紧缺而囤房销售所致，不是携程自营销售，携程在本案法律关系中的主体性质和法律地位是电商平台而不是中介，其法律义务由电商法规定，不存在所谓的中介报告义务。

本案的事实发生在《个人信息保护法》生效之前，彼时司法机关的审判依据主要来源于《民法典》、《网络安全法》与《消费者权益保护法》。法院主要基于携程的平台主体责任，以《消费者权益保护法》为核心，最终认定携程构成价格欺诈。

首先,携程作为平台经营者,对该平台上的其他代理商负有房源价格监管的义务。携程在理应明知其相应法定义务和责任的前提下,既没有以显著方式区分标记自营业务和他营业务,也没有向消费者披露其所称的平台内经营者的信息,对此种代理模式下存在的风险未予告知,具有主观过错。

其次,由于携程未事先向用户披露、告知上述风险,导致胡某对交易对象产生错误认识,继而形成2889元价格应当低于或者至少不高于酒店正常对外销售价格的错误认知。

再次,法院不认可携程关于"稀缺房源导致房价受市场波动合理涨价"的抗辩。尽管法律允许稀缺资源可获得较高的市场交换价值,但前提是交易双方对资源稀缺情况均明确知悉,未作隐瞒。但本案中,携程从未明确清晰地告知胡某房源是由其他平台内经营者提供、自营房价与他营房价可能存在重大差异等信息,显然不符合上述前提条件,非属正常商业交易。

最后,法院引用了携程公开的《隐私政策》内容,其中已经载明携程可能将对用户订单数据用于分析从而形成用户画像。胡某作为一名普通消费者在面对携程掌控其个人平台内所有数据且事先已经告知要进行数据画像等商业利用的情况下,当得知自己为此支付了不合理高价时,对携程公司产生"大数据杀熟"的疑虑合乎常理,其相关主张有一定的事实基础。另外结合携程提交的142笔订单信息显示,同日入住的单价价差最大达到1600多元,同日订单价格高低与是否提前预订不相关,其价格机制不透明。此外,在接受胡某的投诉后,携程所作的核实处理亦极其不严肃,甚至存在欺骗行为,既说明其内部管理失范,更加重了消费者对平台的信任危机。

尽管在案件事实认定环节中,法院没有单独对携程是否成立"大数据杀熟"行为进行论证,但法院也表明"是否认定携程公司存在'大数据杀熟',不影响携程公司存在侵害消费者个人信息行为的认定",结合携程的主观过错、法定义务、其他订单价格、投诉处理情况、隐私政策、App告知同意程序的实际履行等证据,最终仍认定携程存在不当处理胡某个人信息的行为,并构成价格欺诈。

由于"大数据杀熟"离不开算法或技术手段实现,导致"大数据杀熟"在事实认定上仍存在难点，也正是因为这一特点，司法案例中将会更加关注“差异化定价”是否具有合理理由。在上述两个案例中也印证了这一点，如果企业无法证明其“差异化定价”的合理性，将可能承担构成价格欺诈，或成立存在“大数据杀熟”的合理怀疑。

五、企业如何避免被认定构成“大数据杀熟”

如前文所述，从合法的“差异化营销”到违法的“大数据杀熟”可能就是一步之遥，虽然很多时候“大数据杀熟”在事实层面难以确证，但无正当理由的差异化定价仍可能面临不利法律后果。由于“大数据杀熟”多体现在电子商务平台内，因此，我们建议电子商务平台应该特别注意如下事项：

第一，企业应当真实、准确披露商品或者服务信息，保障消费者的知情权和选择权。

第二，在涉及价格差异化营销时，企业应有充分合理的理由。比如事实动态定价依据后台订单数量、下单时间或地址、产品数量等具体交易情况等进行动态调整；不得在没有合理理由的情况下实施价格差别待遇，比如仅根据交易对象的设备是 iOS 或安卓、是否办理会员、是否领取优惠券交易、是否为新用户、用户性别、交易频率等进行“差异化定价”。

第三，落实平台主体责任，企业对于接入电子商务平台的第三方服务商履行平台监管义务，避免因服务商的不当营销行为承担不利后果。

第四，企业应该保留好“差异化定价”的相应凭证和依据，在因价格歧视引发监管或消费者侵权纠纷时应当积极举证，说明价格差异产生的合理原因，避免被认定为价格歧视。

第六节　案例解析：企业数据使用的合规边界与范围

一、案例引入：蚂蚁金服诉“企查查”商业诋毁及不正当竞争纠纷案

浙江蚂蚁小微金融服务集团股份有限公司、重庆市蚂蚁小微小额贷款有限

公司诉苏州朗动网络科技有限公司商业诋毁及不正当竞争纠纷案(以下简称蚂蚁金服诉企查查案)中[①],法院虽然认可苏州朗动网络科技有限公司(以下简称朗动公司)所经营的“企查查”公示的数据来源合法——具有公共属性的公共数据,确认当前应当鼓励市场主体积极利用并深入挖掘公共数据的数据价值。而对于尚处于发展起步阶段、各项技术与规则尚未成熟完善的新兴互联网行业,应当以鼓励流动共享、兼顾各方利益为原则,为充分挖掘数据价值、保证数据行业的持续健康发展,不宜对其苛以过重的注意义务。局限于技术等因素,即便企业的数据利用行为存在滞后性,也不具有可苛责性。但同时,法院指出,“对公共数据的利用应当合法、正当,不得损害国家利益、社会利益和其他主体合法权益,特别是不能损害数据原始主体的合法权益”。

本案中,虽然朗动公司合法采集了重庆市蚂蚁小微小额贷款有限公司(以下简称蚂蚁微贷公司)的涉案企业信息,但是朗动公司仍然需要在使用过程中对其收集的数据履行必要的注意义务。因此,朗动公司应对其违背数据准确性与一致性要求[②]、未能客观公正地反映真实信息进而损害数据原始主体商业利益的数据使用行为(本案中主要为信息的发布和推送行为)承担责任,加之朗动公司在事件发生之后,未通过有效渠道对涉案误导性信息进行了及时、有效的纠错,法院最终经审理认定朗动公司行为已构成不正当竞争,依法应当承担停止侵害、消除影响并赔付经济损失及合理费用60万元的法律责任。

由此可见,企业在解决数据收集阶段的合规问题后,仍应关注使用阶段的合规风险,应对其违反法律法规规定、协议约定或监管要求的数据使用行为承担责任。

---

① 参见杭州互联网法院2020年度知识产权司法保护十大案例之二:浙江蚂蚁小微金融服务集团股份有限公司等诉苏州朗动网络科技有限公司商业诋毁及不正当竞争纠纷案。本案一审案号为(2019)浙8601民初1594号,二审案号为(2020)浙01民终4847号。

② GB/T 35295—2017《信息技术 大数据 术语》、GB/T 36344—2018《信息技术 数据质量评价指标》均提出数据准确性和一致性的要求。

二、企业数据使用的合规基础

(一)国家鼓励数据依法合理有效利用

《数据安全法》第7条规定:“国家保护个人、组织与数据有关的权益,鼓励数据依法合理有效利用,保障数据依法有序自由流动,促进以数据为关键要素的数字经济发展。”我国并不禁止企业对数据的使用。同时,根据《数据安全法》的规定,我国支持数据开发利用和数据安全技术研究,鼓励数据开发利用和数据安全等领域的技术推广和商业创新,培育和发展数据开发利用和数据安全产品、产业体系,并培育数据交易市场。

国家鼓励企业在合法合规的前提下对数据开发利用。类似的内容在各个地方数据条例中亦有所规定。例如,《广东省数字经济促进条例》明确指出,自然人、法人和非法人组织对依法获取的数据资源开发利用的成果,所产生的财产权益受法律保护,并可以依法交易。又如,《上海市数据条例》亦规定自然人对涉及其个人信息的数据,依法享有人格权益;自然人、法人和非法人组织对其以合法方式获取的数据,以及合法处理数据形成的数据产品和服务,依法享有财产权益、数据收集权益、数据使用加工权益、数据交易权益。《深圳经济特区数据条例》对数据产品和服务的财产权益明确赋权,认可企业享有对其合法处理数据形成的数据产品和服务的自主使用、取得收益、进行处分的权利。

(二)数据来源合法

企业使用的数据,无论是在企业生产、经营过程中收集的数据,还是用户自动提交或政务部门公开的公共数据,数据来源的“合法、正当”都是企业构建其自身数据资产体系的第一步,也是其开展数据处理与使用工作的重要基础。如果数据来源本身存在问题,或其授权链存在断缺,将对企业使用相关数据或其衍生数据的合法性造成极大的负面影响。

企业的数据来源及其类型可能存在多样性,针对不同来源的数据,企业需要对其进行分类处理,并对其设置不同的合规性审查标准与考虑因素。在数据使用过程中,针对企业直接向用户收集的数据,企业需要充分保障数据主体的相关权益,在充分告知并取得用户同意的情况下,坚持最小必要原则,将数据的使用限制在收集时所明示的数据处理目的与范围之内,不超过授权范围或授权目的进行数据使用。例如,在收集用户手机号码时明确告知收集仅系用户注册登录时使用,则应将其仅用于注册登录功能,而不能将其用于发送营销推广短信的用途之中。针对来源于第三方的数据,则需要重点核实引入其数据源的必要性和可行性,是否可以要求其就数据源基于合法授权及其授权范围提供充足有效的承诺与证明材料等问题,并应通过签订相关的合同以达到明确权利义务及责任分配问题。对于公共数据,则应当确认其是否属于依法开放的公共数据。无论是何种来源与类型的数据,企业均应对数据收集的过程中是否存在使用可能涉及侵权的爬虫等技术工具的情形予以考察确认。

(三)规范数据经营决策与竞争策略

企业在制定自身的数据经营决策与竞争策略时,应根据《网络安全法》、《数据安全法》、《个人信息保护法》以及《刑法》、《最高人民法院、最高人民检察院关于办理侵犯公民个人信息刑事案件适用法律若干问题的解释》等相关法律法规和司法解释的规定,评估其数据使用行为的合法性,确保不存在侵犯数据主体个人信息及隐私安全、商业秘密的情形等。例如,《深圳经济特区数据条例》第 67 条则明确规定了企业不得交易包含个人数据未依法获得授权、包含未经依法开放的公共数据的数据产品和服务。

除结合自身行业情况及业务特点作出数据经营决策外,企业应当基于公平竞争原则制定针对自身核心数据产品和服务的竞争策略,避免采用不正当竞争或侵害其他企业合法权益的手段对自身发展造成负面影响及经济损失。如“大众点评”诉“梦婚礼”案①中,法院认为“大众点评”的经营方上海汉涛信息咨询有限公司(以下简称汉涛公司)对案涉信息的获取付出了巨大的劳动,具有可受保护的权益,“梦婚礼”经营方北京缘博网络科技有限公司(以下简称缘博公司)在必要使用相关用户评论时,应本着“必要、最少”的原则尽量减少其使用行为给汉涛公司造成的损害,但其却直接完整地使用了“大众点评”中的 92 条案

① 参见北京市朝阳区人民法院民事判决书,(2017)京 0105 民初 78575 号。

涉用户评论,显然超过必要限度,实质性替代了“大众点评”的相关服务,造成了汉涛公司的损失,破坏市场公平竞争秩序,其行为构成不正当竞争,最终裁判缘博公司公开刊登声明、消除影响并赔偿汉涛公司经济损失和合理支出 32.4 万元。又如“微信”诉“聚客通群控软件”案①,法院认为网络竞争行为应当符合“合法、适度、征得用户同意、有效率”的原则,如果一项网络竞争行为对竞争效能的破坏性大于建设性,即便能够给部分消费者带来某些福利,若不加以禁止,其不仅会损害其他多数消费者的福利,同时还将损害其他市场主体的创造性和积极性,进而影响到消费者整体与长远利益的提升,最终认定浙江搜道网络技术有限公司、杭州聚客通科技有限公司利用 Xposed 外挂技术将其自主开发运营的“聚客通群控软件”中的“个人号”功能模块嵌套在个人微信产品之中,为购买其软件服务的微信用户在个人微信平台中开展商业营销、商业管理活动提供帮助的行为,侵害了深圳市腾讯计算机系统有限公司、腾讯科技(深圳)有限公司(以下统称腾讯公司)对其所控制的微信平台数据所享有的数据权益,构成不正当竞争,依法应当共同赔偿腾讯公司经济损失及合理费用 260 万元。

综上,数据作为一种重要的生产要素,我国鼓励和支持企业依法合理有效利用数据资源,开发数据服务与产品,企业在遵循数据处理的基本原则,保障原始数据来源合法合规,并规范自身的竞争策略,依法合规地参与市场竞争的情况下,可以对数据进行开发利用。

三、企业数据使用的边界和范围

国家鼓励数据的合理利用,并保障数据的有序自由流动,但数据使用并非毫无界限,企业在数据使用的过程中仍应当严格遵守法律法规规定和政策要求,并履行一定的注意义务,不得损害国家利益、社会利益和其他主体合法权益,尤其不得损害原始数据主体的合法权益。探讨企业数据使用的边界与范围,实际上也是在讨论如何在挖掘数据价值、提高企业商业利益和维护国家利益、社会利益和其他主体合法权益之间取得平衡的问题。

---

① 参见杭州互联网法院民事判决书,(2019)浙 8601 民初 1987 号。

(一)数据权利归属问题

经济学家 Anja Lambrecht 和 Catherine E. Tucker 指出,在变动不居的数字经济中,几乎没有任何证据可以证明仅仅拥有数据就能排斥竞争对手,数字战略的重点应当放在数字分析和有价值的数字产品上①。以个人数据为例,对于企业而言,相比起单一的数据,自海量的数据中提取、分析、整合有效数据后形成并推出的数据产品与服务更具有经济价值及可能收益。

当前我国立法层面并未真正触及数据确权的核心问题,而是变通地以规定"数据权益"的方式,保障数据相关的人格权益及财产权益。"新浪微博"诉"超级星饭团"案中,法院同样处以此种方式,指出"在当前的市场环境下,数据已经逐渐成为经营者,尤其是互联网经营者之间相互竞争的基础性资源,获得数据意味着可据此进行分析并改进、完善产品功能,从而获得更多的经营利益。当经营者为收集、整理数据,以及维护其互联网产品中的数据运行和安全而付出成本,且该种数据整体上可为经营者进行衍生性利用或开发从而获得进一步的经营利益时,其他经营者未经许可擅自抓取且使用平台数据的行为,当然可以落入反不正当竞争法调整的范围"。结合淘宝诉美景案可以看出,我国司法实践中认可企业可经用户授权在授权范围内享有用户数据的使用权利,且认可和保护企业对其衍生数据的资源投入和享有的相应财产权益(包括占有、使用、收益和处分的权利)。同时,明确指出确认企业数据权益并不代表否认个人或企业用户作为原始数据主体的数据权益。

总体而言,当前的司法实践认为在投入人力、物力、财力以后,企业对其合法收集、加工、整理获取的数据产品和服务享有财产权益,该等财产权益受法律保护,其他市场主体不得肆意侵犯。

(二)数据的获取方式

合法合规的原始数据是衍生数据权利合法性的前提和基础。对于企业而言,在生产、经营过程中和其用户主动提供的数据因系其直接获取,在获得数据

① 许可:《数据权属:经济学与法学的双重视角》,载《电子知识产权》2018 年第 11 期。

主体充分自主、清晰明确的授权同意的情况下，企业对该等数据的后续使用将更“有底气”；但对于来源自第三方的数据，则会存在更多的风险，无论该等数据系通过数据交易方式获取或是利用技术手段抓取等方式取得。例如现在各个银行与电力单位合作开发的电力贷合作中，因该合作中涉及多方数据跨界合作的情形，每一方的数据源的清洁程度均可能影响最终的输出结果的质量。

“新浪微博”诉“超级星饭团”案[①]中，云智联网络科技（北京）有限公司通过爬虫等技术手段抓取了涉案数据。在本案裁判中，法院明确指出，如果他人抓取网络平台中的公开数据之行为手段并非正当，则其抓取行为本身及后续使用行为亦难谓正当；如果他人抓取网络平台中的公开数据之行为手段系正当，则需要结合涉案数据数量是否足够多、规模是否足够大进而认定是否具有数据价值，以及被控侵权人后续使用行为是否造成对被抓取数据的平台的实质性替代等其他因素，对抓取公开数据的行为正当性做进一步判断。因此，企业获取数据的方式应正当合法，不应以非法渠道或手段获取数据，如采取抓取第三方公开数据应注意用户授权与平台授权要求，审慎考虑是否存在竞争关系、是否可能造成实质性替代等，严格遵循最小必要原则。

（三）数据的来源

“新浪微博”诉“超级星饭团”案中，北京微梦创科网络技术有限公司通过《微博服务使用协议》《微博个人信息保护政策》《微博隐私政策及安全措施》记载了“新浪微博”如何收集、使用、共享、转让、公开披露、保护、管理个人信息等内容，并通过与具体明星艺人或其经纪公司签署的合作协议对数据保护等义务进行约定。其中，《微博服务使用协议》载明：“……第 1.2.4 条，用户可通过设置功能自行控制、把握查阅其信息的账号类型……第 5.1 条，微博平台是该平台和微博产品的所有权及知识产权权利人……第 5.3 条，微博平台是微博平台及微博产品中所有信息内容的所有权及知识产权权利人，前述信息内容包括但不限于……数据资料……”

《数据安全法》《网络安全法》《个人信息保护法》无不强调数据主体的自决

---

① 参见北京市海淀区人民法院民事判决书，(2017) 京 0108 民初 24512 号。

权——“同意”。企业在挖掘数据的价值，开发利用数据以前，首先需要取得数据主体的授权同意，该等授权同意系企业收集、使用和对外提供相关数据的前提。在此基础上，当企业拟对其收集的数据进行后续使用时，即需要充分考虑数据主体的意志，包括其授权范围，其授权时同意的使用目的、方式等，并应在数据主体提出请求时及时地作出允许访问、更正、删除等反馈。判断企业对数据使用的合规与否，仍需要确认企业将原始数据进行处理与使用时，是否与收集用户相关数据时所述目的直接或合理关联（如在隐私政策或用户协议中所称的信息收集目的）。如因业务需要，确需超过前述范围使用的，应再次征得用户的明示同意。如《网络安全法》第 41 条第 1 款规定，“网络运营者收集、使用个人信息，应当遵循合法、正当、必要的原则，公开收集、使用规则，明示收集、使用信息的目的、方式和范围，并经被收集者同意”。

此外，当企业将数据进行匿名化处理使个人数据达到不可识别或关联特定主体且不可复原的标准，该等个人数据的人格权益与财产权益分离，企业使用该等数据将不再受严格限制。但需要注意的是，对原始数据进行匿名化处理本身不能解决数据来源的合规性问题，企业仍需根据数据的不同来源对数据的合规关注点进行梳理和确认。

四、企业数据使用过程中的数据安全

根据《数据安全法》第 8 条和第 27 条的规定，企业开展数据处理活动，应当履行数据安全保护义务。在数据使用过程中，外部的黑客攻击、系统自身的缺陷与漏洞、内部员工对企业数据的非法窃取或买卖等都有可能导致企业数据泄露。数据对于企业的价值巨大，大多数企业并无意泄露所收集或获取的用户数据，但由于未尽到数据收集并处理、加工、使用过程中的安全保障义务和管理职责，而成为相关行政甚至刑事处罚的对象。

（一）企业内部风险及注意事项

1. 数据使用的技术本身存在安全漏洞

企业对数据的使用仍系基于特定的算法逻辑、计算模型等技术进行，参与人员亦较为广泛，在尚未建立有效的自动化审核与处理模式的情况下，人为干预所带来的风险仍为企业需要面临的不可控风险。如现阶段不少金融机构和医疗机构会引入隐私计算技术，在保证数据提供方不泄露原始数据的前提下，对数据进行分析计算，在满足用户隐私保护、数据安全和法律法规的要求下进行数据的使用。但即便隐私计算技术具有较高的数据安全能力，隐私计算得以执行的重要支撑仍是计算模型和算法逻辑等的运行，而算法逻辑与计算模型始终为“人为设计”，一旦产生计算模型或算法逻辑的安全漏洞，或者系统错误导致运行出错，仍有可能导致计算过程中的数据泄露，从而引发数据安全风险。

在进行大数据营销推广，向合作方提供群体画像时，企业需要利用数据脱敏、加密等技术措施对数据进行匿名化处理，但该等处理是否确实可以达到《个人信息保护法》中“不可识别、不能复原”的要求与标准仍是企业需要解决的问题。一旦数据经过相关处理后仍然包含个人信息，那么仍然存在数据安全风险。

2. 内部数据安全风险

数据的价值不仅让企业正向踊跃追求，而且催生了许多与数据紧密相关的黑灰色产业链，让许多企业和内部工作人员不惜冒着违法犯罪的风险投入其中，同时也催生了日益严峻的内部数据安全风险。

例如，为挖掘潜在客户提高业绩而从非法渠道采购大量包含个人信息的数据；①为了获取丰厚回报，内部人员窃取企业的一些重要客户的数据对外出售获利；②还有一些员工因为被辞退或者跳槽，对企业心怀不满而为泄愤恶意破坏数

① 参见深圳市福田区人民法院刑事判决书，(2021)粤0304刑初997号。本案中，被告人系某公司股东，为了挖掘潜在的贷款客户以提高公司业绩，通过从网上下载、从朋友处获取、向他人购买等方式非法获取大量公民个人信息，后将公民个人信息发送或打印给公司业务员，由业务员联系客户是否有贷款需求，从中赚取服务费用。最终被法院认定构成侵犯公民个人信息罪，判处有期徒刑三年。

② 参见浙江省余姚市人民法院刑事判决书，(2018)浙0281刑初404号。本案中，被告人甲在主要为中小企业提供融资服务的某保理公司任职期间，经事先与被告人乙预谋，指使被告人丙多次从该公司内部系统上获取大量公民个人信息并出售给他人。同时被告人所出售的这些公民个人信息，被信息购买者以虚构贷款的事实，实施了诈骗犯罪。最终法院认定三被告人均构成侵犯公民个人信息罪并判处有期徒刑。

据等。[①] 中信银行因被脱口秀演员池子发文曝光未经其本人授权擅自将其个人账户明细提供给上海笑果文化传媒有限公司，而被银保监会消保局以“客户信息保护体制机制不健全；客户信息收集环节管理不规范；对客户敏感信息管理不善；系统权限管理存在漏洞”等原因罚款 450 万元。[②]

在当前的数字化转型过程中，企业要面临的内部数据安全风险还有许多，亟须积极准备应对。

3. 注意事项

为防范数据使用过程中的数据安全风险，企业应当履行相应的安全保障义务。《网络安全法》第 21 条规定：“网络运营者应当按照网络安全等级保护制度的要求，履行下列安全保护义务，保障网络免受干扰、破坏或者未经授权的访问，防止网络数据泄露或者被窃取、篡改：（一）制定内部安全管理制度和操作规程，确定网络安全负责人，落实网络安全保护责任；（二）采取防范计算机病毒和网络攻击、网络侵入等危害网络安全行为的技术措施；（三）采取监测、记录网络运行状态、网络安全事件的技术措施，并按照规定留存相关的网络日志不少于六个月；（四）采取数据分类、重要数据备份和加密等措施；（五）法律、行政法规规定的其他义务。”

以个人信息为例，《信息安全技术　个人信息安全规范》就明确要求，企业应在收集个人信息后即采用去标识化处理，通过技术和管理方面的措施将可用于恢复识别个人的信息与去标识化后的信息分开存储，并加强访问和使用的权限管理。当涉及个人敏感信息时，应当采用加密等安全措施。在此基础上，因数据使用仍涉及大量的企业内部人员参与，为尽量降低人为干涉带来的数据安全风险，企业还应在数据使用过程中注意以下事项。

---

① 参见上海市长宁区人民法院刑事判决书，（2021）沪 0105 刑初 382 号。本案中，被告利用公司文件上传至服务器存在的漏洞，通过公司网站运行相关程序后，使用指令删除了公司在阿某云计算有限公司租赁的服务器上的用户行为日志文件以及优化 App 模型算法文件，导致公司开发的 App 的用户行为日志数据丢失，用户在 App 内对自行制作的室内设计图无法实现图形闭合功能。最终被法院认定构成破坏计算机信息系统罪，判处有期徒刑 11 个月。

② 《因泄露客户信息，中信银行收银保监会消保局 450 万元罚单》，载百度网 2021 年 3 月 19 日，https://baijiahao.baidu.com/s?id=1694653208366372376&wfr=spider&for=pc。

（1）企业应设置个人信息访问控制措施，包括：

第一，对被授权访问个人信息的人员，应建立最小授权的访问控制策略，使其只能访问职责所需的最小必要的个人信息，且仅具备完成职责所需的最少的数据操作权限；

第二，对个人信息的重要操作设置内部审批流程，如进行批量修改、拷贝、下载等重要操作；

第三，对安全管理人员、数据操作人员、审计人员的角色进行分离设置；

第四，确因工作需要，需授权特定人员超权限处理个人信息的，应经个人信息保护责任人或个人信息保护工作机构进行审批，并记录在册；

第五，对个人敏感信息的访问、修改等操作行为，宜在对角色权限控制的基础上，按照业务流程的需求触发操作授权。例如，只有收到客户投诉，投诉处理人员才可访问该个人信息主体的相关信息。

（2）涉及通过界面展示个人信息的（如显示屏幕、纸面），企业宜对需展示的个人信息采取去标识化处理等措施，降低个人信息在展示环节的泄露风险。例如，在个人信息展示时，防止内部非授权人员及个人信息主体之外的其他人员未经授权获取个人信息。

（3）涉及使用由外部采购的数据的，企业应当建立完善的个人信息保护和数据安全相关的内控制度，设立相应的合作方及供应商审查制度，以实现行业上下游合作风险控制。此外，企业还应动态跟进自身业务情况，定期评估数据使用风险，并保持对监管动态和案例的关注度与敏感度，及时调整业务安排，完善内部制度和流程。

（二）企业外部风险及注意事项

互联网时代，大数据技术的发展不仅为企业提供了便利，也让许多企业外部的不法攻击者获得更多的新型数据窃取与攻击手段。现阶段企业面临的外部数据安全风险依旧严峻。

1. 常见的外部风险

在打破“数据孤岛”，实现不同组织单位之间的数据互联互通的过程中，包括向用户提供相关的数据产品与服务过程中，企业不可避免地需要对外提供正常的数据服务接口或者以电子报表、数据集等方式呈现的数据产品与服务。许多非法组织与人员可能会通过爬虫等技术手段批量访问与抓取企业正常对外提供的数据或数据产品，并就抓取的数据与其他渠道获取的数据进行汇聚整合、进行关联操作，试图从中解析出具有高风险的敏感数据。如通过追踪用户的 ID 及电商平台的评价情况来定位其位置和推断购买行为进而进行精准营销。

另一种常见的外部数据安全风险是不法人员通过定制开发木马病毒窃取用户隐私数据，如“徐玉玉案”，被告人杜某正是通过技术攻击“山东省 2016 高考网上报名信息系统”并植入木马病毒获取了考生徐玉玉的个人资料并将资料出售给被告人陈某，由陈某及其同伙向徐玉玉施行诈骗。①

此外，外部数据攻击方式还有用勒索病毒加密数据敲诈巨额赎金②、合作方超出协议范围盗用或滥用数据、数据撞库攻击③等。

2. 注意事项

面对外部风险，企业除了加强自身的风险防控能力与保护机制外，还应当注意：

第一，企业宜在对外开展数据合作前，做好全流程合规风险评估工作，对合作方开展充分的尽职调查工作，并通过协议方式，约定其与各类型合作方之间的数据安全权利和义务边界，以便在发生争议时能够明确各方的责任范围与责任承担方式；同时构建一套完善的配合和监督机制，确保合作有章可循，技术方案与要求明确具体，使得合规管理得以落实到实际业务流程之中。

第二，当涉及自动化决策时，企业应当注意采用的算法逻辑、计算模型等符

---

① 参见最高人民法院发布电信网络诈骗犯罪十大典型案例之一：陈文辉等 7 人诈骗、侵犯公民个人信息案。该案中，被害人徐玉玉因家中筹措的 9000 余元学费被诈骗，悲愤之下引发猝死，被告人陈文辉被判处无期徒刑，剥夺政治权利终身，并处没收个人全部财产。

② 如 2020 年 11 月，富士康曾遭受网络勒索病毒攻击，黑客要求富士康支付价值约 2.3 亿元的比特币。参见《富士康遭勒索病毒攻击，2.3 亿巨额勒索敲响警钟！你的数据安全吗？》，载百度网 2020 年 12 月 12 日，https://baijiahao.baidu.com/s?id=1685870770351749072&wfr=spider&for=pc。

③ 撞库：是指黑客通过收集已泄露的用户信息，利用账户使用者相同的注册习惯，如相同的用户名和密码，尝试批量登录其他网站，从而非法获取可登录用户信息的行为。

合具体场景的要求,保障适当的机制决策透明度和结果的公正公平,避免出现对用户实施不合理差别待遇、“大数据杀熟”的情况。当需要基于自动化决策向用户进行信息推送或商业营销时,还应当依法为用户提供便捷的拒绝方式或不针对其个人特征的选项。

第三,做好日志审计和监督机制工作。企业应对其数据使用过程建立有效的存证和监督机制,并做好对数据产品和服务输出结果的合规核查工作,一方面可以加强企业及其合作方的信任度,满足内外部监督与管理需求,避免发生争议时举证困难,另一方面也可以在数据产品与服务输出前再次验证是否合规与安全,从而降低数据泄露的风险。

第七节　盘活数据价值的合规探索

数据合规对于数据使用来说,并不是禁止企业使用数据,而是禁止滥用数据。无论是已经生效多年的《网络安全法》,还是紧随其后的《数据安全法》和《个人信息保护法》,法律层面的每一次规范和限制的最终目的都有“促进合理利用”数据之意。在中共中央、国务院《关于构建更加完善的要素市场化配置体制机制的意见》中,数据第一次作为新型生产要素,被列为比肩土地、劳动力、资本、技术的“第五要素”,这说明“数据”具有不可忽视的重大经济价值。因此,若想盘活数据价值,就应当先明确合规边界,在合规的基础上探索数据的使用方法。本节我们将介绍当前常见的并已具备一定规模的几种数据使用情形。

一、数据交易所

很多公司特别是互联网公司都掌握着大量数据,看似没有实体产品交易,但这些数据蕴含了最重要的价值——人。通过数据可以研究人的偏好,对人进行分类,贴上标签,有了标签,就能形成价值高低的判断标准。试想,如果企业之间能够彼此交换数据,相当于把企业的数据池进一步扩大,释放更多元的价值。数据交易平台就是这样一个关于数据的交互、整合、交换、交易的场所。

不过,虽然名为“数据”交易所,但实际上交易的并不是如字面意思上的“数据源”本身。数据交易所的运作规则针对交易所定位、交易对象、数据类型、供需双方资格等均有明确规定。我们以全国首家大数据交易所——贵阳大数据交易所为例。

首先,数据交易平台本身并不提供数据,而是以撮合数据交易为主,有第三方平台的性质。

《贵阳大数据交易所702公约》明确交易所的定位是“在大数据供需双方充当一个百分百中立者的角色,完全不受任何外界因素的干扰及影响”,同时交易所“不会简单地充当数据搬运工的角色,交易所将积极发挥数据质量认证、数据格式标准化、数据金融工具的作用”。

其次,数据交易的对象不是底层数据,而是基于底层数据,通过数据的清洗、分析、建模、可视化出来的结果。如果卖方拥有大量的数据资源,交易所可以提供数据清洗、建模、分析、可视化技术,协助数据方将数据变成可以交易的资产。

再次,并非所有的数据都能进入数据交易所进行交易。目前可以流通交易的数据类型主要包括政府政务数据和行业发展数据两类。其中政府政务数据包括政府审批信息数据、财政预算决定和“三公”经费数据、保障性住房信息数据、食品药品安全信息数据、环境保护信息数据、安全生产信息数据、价格和收费信息数据等;行业发展数据则包括医疗、金融、电商、媒体社交、教育、交通、物流、零售、能源等各行业各领域的发展数据。

最后,对于参与大数据交易的供需双方来说,数据交易所设有标准的进场条件。对于卖方来说,其进场资格实行的是“宽进严管法”。只要对数据交易有兴趣就能参与,有不良表现可能会受到处罚,违规违法、数据造假、数据欺诈、数据来源不合法的卖方将有可能失去交易资格、列入“交易所黑名单”甚至承担刑事责任。如果涉及数据造假,交易所和买方还有权向其追责。对于买方来说,暂时不允许任何个人购买交易所的数据。此外在监管不健全的情况下,外资数据买方购买数据之前需要进行资格审查。

二、数据产品

市面上另一种比较主流的数据规模化使用情形,就是各种“数据产品”。从宏观层面来看,数据产品能够发挥数据价值去辅助企业做出更优决策或行动,可以充当数据的分析展示者和价值赋能者。从字面上理解,数据产品就是以数据为主要内容和服务的产品。例如在前文中,我们提到过的淘宝诉美景案,淘宝公司的“生意参谋”就是一种经过深度开发与系统整合而衍生的数据内容,是与用户信息、原始数据无直接对应关系的独立的衍生数据,可以为淘宝公司商业利益和市场竞争价值的数据产品。

当然,“商业性”并不是数据产品必备的特点,例如在疫情防控的环境下,各地发布的“健康码”就是一项非商业性的数据产品。

“健康码”的技术原理是以用户自行填报的数据为基础,覆盖了姓名、手机号、证件号码、户籍所在地、居住地址、体温等身体健康状态数据,经后台审核后,赋予用户专属的二维码,并根据审核结论以红、黄、绿三种颜色为区分。健康码作为个人在当地出入通行的一个电子凭证,应用涵盖了社区管理、交通出行、学校开学、买药登记、公共场所出入等使用场景,可以协助社区、企业、学校、各类经营场所等做好防疫管理及疫情控制等重点工作。同时在疫情防控和复产复工环境中,健康码可以实现高效率的人员流动管理,在办公楼、商场、地铁、火车站等人流密集的地点提高过检效率,避免过多的人员接触和聚集。

三、公共数据资产凭证

数据使用的最终目的,是将数据“理论价值”变成能给企业带来“可见”的效益。不能激活其价值,再海量的数据也不过是“沉睡”的价值。从资源到资产,才是数字化全面转型背景下探索数据变现的关键。

例如,曾经被我们忽略的公共数据,如今正改变着多个产业,并重塑各个业态下的商业模式,如电费贷、税务贷、电子证照、智慧交通、互联网医疗服务、旅游资源大数据管理平台等。这一开发利用并释放公共数据价值的过程,就是公共数据资产化。目前,广东省已经出台了第一部针对公共数据管理的省级立法文件——《广东省公共数据管理办法》(以下简称《管理办法》),对公共数据采集、流通、开发利用、安全保障等方面予以规范。在为促进公共数据资源交易提供制度保障的同时,《管理办法》也将切实解决企业办事中的痛点及难点问题。

事实上,我国已经有了企业利用公共数据得到“真金白银”的案例。

（一）全国首张公共数据资产凭证：用电数据能贷款

2021年10月16日，广东开出全国首张公共数据资产凭证，并将其运用在企业信贷场景。佛山市某金属制品有限公司作为“第一家吃螃蟹”的企业，成功地以其用电数据向银行申请贷款。

用水用电、公民纳税、卫生健康、交通路况、旅游资源……以往我们仅称为“公共信息”或“公共数据”的一串串字符，现在正通过采集、传输、交换、加工、利用等市场化程序，逐渐被赋予商业经济价值。

数据资产化，简单来讲就是明确数据权益权属、数据内容安全、数据来源可信、数据权限可控、数据去向可查等核心问题，最终使其具备进入市场交易的条件。同时，对数据流转的过程建立良好的监督治理机制，使得数据流转、追踪、溯源等流程清晰可查，变资源为资产。

广东佛山企业利用用电数据成功贷款的案例，从实现路径上看，主要包括两个环节：

第一，企业通过“粤商通”App上线的“电费贷”产品，授权农行广东分行使用其用电数据。农行广东分行基于企业授权，向广东电网公司申请制发实体公共数据资产凭证。

第二，农行广东分行根据广东电网出具的公共数据资产凭证所载的企业电费缴纳记录，绘制企业画像，完成贷款额度审核、贷款利率核定以及贷后风控监管。

此外，广东省政务服务数据管理局会同相关监管部门对全省的公共数据资产凭证进行存证，并对相关操作行为、文件进行全流程追溯与监管。

（二）企业税务数据能在境外申请贷款

2021年11月26日，珠海横琴新区维思港机器人科技有限公司（以下简称维思港）向国家税务总局珠海市横琴新区税务局（以下简称区税务局）申请，由区税务局向维思港发放记载有企业登记注册时间、法定代表人个人信息、纳税信用登记、税款缴纳、违法违规情形等企业纳税情况的数据资产凭证，以方便企业在中国银行澳门特别行政区分行申请跨境信用贷款。

"跨境税融通"数据资产凭证的申请、生成和流转全部通过广东省政务大数据中心资产凭证网站线上进行，由需要在我国澳门特别行政区办理跨境信贷业务的企业向区税务局申请，我国澳门特别行政区商业银行可以在线查验数据资产凭证和相关授信资料，为企业办理信用贷款额度审核、贷款利率核定等业务。

可见，公共数据资产凭证的出现解决了数据源安全及可信的问题。特别是对于大量需要数据支撑业务发展的领域，在由政府、国企等国家机关或单位提供信用背书的前提下，参与各方可以方便快捷地获得来源可信、内容保真、责任可溯的高价值数据资产，企业能从中获得实实在在的利益，数据也能真正地"流动"起来。

四、现有的合规探索并非安全无虞

尽管我们在本节内介绍了一些数据使用的探索形式，但是并不意味着这些形式对于参与数据使用过程的各方来说都是一种"万全之策"。

最早提出"大数据时代"到来的麦肯锡公司曾表示，数据已经渗透到当今每一个行业和业务职能领域，成为重要的生产因素。人们对于海量数据的挖掘和运用，预示着新一波生产率增长和消费者盈余浪潮的到来。我们目前身处的时代，数据正呈现出前所未有的爆发式增长，多元的数据类型赋予数据前所未有的价值。在这样的时代背景下，实现数据流通和共享对于各个领域及行业都有着非比寻常的重要意义。我们已经认识到数据的价值是要通过开放与流通来实现的，但"合规使用"并非只是一句口号，唯有厘清合规边界，明确使用场景，加上勇于探索和创新的尝试，才能真正看到数据的价值。

第四章　流转有方:全球视野下的数据流动

数据的商业价值主要体现在"流动性",尤其是对于以营利为目的的企业来说,挖掘数据的最大价值就必须要考虑到数据的流动问题。让数据"流动"起来,归根究底就是为实现商业目的,让数据在不同商业主体、不同地域之间进行流转。

数据在不同主体之间、不同地域之间实现流动,本质上都是数据的"对外提供",一旦数据流转到企业"外部",企业对其控制力会明显减弱,甚至有失控的可能,存在发生个人信息安全事件的潜在风险。因此,如何保障数据的安全流转,尽可能降低企业数据安全事件发生的风险,是企业在实现数据流动的过程中首要考虑的问题。

本章笔者将就企业数据如何进行流转的问题进行合规探讨和分析,以帮助企业实现在全球视野下数据的有序流动,实现数据的最大价值。

第一节　外部流转:企业委托处理与共享数据合规

委托处理与共享是企业间最为常见的两种数据流动形式,且其效果均有互相交换、彼此触达之意,本质上是数据的一种双向流动。

(一)委托处理

根据《个人信息保护法》对委托处理的界定可知,委托处理的法律性质仍然是一种"委托"关系。委托方与受托方通过委托合同达成某种针对数据的合作关系，由委托方将数据“交付”给受托方，受托方按照委托合同约定的处理目的、方式及其他合作条件对数据进行处理，并将处理后的结果返还给委托方。

一般情况下，企业需要与外部合作方进行数据委托处理的原因之一是为了给用户提供更多服务或委托外部合作方代表企业实现、履行某些职能。以淘宝网隐私权政策中列举的《第三方 SDK 收集使用信息说明》①为例，淘宝网之所以需要接入外部第三方的 SDK，实则是为了实现更多功能，满足不同手机设备用户在使用淘宝软件时的多样化需求，因此淘宝需要委托外部合作方进行数据处理（见图 4 -1和图 4 -2）。

（二）委托处理

我们可能委托授权合作伙伴处理您的个人信息，以便授权合作伙伴代表我们为您提供某些服务或履行职能。我们仅会出于本政策声明的合法、正当、必要、特定、明确的目的委托其处理您的信息，授权合作伙伴只能接触到其履行职责所需信息，且我们将会通过协议要求其不得将此信息用于其他任何超出委托范围的目的。如果授权合作伙伴将您的信息用于我们未委托的用途，其将单独征得您的同意。

目前，我们委托的授权合作伙伴包括以下类型：

1. 广告、分析服务类的授权合作伙伴。我们会在采用行业通用的安全技术前提下，委托这些合作伙伴处理与广告投放、覆盖面和有效性相关的信息。我们不会将您的个人身份信息委托合作伙伴处理。

2. 供应商、服务提供商和其他合作伙伴。我们将信息委托给支持我们业务的供应商、服务提供商和其他合作伙伴处理，这些支持包括受我们委托提供的技术基础设施服务、分析我们服务的使用方式、提供客户服务、支付便利或进行学术研究和调查。

为保障我们客户端的稳定运行、功能实现，使您能够使用和享受更多的服务及功能，我们的应用中会嵌入授权合作伙伴的SDK或其他类似的应用程序。我们会对授权合作伙伴获取有关信息的应用程序接口（API）、软件工具开发包（SDK）进行严格的安全检测，并与授权合作伙伴约定严格的数据保护措施，令其按照本政策以及其他任何相关的保密和安全措施来处理个人信息。

您可点击此处查看我们接入的SDK详情。

图 4 -1 《淘宝网隐私政策》——“委托处理”

支付宝
运营方：支付宝（中国）网络技术有限公司
功能：可帮助用户完成付款、提供安全认证服务
收集个人信息类型：设备信息（IMSI、IMEI、MAC地址、AndroidID）、位置信息、应用列表、外部存储
隐私政策链接：https://render.alipay.com/p/c/k2cx0tg8
适用App：淘宝、淘特、淘宝主播

高德地图
运营方：高德软件有限公司
功能：帮助用户在发布信息时定位位置
收集个人信息类型：设备信息（IMSI、MAC地址）、位置信息、应用列表
隐私政策链接：https://lbs.amap.com/home/privacy/
适用App：淘宝、淘特、淘宝主播

魅族
运营方：珠海市魅族通讯设备有限公司
功能：用于向魅族手机用户推送消息
收集个人信息类型：设备信息（IMEI）、应用列表
隐私政策链接：https://www.meizu.com/legal.html
适用App：淘宝、淘特

新浪微博sso授权
运营方：北京微梦创科网络技术有限公司
功能：用于帮助用户进行授权登录及将信息分享至微博
收集个人信息类型：设备信息（IMEI、MAC地址）、应用列表
隐私政策链接：https://weibo.com/signup/v5/privacy
适用App：淘宝、淘宝主播

图 4 -2 《淘宝网隐私政策》——《第三方 SDK 收集使用信息说明》

---

① 《第三方 SDK 收集使用信息说明》，载淘宝网 2022 年 4 月 11 日，https://terms. alicdn. com/legal-agreement/terms/suit_bu1_taobao/suit_bu1_taobao202002250047_23397. html? spm = a1zaa. 8161610. 0. 0. 19ad4593InzJpx。

(二)共享

《个人信息保护法》并没有界定“共享”的概念，但是在《个人信息保护法》颁布之前，《信息安全技术　个人信息安全规范》中就已经提到了个人信息共享问题。在互联网行业中，共享数据的高频发生场景就是同一集团的不同公司主体之间的数据互通（见图4－3）。

(一)共享

我们不会与淘宝网服务提供者以外的公司、组织和个人共享您的个人信息，但以下情况除外：

1. 履行法定义务所必需的共享：我们可能会根据法律法规规定、诉讼、争议解决的必要，或按行政、司法机关依法提出的要求，以及其他法定义务履行的必需，共享您的个人信息。

2. 取得您同意的情况下共享：获得您的明确同意后，我们会与其他方共享您的个人信息。

3. 为订立、履行您作为一方当事人的合同所必需的情况下的共享：您通过淘宝平台购买商品或服务，我们会根据您的选择，将您的订单信息中与交易有关的必要信息共享给相关商品或服务的提供者，以实现您的交易、配送及售后服务需求。

4. 与关联公司间共享：为便于我们与关联公司共同向您提供部分服务，基于淘宝平台账户向您提供产品和服务，推荐您可能感兴趣的信息，识别会员账户异常，保护淘宝网关联公司或其他用户或公众的人身财产安全免遭侵害，您的个人信息可能会与我们的关联公司和/或其指定的服务提供商共享，我们只会共享必要的个人信息，且受本政策中所声明目的的约束，如果我们共享您的敏感个人信息或关联公司改变个人信息的使用及处理目的，将再次征求您的授权同意。

您可点击此处查看淘宝平台数据共享情况说明。

请注意，您在使用我们服务时自愿共享甚至公开分享的信息，可能会涉及您或他人的个人信息甚至敏感个人信息，请您更加谨慎地考虑并做出决定。

图4－3　《淘宝网隐私政策》——“共享”

而根据《信息安全技术　个人信息安全规范》第9.2条的规定，企业想要对外“共享”数据似乎并不困难，“告知＋同意”是共享数据行为的核心要件，当然，遵循个人信息保护的合法、正当及必要原则仍然是评价企业处理数据的必要大前提。

(三)委托处理与共享的区别

在实务中，不少互联网企业会模糊“委托处理”与“共享”的适用场景，但实际上从法律规定对两者的要求来看，委托处理与共享还是存在以下区别。

1. 是否需要“单独告知＋授权同意”

在共享数据场景下，以获得二次授权为原则，无须二次授权为例外。根据《信息安全技术　个人信息安全规范》提供的功能界面模板（见图4－4）可知，一般情况下提供方必须再次向用户单独告知接收方的名称、联系方式、处理目的、处理方式和个人信息的种类并获得用户明示同意，否则无法实现共享；而在委托处理场景下，委托方不需要向用户进行单独告知，也无须获得用户二次授权，委托方有权在用户已授权同意的范围内自行委托受托方进行数据处理。

<table>
<tr><th>功能界面模板</th><th>说明</th></tr>
<tr><td>
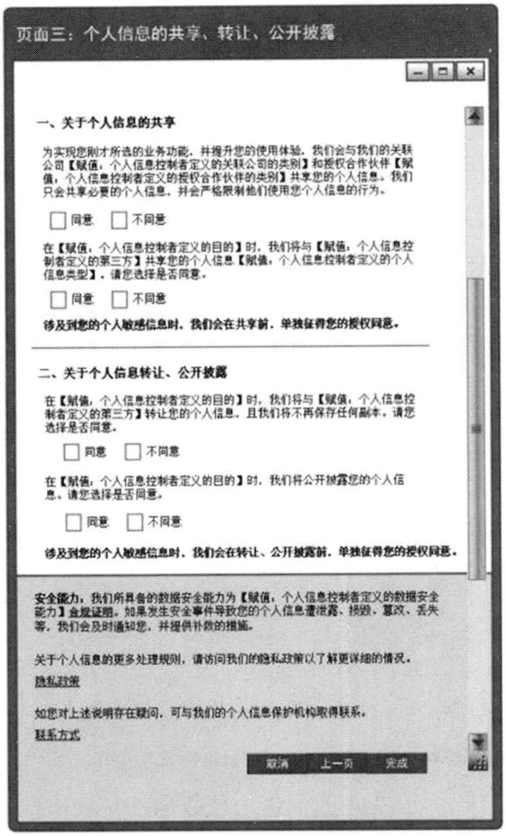

</td><td>
10. 与第三方共享、转让和公开披露的情形可能因业务功能复杂的原因变得多样化。个人信息控制者可酌情在此页面增加共享、转让、公开披露的场景，或在个人信息主体使用过程中以弹窗等形式单独告知，并征得同意。

11. 数据安全能力指个人信息控制者保护个人信息保密性、完整性和可用性的能力，个人信息控制者可以通过开展相关的国家标准合规工作证明其数据安全能力，并将相关证明以链接形式向个人信息主体展示。

12. 个人信息控制者应向个人信息主体提供针对处理规则的答疑渠道，如果个人信息主体不认可其处理规则，可以选择不继续使用该产品或服务。

13. 应向个人信息主体告知与个人信息控制者联系的方式。

14. 应明示个人信息保护政策的链接，以便个人信息主体查阅。
</td></tr>
</table>

图 4－4　功能界面模板

2. 处理数据类型的不同

根据《信息安全技术　个人信息安全规范》第 9.1 条、第 9.2 条的规定，委托处理情形下不限制数据的类型，委托方可以通过协议安排要求受托方处理所有个人信息；而在共享情形下，则原则上要求不得共享个人生物识别信息。

3. 处理数据的依据不同

委托处理情形下，受托方依照与委托方的合同约定进行数据处理，其依据是委托合同；而共享数据场景下，接收方必须在用户已单独同意的处理目的、处理方式、种类等范围内处理个人信息数据，其处理数据的依据是用户授权。

4. 超限处理方式不同

委托处理不允许受托方超出合同约定的处理目的、处理方式等处理个人信息数据，否则委托方有权主张受托方违约并要求承担违约责任；而共享数据是以用户授权为限，当发生变更原处理目的、处理方式等情形时，接收方可通过重新取得用户同意的方式继续处理个人信息数据。

5. 法律责任不同

委托处理的本质是一种委托合同关系，受托方只能在授权范围内，按照委托方的指示处理委托事务，仅对委托方负责，不对用户负责。若受托方违反合同约定处理数据，需要承担合同违约责任；而共享数据的接收方既要对用户负责，也对提供方负有相应的合同义务。当接收方超出授权范围处理用户个人信息时，要同时向提供方及用户承担违约责任，并且可能被主张侵害用户合法权益。

（四）常见的企业共享数据场景

你是否遇到过这些场景：刚注册了某汽车 App，几分钟后就接到来自该汽车经销商的推销电话；昨天刚在某电商 App 搜索过某件商品，今天打开短视频就接二连三收到与该商品有关的推荐视频；才给保险公司打完报案电话，微信就收到备注为“××4S 店”的修车服务微信……这让我们产生一种被整个互联网支配和控制的无力感。实际上，这极有可能就是因为“我”被企业共享了的结果。

在大数据时代，数据的流动方能释放更大的商业价值。我们认为，常见的企业共享数据的场景主要包括以下两种：

第一，企业之间因正常业务运转而必需的数据共享。例如，用户在某电商平台下单购买商品后，电商平台必然会将用户填写的具体收件信息和快递公司共享，快递公司根据用户收件信息完成物流运输，最终将快递送达用户手中。

第二，为提升用户体验或企业效益最大化而进行共享数据。例如，用户在某电商平台搜索、浏览或下单购买商品后，平台可能会收集相应的用户数据，分析用户的购物喜好并建立起用户画像。为了提升用户体验,平台会将这些数据和第三方合作伙伴、广告公司进行共享,当用户再次进入电商平台时,平台会根据已有的用户画像向用户推荐“想要”的商品,方便用户挑选和搜索,抑或是通过第三方广告“定制化”向用户弹窗推荐商品等(见图4－5)。

(3) 与商业合作伙伴的必要共享:

您理解并知悉,为了向您提供更完善、优质的产品和服务,我们将授权商业合作伙伴为您提供部分服务。此种情形下,我们可能会与合作伙伴共享您的某些个人信息,以提供更好的客户服务和用户体验。请您注意,我们仅会出于合法、正当、必要、特定、明确的目的共享您的个人信息,并且只会共享提供服务所必要的个人信息。我们将对信息数据的输出形式、流转、使用进行安全评估与处理,以保护数据安全。同时,我们会对合作伙伴进行严格的监督与管理,一旦发现其存在违规处理个人信息的行为,将立即停止合作并追究其法律责任。

目前,我们的合作伙伴包括以下类型:

A. 平台的第三方商家:为帮助您实现产品或服务的购买或者为您提供售后服务,我们会与平台的第三方商家共享**您的订单和交易相关信息。**

B. 第三方物流服务商:当您成功下单后,如商品需第三方配送的,我们为了准确、安全向您完成货物的交付及配送。第三方物流公司在发货及配送环节内不可避免地会获知您的**相关配送信息。**我们向您承诺,我们会以最大努力保障您的个人信息安全,我们会严格要求第三方物流公司对您的个人信息保密,只以配送之目的获悉和使用,不得对外泄露或做其他任何用途。

C.广告和统计分析类合作伙伴:为帮助进行广告或决策建议、提高广告有效触达率、进一步了解用户需求,我们可能会与委托我们进行信息推广和广告投放的合作伙伴、或统计分析类合作伙伴共享**去标识化的设备信息或统计信息**,这些信息难以或无法与你的真实身份相关联。**请您知悉,为了您的信息安全,我们目前仅与已签署严格数据安全保密协议的合作伙伴进行合作。**

D. 内容审核服务商:为保证用户在互联网信息平台上发布的内容是安全的,我们可能会向委托的第三方内容审核服务商共享您在平台上发布的内容信息。

E. 实名认证审核服务商:当您进行实名认证或使用找回账号功能时,我们会向第三方审核服务商共享您的个人信息,以便您顺利找回账号。

图4－5 《小红书用户隐私政策》——“与商业合作伙伴的必要共享”

谈及数据对企业效益最大化的问题,就不得不关注到关联公司之间的数据共享问题。实务中常有互联网公司咨询“我能否把数据直接提供给子公司”或者“关联公司之间能否数据互通”。虽然关联企业之间的数据“互通”或者“共享”与向外部提供并无本质区别,但是在关联企业之间的数据流动仍有其特殊场景,我们将在下一章节予以进一步的阐述。

(五)如何理解数据共享场景下的“必要”原则

我们在前文中提到,遵循个人信息保护的合法、正当及必要原则是评价企业处理数据的必要大前提。因此,企业并非仅需履行“告知—单独同意”义务就可以“无限共享”数据,从《个人信息保护法》保护原则来看,企业共享数据的出发点仍然需要评估是否满足“合法、正当及必要”原则。在上述原则中,是否符合“必要原则”往往是最为核心且容易产生争议的。

我们从“提供方”和“接收方”两个角度来探讨“必要原则”。对于提供方而言,在《个人信息保护法》第6条的限制下,其收集、处理用户个人数据首先应仅限于与处理目的直接相关,即业务功能的必要范围,并应采取对个人权益影响最小的方式;若在共享场景下理解,提供方向接收方共享个人数据时应符合此必要原则,即以实现接收方的特定业务需求为限。

以图4-6为例,为了方便微信App用户登录企业微信App,微信App可以共享用户的昵称和头像,这对于授权登录企业微信App显然具有必要性。

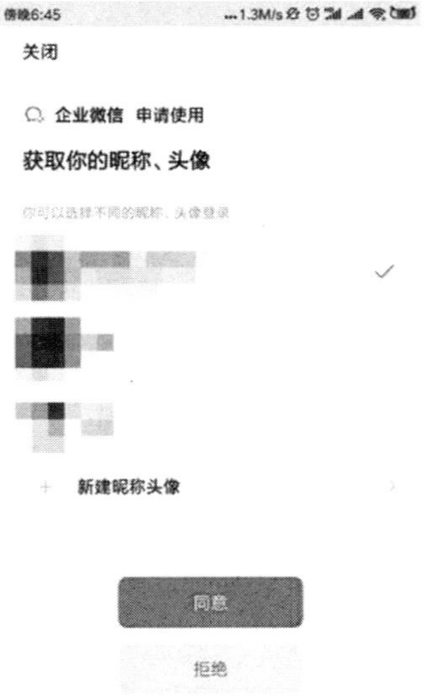

图4-6　企业微信请求获取权限提示页面

在“微信读书案”[①]中,北京互联网法院对数据共享接收方收集用户关系数据的必要性进行了说理。法院认为,企业对成功开发及运营产品所积累的用户关系数据,可以在其关联产品中予以合理利用。微信读书App作为接收方,获取用户的微信好友列表,其用途是在微信读书App中开展基于微信好友关系的社交功能,基于此目的进行原告好友列表的收集与共享,并不违反必要原则。

---

① 参见北京互联网法院民事判决书,(2019)京0491民初16142号。

从法院的说理过程可以看出，只要企业共享的个人数据范围为实现共享目的的最小范围，且企业采取对个人权益影响最小的方式，这种共享行为就并不违反“必要性”的要求。

（六）企业对外委托处理、共享数据的合规建议

值得企业关注的是，在现有的监管机制和尺度下，将数据向第三方不合规提供的行为并不难被行政机关发现（见图4-7、表4-1）。

图4-7 工信部《关于侵害用户权益行为的App通报（2020年第一批）》截图①

表4-1 存在问题的应用软件名单（2020年第一批）（节选）

序号	软件名称	企业名称	版本	版本来源	所涉问题
1	租租车	广州力挚网络科技有限公司	5.4.200421	OPPO软件商店	私自收集个人信息
					私自共享给第三方
2	店长直聘	北京人聚人网络技术有限公司	4.382	OPPO软件商店	私自收集个人信息
					私自共享给第三方

① 《关于侵害用户权益行为的App通报（2020年第一批）》，载工信部官网2020年5月15日，https://wap.miit.gov.cn/xwdt/gxdt/sjdt/art/2020/art_b6eec00c59a445708a29b2c293157092.html。

续表

序号	软件名称	企业名称	版本	版本来源	所涉问题
7	e代驾	北京亿心宜行汽车技术开发服务有限公司	9.7.1	OPPO软件商店	私自收集个人信息
					私自共享给第三方
					强制用户使用定向推送功能
					过度索取权限

为了避免成为监管目标,企业在对外委托处理、共享数据时需要注意是否已按相关法律规定完成合规设置,我们提出以下几点注意事项供企业参考。

1. 完善隐私政策,告知用户与关联方进行数据委托处理及共享的目的、方式等必要信息;对于“共享”行为来说,还应当在触发共享条件时,单独告知用户共享对象、目的、范围等必要信息且获得用户单独同意。

2. 加强数据共享机制管理,通过书面协议方式明确数据提供方与接收方之间的权责。根据《信息安全技术　个人信息安全规范》要求,数据提供方与接收方需要通过合同等方式规定双方责任和义务。我们建议企业间应当以书面协议方式明确共享数据的范围、类型、期限、使用目的,接收方的义务与责任、提供方的监督权利、变更数据处理目的及处理方式的后果、违约责任及用户损失赔偿、保密义务等必要内容。

3. 建立并完善监督制度,时刻防范因关联方不当处理个人信息数据产生的法律风险。即便有合同的事先约定,但从个人信息保护的角度来说,“委托处理”或“共享”并不是一个孤立的一次性行为,提供方仍然需要对数据共享期间接收方的全部行为向用户负责。因此,为了防止出现关联方不当处理数据的情形导致提供数据一方的企业承担违法风险,企业应当在共享后定时了解关联方对个人信息的保存及使用情况,监督保存及使用的过程是否符合共享的范围及目的,同时也要督促数据接收方完善、优化对用户个人的权利保障。

作为继土地、劳动力、资本、技术之后的第五种生产要素,数据正逐步成为立法、执法、司法领域的聚焦点。“万物皆数”时代下,关联企业间的技术数据、业务数据、商业数据等非个人数据应如何合法合规地流动同样值得关注。无论是何种类型数据,企业只有构建可视、可控、可溯的数据安全管理体系,才能更深入地挖掘数据要素价值,实现数字化经济可持续增长。

第二节　内部流转:关联企业之间的数据共享合规探索

我们常听到“××集团”这样的说法,通常大家将存在某种关联关系的企业形成的法人联合体称为“集团”,但“集团”并非法律意义上的法人主体概念。然而在实践中,同一集团内往往存在由于各种原因导致数据需要流动的情形,对于同一集团内的关联企业,是否能将数据流动视为一个整体实现彼此之间的数据共享?

“您的个人信息可能会在我们的关联方之间共享,但我们只会共享必要的信息,且受本隐私政策所声明目的约束。关联方如改变个人信息的处理目的,将再次征求您的授权同意。”如果我们细细推究,所谓“关联公司”实则包含了哪些主体?共享的目的是什么?共享的个人数据涉及什么类型?共享后又将如何使用?接收方将采取何种措施保护个人数据?是否确已控制在必要共享范围内?……上述条款似乎也无法通过这接连的拷问。

因此,我们在本章节将结合《个人信息保护法》等相关法律法规文件及司法实践,重点分析关联企业间是否可以共享个人数据以及应如何履行“告知—同意”义务,探索关联企业间个人数据共享与流动的合规路径。

一、案例指引:拼多多向关联公司提供用户信息被判违法

2021 年 12 月,一则名为“拼多多向关联公司提供用户信息被判违法”的新闻引起广泛关注。用户吴某在使用上海寻梦信息技术有限公司(以下简称寻梦公司)运营的“拼多多”平台服务时,意外发现当通过“多多钱包”填写个人姓名及身份证号信息,进入“免输卡号添加银行卡”功能页面时,“拼多多”平台并未通过弹窗提示等方式就其共享用户个人信息至其关联第三方支付机构上海付费通信息服务有限公司(以下简称付费通公司,为“多多钱包”的运营主体)及相关银行一事明确予以告知并单独征得其授权同意,而是将相关的告知事项隐含于“服务协议”之中并默认同意。吴某认为寻梦公司的行为侵害其合法权益,

故诉至法院。

杭州互联网法院经审理认为，根据知情同意规则，若未取得个人同意，即便信息处理者进行了充分、清晰的告知，信息处理者的信息处理行为亦构成对个人信息权益的侵害；且本案涉及处理敏感个人信息，信息处理者还应当获得个人的单独同意。

本案中，寻梦公司未以任何形式明确或单独告知吴某并取得其同意，仅在相关隐私政策中作出模糊说明，不符合知情同意原则的要求，而付费通公司甚至未与吴某签订任何协议且致使用户误以为收集信息的主体系寻梦公司，故法院最终认定寻梦公司未经平台用户同意，擅自将用户个人信息传输给付费通公司的信息处理行为侵害用户的个人信息权益，责令立即删除该用户个人信息，以书面道歉信方式赔礼道歉，并赔偿合理维权损失 2000 元。

二、从“场景”到“概念”：如何理解关联企业间个人数据共享

在实践中，关联企业间个人数据共享的场景十分多样。广告投放与数据分析的商业营销合作、提供用户一体化管理服务、合作实现业务功能、保障用户账号及交易安全等，关联企业或是基于自身功能需求，或是为了对方业务发展，在彼此间交互使用个人数据，并在《隐私政策》中统一界定为“共享”。

如前文所述，无论是《个人信息保护法》，还是此前在保护个人数据领域主要适用的《民法典》《网络安全法》，均未专门就个人数据的“共享”行为进行界定。而国标文件《信息安全技术　个人信息安全规范》规定：共享是指个人信息控制者向其他控制者提供个人信息，且双方分别对个人信息拥有独立控制权的过程。这意味着，在个人数据“共享”的法律概念里，提供方和接收方是彼此独立的数据控制者。

同时根据《公司法》规定，关联企业间虽存在直接或间接的控制关系，但法人有独立的财产，享有法人财产权并依法独立承担民事责任。换言之，除非关联企业间构成总分公司，否则仍应独立履行个人数据处理方面的合规义务。有鉴于此，企业向关联主体共享个人数据属于“对外提供”行为。正如“微信读书案”中，微信读书 App 为实现部分业务功能，与关联产品微信进行了用户好友关系共享。按照个人数据处理的普遍要求，“对外提供”行为应当满足“必要”及

"告知同意"原则。

三、从"必要"到"最小必要":关联企业间是否可以共享个人数据

如何理解个人数据共享的必要性,我们从"提供方"和"接收方"两个角度探讨。对于提供方而言,其收集、处理的用户个人数据首先应仅限于业务功能的必要范围,在共享阶段,提供方向关联企业共享的个人数据也应符合必要原则,即以实现接收方的特定业务需求为限。一个常见场景就是关联App间的授权登录。如图4-8所示,为了方便微信App用户登录企业微信App,微信App可以共享用户的昵称和头像,这对于授权登录企业微信App显然具有必要性。

图4-8 必要性图例

在"微信读书案"中,法院则评价了接收方的数据共享必要性。法院认为,企业对成功开发及运营产品所积累的用户关系数据,可以在其关联产品中予以合理利用。微信读书App作为接收方,获取用户的微信好友列表,其用途是在

微信读书 App 中开展基于微信好友关系的社交功能,基于此目的进行原告好友列表的收集与共享,并不违反必要原则。《个人信息保护法》背景下,《网络安全法》所规制的"必要"原则已升级为"最小必要"。因此,企业为实现特定目的确需向关联企业共享(提供/接收)个人数据,虽不违反必要性原则,但应确保共享的个人数据范围为实现共享目的的最小范围,并采取对个人权益影响最小的方式。譬如,淘宝 App 与阿里妈妈同属阿里巴巴集团,淘宝 App 会向阿里妈妈共享数据以制作大数据产品,进行商业趋势分析。为满足最小必要原则,淘宝 App 共享的个人数据应仅限于商业分析所需的最小范围。鉴于商业分析所需数据无须识别到个人,淘宝 App 可以在共享前匿名化处理个人数据,尽力减少对个人权益的不利影响。

四、从"知情同意"到"单独同意":企业如何履行告知同意义务

《个人信息保护法》生效前,关联企业间的个人数据共享应如何取得用户授权存在较大争议,这也是上文拼多多一案和"微信读书案"的争议焦点之一。

该案原告主张微信读书 App 与微信 App 默认共享好友关系,侵犯其个人数据权益。由于当时《个人信息保护法》尚未出台,法院仅能援引《网络安全法》对案涉行为进行认定。判决指出,微信读书 App 作为共享数据的接收方,应满足"知情同意"原则,即保证在用户知情的情况下,获得用户对信息内容、收集使用目的、方式和范围的同意。本案中,微信读书 App 在未明确显著告知用户并取得同意的情况下,在不同应用中迁移好友关系,向微信好友自动公开读书信息,不符合一般用户的合理预期,侵害了原告的个人数据权益。"微信读书案"就关联企业间的个人数据共享明确了接收方应遵守"知情同意"原则,并进一步解释了告知用户同意的范围,但囿于司法领域"不告不理"原则,法院未就共享数据提供方微信 App 是否应向用户履行告知同意义务进行认定。对此,《个人信息保护法》第 23 条予以了回应,企业向其他个人信息处理者提供其处理的个人信息的,应当向个人告知接收方的名称或者姓名、联系方式、处理目的、处理方式和个人信息的种类,并取得个人的单独同意。关联企业间的个人数据共享属于"向其他个人信息处理者提供个人信息"的"对外提供"行为,应取得用户的单独同意。在关联关系复杂、共享场景多样、信息类型众多的情况

下，如果数据提供方仅仅通过“用户概括授权”的方式履行告知义务，在触发共享场景时并未再次取得用户同意，则用户作为数据主体根本无法明确知悉其个人数据的使用方式及范围，极大可能导致个人数据脱离于用户意志而被不当收集和使用，有悖《个人信息保护法》的立法目的与保护法益。在此以微信 App 的授权界面为例，在向企业微信 App 共享“好友关系”时，微信 App 以单独弹窗的形式通知用户，且用户可以自行勾选、点击确认是否同意授权。这便属于一种有效的“单独同意”模式（见图 4－9）。

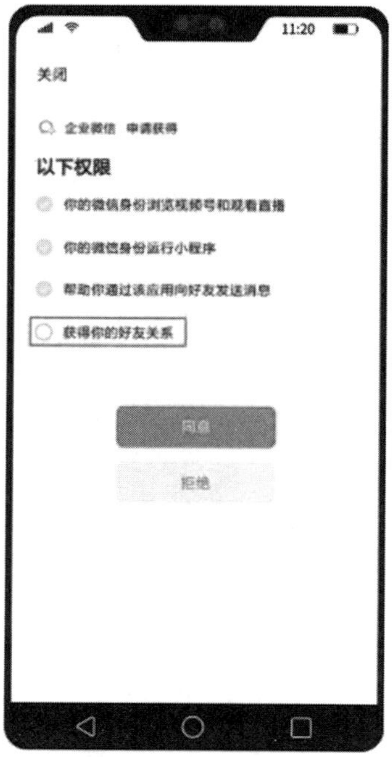

图 4－9　单独同意图例

综上，从接收方履行“知情同意”义务，到提供方符合“单独同意”条件，关联企业间共享个人数据的合规要求逐渐明晰。一方面，数据提供方应通过单独弹窗、邮件通知等方式履行单独告知同意义务，充分披露关联企业间的个人数据共享行为；另一方面，接收方作为个人数据的收集主体，亦应在自身的个人信息收集规则中对以共享方式获取用户个人数据的情形予以显著披露。如涉及敏感个人数据共享的，接收方还应依照《个人信息保护法》要求履行单独告知同意义务。

五、从“数据共享”到“共同处理”：如何更好地释放数据价值

《个人信息保护法》生效后，关联企业间的个人数据共享显然面临着更严峻的合规挑战。企业如何寻得新出路是亟待解决的实务问题。回归问题本质，我们会发现数据共享只是手段，促进数据流动、释放商业价值方才是目的。因此，除“对外提供”的共享模式外，是否还有其他更合适的方式实现关联企业间数据流通成为破局关键。由于《个人信息保护法》同时保留了“对外提供”“委托处理”“共同处理”三种法律关系，因此目前实务中主要存在两种声音：一种观点认为关联企业间的个人数据流动可归为“委托处理”，而无须取得单独同意。《个人信息保护法》强调在“委托处理”关系下，个人数据处理者应当与受托人约定委托处理的目的、期限、处理方式，个人数据的种类、保护措施以及双方的权利和义务等，并对受托人的个人数据处理活动进行监督，但未提及委托方的单独告知同意义务。因此，该种观点认为“关联企业间的个人数据流动”应属于“委托处理”，无须用户单独同意。根据《民法典》规定，委托处理行为本质上是委托关系，受托人仅能在委托人的委托范围内处理个人数据，无法脱离委托人意志自主决定处理个人数据的目的与方式，且委托处理关系通常发生在受托方具有更显著的专业或资源优势的情形。如健康医疗类产品可通过引入关联企业实现样本检测、专家会诊、异地诊疗等与产品功能直接相关的特定职能，此时关联企业可作为受托方在特定委托范围内处理个人数据，但不得超出委托范围用于市场营销、广告分析等目的。由于在关联企业间个人数据流动的业务场景中，数据互通多数是为了达成资源互换、业务协同、公司管控等目的，而非实现个人数据的专业技术处理，因此，我们倾向于认为“委托处理关系”在关联企业间可能较难适用。另一种观点认为关联企业间的个人数据流动可归为“共同处理”，同样无须取得单独同意。根据《个人信息保护法》第 20 条的规定，“共同处理”是指两个以上的个人数据处理者共同决定个人数据的处理目的和处理方式，共同处理个人数据。与“共享”近似，共同处理关系下的多个处理者均有权决定个人数据的处理目的和方式。例如，一款产品的不同业务功能分由同一集团的不同子公司负责时，子公司之间可共同决定各功能模块所需处理的个人数据，并就各自权利义务达成一致协议，此时子公司之间构成共同处理关系，应通过在

《隐私政策》中披露共同处理关系的方式向用户履行告知同意义务。与“共享”不同的是,共同处理关系下的各处理者之间并非完全独立的数据控制者,所确定的个人数据处理目的仍应与共同向用户提供的对应产品服务直接相关,而不可用于自身的其他经营活动。以 WhatsApp 与 Facebook 之间的数据流动被罚案为例,WhatsApp 作为 Facebook 的子公司,向 Facebook 传输用户账户登记资料、交易资料、流动装置资讯、IP 地址、通讯录联络人等十多项资料供其优化自身产品的个性化广告服务,显然超出 WhatsApp 提供自有产品功能之目的,即便在我国《个人信息保护法》规制背景下,WhatsApp 与 Facebook 也较难以利用“共同处理”关系进行开脱。总体而言,如未超出特定产品业务功能,则“共同处理”更适用于关联企业的数据流通场景,可以满足公司管控的目的,实现彼此间业务协同。在合规层面,“共同处理”模式无须用户“单独同意”,相较于“数据共享”也更易达成监管要求,可作为关联企业间个人数据流通的新出路。若超出了特定产品业务功能,如用于优化独立运营的其他关联产品,则关联企业间的数据流动仍构成“对外提供”的数据共享模式,应取得用户单独同意,这也是企业发展过程中必须承担的合规成本。

此外,值得注意的是,共同处理关系下的处理者间应承担连带责任。因此,企业在选择适用“共同处理”还是“数据共享”时,还应注意结合关联企业间的控制强弱、关系亲疏等因素加以判断,避免因考虑不周而遭受不利后果。

第三节　权利转移:企业数据的对外转让合规

在《个人信息保护法》出台之前,《信息安全技术　个人信息安全规范》中将“转让”定义为将个人信息控制权由一个控制者向另一个控制者转移的过程,并且区分为“非因收购、兼并、重组、破产原因”的转让和“发生收购、兼并、重组、破产等变更时”的转让两种情形。在该规范中,“非因收购、兼并、重组、破产原因”的转让与前文提到的企业间共享个人信息数据的合规要求相同。

在《个人信息保护法》中,个人信息转让被表达为“转移”,并且在《信息安全技术　个人信息安全规范》的基础上,以“合并、分立、解散、被宣告破产等原因”的公司法术语进一步明确发生个人信息的转移情形。因此，此处我们探讨的转让行为，仅考虑因公司发生上述结构性变化因素导致的转移。

（一）对个人信息转让的规定变迁

关于个人信息转让的合规要求，从《信息安全技术　个人信息安全规范》到《个人信息保护法》，主要经历了以下变化：

第一，《个人信息保护法》中的表达更加符合公司法层面关于公司控制权变化的描述。“合并、分立、解散、被宣告破产”既包含了《信息安全技术　个人信息安全规范》中的“收购、兼并、重组”的具体场景变化，又覆盖了因其他商业投融资模式导致的公司合并、分立、解散等情形。

第二，《个人信息保护法》明确了个人信息处理者在处理数据转让时，应当告知接收方的名称或者姓名和联系方式。和《信息安全技术　个人信息安全规范》要求告知“有关情况”相比，《个人信息保护法》让企业在转移个人信息时的义务更加明确且具有操作性。

第三，《个人信息保护法》要求企业在转让个人信息时，如果处理目的、处理方式发生变更，则应当重新取得个人信息主体的同意。与《信息安全技术　个人信息安全规范》相比，该法在变更事项上不仅包含目的的变更，也包括方式的变更（见表4－2）。

表4－2　《信息安全技术　个人信息安全规范》与《个人信息保护法》对比

GB/T 35273—2020《信息安全技术　个人信息安全规范》	《个人信息保护法》
9.3　收购、兼并、重组、破产时的个人信息转让 当个人信息控制者发生收购、兼并、重组、破产等变更时，对个人信息控制者的要求包括： a）向个人信息主体告知有关情况； b）变更后的个人信息控制者应继续履行原个人信息控制者的责任和义务，如变更个人信息使用目的时，应重新取得个人信息主体的明示同意； c）如破产且无承接方的，对数据做删除处理。	第22条：个人信息处理者因合并、分立、解散、被宣告破产等原因需要转移个人信息的，应当向个人告知接收方的名称或者姓名和联系方式。接收方应当继续履行个人信息处理者的义务。接收方变更原先的处理目的、处理方式的，应当依照本法规定重新取得个人同意。

(二)企业合并中的个人信息转移

《公司法》第172条规定,公司合并可以采取吸收合并和新设合并。一个公司吸收其他公司为吸收合并,被吸收的公司解散。两个以上公司合并设立一个新的公司为新设合并,合并各方解散。

因此,企业合并将产生两种结果,一种是被吸收方的法人资格消灭,这意味着被吸收方的资产会一并进入吸收方;另一种是原有的多个法人主体均消灭,其资产全部进入新设立企业。个人信息对企业来说具有经济价值,属于企业的资产。因此,企业合并将造成个人信息控制者的变更,从而发生个人信息的转移。根据《个人信息保护法》第22条的规定,在此情形下发生个人信息转让的,无论是转出方还是接收方,均有法定的义务要求。

因此,在发生企业合并时,参与合并方案的各方企业应从以下方面评估个人信息的交接是否符合法定要求。

1. 数据尽职调查:对个人信息分类并进行清单式罗列

在吸收合并的场景下,吸收方首先要对被吸收方可能控制的个人信息情况进行充分尽职调查,结合收购方个人信息保护体系及企业后续业务需要进行判断,并要求被吸收方对个人信息进行分类。

在新设合并的场景下,参与各方都应当对其自身控制的个人信息进行充分说明并分类,并将控制情况告知其他参与方。

2. 最小必要:对个人信息的转让应当进行评估

根据最小必要原则的要求,处理个人信息应当具有明确、合理的目的,并应当与处理目的直接相关,采取对个人权益影响最小的方式。因此,当数据尽职调查及信息清单完成后,应当对清单内的个人信息类型与合并后的业务相关性进行必要性评估,避免接收与业务不相关的个人信息,否则将有可能因违反最小必要原则导致个人信息转让的决策结果违法。

3. 制订方案:根据数据尽职调查和评估结果形成个人信息转让方案

在完成数据尽职调查和最小必要性评估后,参与公司合并商业计划的各方主体应当制订妥善的个人信息转让方案,包括移交的方式是否因个人信息的类型不同有所区别,合并后的法人主体对原个人信息的继续使用是否会改变原有的使用目的及授权范围,采取何种形式将个人信息转移这一事项以及转移后的使用目的、方式和范围向用户告知,如何保障用户的知情权和选择权,应采取何种方式对无法获得用户同意的个人信息进行删除或做匿名化处理,等等。

(三)股权转让并不必然发生个人信息转让

在《信息安全技术　个人信息安全规范》中提到的“收购”其实是股权上的一种转让行为。尽管股权转让也会发生企业控制权的变化,但公司合并与股权转让的后果并不能完全等同。股权转让通常是目标公司股东权利的转让,不会导致公司主体资格的消灭,因此,在不改变目标公司对个人信息使用的目的、范围和方式的前提下,用户对其个人信息的授权同意仍继续适用。

股权转让往往能帮助企业在短时间内获得目标公司的控制权,甚至通过完成对目标公司100%股权的收购建立母子公司的关联关系。但是,正如我们在企业数据共享中已经说明的那样,具有关联关系并不意味着能够任意使用关联主体控制的个人信息,母公司取得控制权并不能够当然地获得处理子公司控制的个人信息的权利。目标公司在特定业务中,需要与母公司或其他关联公司“共享”个人信息,仍属于“对外提供”的情形,需要按照《个人信息保护法》第23条的关于“个人信息处理者向其他个人信息处理者提供个人信息”的合规要求进行处理,包括向个人信息主体告知接收方信息及提供的个人信息,取得个人的单独同意,在原授权范围(处理目的、处理方式)内处理个人信息,如有变更应重新取得个人同意。

因此,当发生企业间股权收购时,参与收购交易的各方应从以下方面评估个人信息的交接是否符合法定要求:

1. 对目标公司的个人信息处理情况进行尽职调查

收购方应当对目标公司处理个人信息的情况进行尽职调查,审查目标公司处理个人信息的种类、范围、目的及其他处理行为是否合法必要并是否符合其个人信息保护政策中的要求。如果发现目标公司存在处理个人信息的违法或不当行为,或未能完整清晰地向用户告知处理目的及处理方式等内容,收购方应将该事项列入尽职调查风险清单,并要求目标公司在对此进行修改后重新获得个人的同意。

2. 目标公司的员工个人信息不应在关联公司间任意共享使用

收购完成后，收购方与目标公司仍为各自独立的法人主体，尽管收购方可以对目标公司进行控制，但不会导致目标公司与原有人员的劳动关系发生变更。因此，在获得员工本人同意前，收购方不能将目标公司员工的个人信息视作自己的数据资产进行处理。

3. 评估包含个人信息的业务数据的使用是否必要

如前所述，收购方与目标公司仍为各自独立的法人主体，因此，目标公司在原有的业务范围内所获取的含有个人信息的业务数据也并不会因收购完成直接变成收购方的数据资产。如果收购方有意使用该部分业务数据，根据《个人信息保护法》第 23 条的规定，应按照目标公司“对外提供”个人信息的情形进行合规处理，在重新获得个人信息主体的同意后方可使用。

但实践中，收购方通过重新获得个人同意的方式实现数据的授权使用的做法存在显见的障碍，特别是涉及敏感个人信息的，还要单独获取个人同意。因此，建议收购方在考虑使用这些含有个人信息的业务数据时，仍要评估是否所有的业务数据都有使用的必要以及是否满足“最小必要”原则，对于无法获得个人同意或单独同意的个人信息，应当要求目标公司对其进行匿名化处理后再接收使用。

第四节　地域流动：数据跨境转移的实践与合规路径

如前文所述，数据的资产属性越来越受到重视，为了充分实现数据资产本身的价值，各个市场参与者之间共享、转让、披露数据的场景也更加多见，其中难免会涉及数据出境的场景。数据一旦出境，所影响的范围便不再局限于个人和企业，而是需要上升到国家安全、公共利益的层面去考量。

对此，我国已经在立法和执法层面采取了行动：《个人信息保护法》以专章的形式规定了个人信息跨境提供的规则，2022 年 7 月 7 日，国家网信办正式发布《数据出境安全评估办法》，就重要数据和个人信息出境的安全评估工作进行了明确规定。

2021 年 7 月 4 日,“滴滴出行”App 因存在严重违法违规收集使用个人信息问题被国家网信办下架,次日“运满满”“货车帮”“BOSS 直聘”被网络安全审查办公室以防范国家数据安全风险,维护国家安全,保障公共利益为由进行网络安全审查,审查期间停止新用户注册。可以说,数据出境缺乏有效监管的时代已经过去,强监管时代已经到来,掌握数据的企业在处理数据出境这一问题时,也应该更加谨慎。

在我国现有的监管体系下,如何处理好数据出境问题,就是我们会在本节进行分析的内容。

一、企业数据出境的界定

(一)“出境数据”的范围界定

《个人信息保护法》第三章规定了个人信息跨境的相关内容,其中第 38 条将“因业务等需要,确需向中华人民共和国境外提供个人信息”的情形定义为《个人信息保护法》规制下的个人信息出境;而《数据出境安全评估办法》第 2 条明确了可能需要进行安全评估的数据出境场景,即“向境外提供在中华人民共和国境内运营中收集和产生的重要数据和个人信息”。

综合以上规定可知,数据出境不仅包括个人信息出境,还包括重要数据的出境。个人信息,即以电子或者其他方式记录的与已识别或者可识别的自然人有关的各种信息(匿名化处理后的信息除外),①而重要数据是指相关组织、机构和个人在境内收集、产生的不涉及国家秘密,但与国家安全、经济发展以及公共利益密切相关的数据(包括原始数据和衍生数据),②即个人信息限于自然人有关的信息,而重要数据的来源并不局限于自然人,只要与国家安全、经济发展以及公共利益相关都可能被纳入。那么重要数据与个人信息之间是否有重合

---

① 《个人信息保护法》第 4 条:个人信息是以电子或者其他方式记录的与已识别或者可识别的自然人有关的各种信息,不包括匿名化处理后的信息。

个人信息的处理包括个人信息的收集、存储、使用、加工、传输、提供、公开、删除等。

② 《信息安全技术　数据出境安全评估指南(征求意见稿)》第 3.7 条。

的部分，对此我们可以结合具体行业来理解，网信办等五部门于2021年8月16日发布的《汽车数据安全管理若干规定（试行）》中，列举了汽车设计、生产、销售、使用、运维等过程中涉及的重要数据，其中涉及个人信息主体超过10万人的个人信息也被纳入重要数据范畴。可以看出，个人信息在满足一定条件（如达到特定数量）后，也就同时属于“重要数据”。当然，除了个人信息和重要数据外数据本身还有其他分类，例如，国家秘密虽然不符合重要数据的定义，但也有专门的法律法规予以保护，鉴于其他数据出境的场景在商业交易活动中并不常见，我们在此不做展开讨论，下文中的分析仍集中于个人信息和重要数据的出境。

（二）“数据出境”的行为界定

那么数据在什么情况下构成出境？是否必须由境内主体主动传输到境外？参考国标《信息安全技术　数据出境安全评估指南（征求意见稿）》，数据出境是指网络运营者通过网络等方式，将其在中华人民共和国境内运营中收集和产生的个人信息和重要数据，通过直接提供或开展业务、提供服务、产品等方式提供给境外机构、组织或个人的一次性或连续性活动，以下情形都属于数据出境：

（1）向境内的特殊主体提供数据：向本国境内，但不属于本国司法管辖或未在境内注册的主体提供个人信息和重要数据，如向别国驻我国大使馆提供个人信息或重要数据。

（2）数据被境外的主体获取：数据未转移存储至本国以外的地方，但被境外的机构、组织、个人访问查看的（公开信息、网页访问除外）。

（3）数据由境内转移到境外：网络运营者集团将内部数据由境内转移至境外，涉及其在境内运营中收集和产生的个人信息和重要数据的，这也是最常见的数据出境场景。

数据出境这一行为，可以通过境内主体主动提供或者境外主体的主动获取来实现。即便数据存储在境内，在能够被境外主体访问查看的情况下，仍可能构成数据出境。

(三)"境外"的空间界定

考虑到我国"一国两制"的特殊国情,我国香港特别行政区、澳门特别行政区和台湾地区作为我国领土不可分割的一部分,客观上适用着不同的制度,法律体系与我国内地(大陆)有着显著差别,将个人信息或重要数据传输/提供至我国香港特别行政区、澳门特别行政区和台湾地区,是否属于"数据出境"呢?

鉴于许多境内主体会选择奔赴港股上市,或在我国香港特别行政区、澳门特别行政区和台湾地区设置下属公司或办事处,因此这一问题尤其值得我们关注。

目前《个人信息保护法》虽未对此进行明确,但《出境入境管理法》第 89 条明确规定:"出境,是指由中国内地前往其他国家或者地区,由中国内地前往香港特别行政区、澳门特别行政区,由中国大陆前往台湾地区……"

尽管《出境入境管理法》本身适用于中国公民出境入境、外国人入境出境、外国人在中国境内停留居留的管理,以及交通运输工具出境入境的边防检查,未必适用数据出境,但也有极强的参考性,笔者倾向性认为企业向我国香港特别行政区、澳门特别行政区和台湾地区提供数据的,也应当纳入《个人信息保护法》及相关法律法规的规制范畴,按照数据出境处理。

二、企业数据出境前置手续

企业出境的数据可能会涉及个人信息权益、国家安全和社会公共利益,依法需要履行一定的前置手续。

(一)个人信息出境前置手续

《个人信息保护法》第 38 条规定,个人信息处理者因业务等需要,确需向中华人民共和国境外提供个人信息的,应当具备下列条件之一:

(1)依照本法第 40 条的规定通过国家网信部门组织的安全评估;

(2)按照国家网信部门的规定经专业机构进行个人信息保护认证;

(3)按照国家网信部门制定的标准合同与境外接收方订立合同,约定双方的权利和义务;

(4)法律、行政法规或者国家网信部门规定的其他条件。

对于涉及数据出境的企业而言,应当重点关注三个条件:通过安全评估、经过保护认证以及订立标准合同。

以上三个条件满足其一即可,但在具体适用上企业仍有不少细节问题需要关注:

1. 安全评估

针对个人信息出境的安全评估问题,企业需要结合《个人信息保护法》第40条[①]的规定加以理解。《个人信息保护法》第40条针对的是两类特殊主体:关键信息基础设施的运营者、处理个人信息达到国家网信部门规定数量的个人信息处理者,这两类主体应当将在我国境内收集和产生的个人信息存储在境内,如果确需向境外提供,则应当通过国家网信部门组织的安全评估;法律、行政法规和国家网信部门规定可以不进行安全评估的,从其规定。如果企业想通过安全评估方式满足个人信息出境的前提条件,首先需要判断自身是否属于以上两类特殊主体。

根据国务院发布的《关键信息基础设施安全保护条例》,关键信息基础设施,是指公共通信和信息服务、能源、交通、水利、金融、公共服务、电子政务、国防科技工业等重要行业和领域的,以及其他一旦遭到破坏、丧失功能或者数据泄露,可能严重危害国家安全、国计民生、公共利益的重要网络设施、信息系统等。以上重要行业和领域的主管部门、监督管理部门是负责关键信息基础设施安全保护工作的部门,负责制定关键信息基础设施认定规则,并根据认定规则负责组织认定本行业、本领域的关键信息基础设施,及时将认定结果通知运营者,并通报国务院公安部门。

就关键信息基础设施运营者的具体认定问题,国家网信办副主任盛荣华曾在某场国务院政策例行吹风会上进行了进一步解释:相关保护工作部门会依据

---

① 《个人信息保护法》第40条:关键信息基础设施运营者和处理个人信息达到国家网信部门规定数量的个人信息处理者,应当将在中华人民共和国境内收集和产生的个人信息存储在境内。确需向境外提供的,应当通过国家网信部门组织的安全评估;法律、行政法规和国家网信部门规定可以不进行安全评估的,从其规定。

本行业本领域认定规则,组织认定是否属于关键信息基础设施行业或者是范围,且企业所有制的形式不作为关键信息基础设施认定的依据或条件,《关键信息基础设施安全保护条例》并不单单针对外贸以及境外上市企业。

也就是说,关键信息基础设施的认定工作由相关行业主管部门、监督管理部门进行,是否属于外资或境外上市企业并不作为认定条件,而是主要依据设施性质。实践中,新闻网站、即时通信、网上购物、网上支付、搜索引擎、电子邮件、论坛、地图、音视频等网络服务平台、大型数据中心、云计算平台等设施/系统的运营者更可能被纳入关键信息基础设施运营者的范畴。

特殊主体中的第二类为处理个人信息达到国家网信部门规定数量的个人信息处理者。对于其中的"规定数量",可以结合《数据出境安全评估办法》中的条款进行理解。根据《数据出境安全评估办法》第4条的规定,数据处理者向境外提供数据,从数量角度,如果符合以下情形之一的,就应当通过所在地省级网信部门向国家网信部门申报数据出境安全评估:(1)处理个人信息达到100万人的个人信息处理者向境外提供个人信息;(2)自2021年1月1日起累计向境外提供10万人以上个人信息或者1万人以上敏感个人信息。我们可以分两种场景来理解:

(1)如果A企业所处理的个人信息已经累计达到100万人,无论之前处理的个人信息是否涉及出境,有多少涉及出境,该企业在向境外提供个人信息时,都需要进行安全评估;

(2)如果A企业自上年1月1日起累计向境外提供达到了10万人的个人信息,或者向境外提供达到了1万人的敏感个人信息[①],无论该企业之前处理了多少个人信息,此后向境外继续提供个人信息都需要进行安全评估。

《数据出境安全评估办法》发布之前,网信办已经分别于2017年4月11日、2019年6月13日、2021年10月29日发布了《个人信息和重要数据出境安全评估办法(征求意见稿)》《个人信息出境安全评估办法(征求意见稿)》《数据

---

① 敏感个人信息:指一旦泄露或者非法使用,容易导致自然人的人格尊严受到侵害或者人身、财产安全受到危害的个人信息,包括生物识别、宗教信仰、特定身份、医疗健康、金融账户、行踪轨迹等信息,以及不满十四周岁未成年人的个人信息。

出境安全评估办法(征求意见稿)》,结合上述文件我们可以看到监管层面对于触发安全评估的数据数量级的界定也在发生着变化(见表4-3)。

表4-3　触发安全评估数据数量级的界定变化对比

《个人信息和重要数据出境安全评估办法(征求意见稿)》(2017年4月11日发布)	《个人信息出境安全评估办法(征求意见稿)》(2019年6月13日发布)	《数据出境安全评估办法(征求意见稿)》(2021年10月29日发布)	《数据出境安全评估办法》(2022年7月7日发布)
第9条　出境数据存在以下情况之一的,网络运营者应报请行业主管或监管部门组织安全评估: (一)含有或累计含有50万人以上的个人信息; (二)数据量超过1000GB	第3条　个人信息出境前,网络运营者应当向所在地省级网信部门申报个人信息出境安全评估	第4条　数据处理者向境外提供数据,符合以下情形之一的,应当通过所在地省级网信部门向国家网信部门申报数据出境安全评估: …… (三)处理个人信息达到一百万人的个人信息处理者向境外提供个人信息; (四)累计向境外提供超过十万人以上个人信息或者一万人以上敏感个人信息; ……	第4条　数据处理者向境外提供数据,有下列情形之一的,应当通过所在地省级网信部门向国家网信部门申报数据出境安全评估: (一)数据处理者向境外提供重要数据; (二)关键信息基础设施运营者和处理100万人以上个人信息的数据处理者向境外提供个人信息; (三)自上年1月1日起累计向境外提供10万人个人信息或者1万人敏感个人信息的数据处理者向境外提供个人信息; (四)国家网信部门规定的其他需要申报数据出境安全评估的情形

涉及信息和数据出境安全的相关评估办法四易其稿,对于触发安全评估的数据数量级的界定也更加科学合理。现行版本相较于2017年版本,考虑了企业处理数据的体量和出境数据本身的性质和数量两个方面,此前没有数据出境情况或出境数据量不大,但本身掌握海量个人信息的企业也极有可能触发安全评估,从风险防范的角度看更加合理。同时不再以单纯的数据量为依据,而是

以数据归属的个人数量为依据，并且考虑到了一旦泄露或非法使用会对个人产生更大影响的敏感个人信息，更好地体现了数字经济时代下保护个人信息权益，以人为本的精神；现行版本相较于2019版本的“一刀切”式做法更加合理，将不必要进行安全评估的出境场景排除在外，体现了促进数据安全、自由流动的立法本意。此外，正式公布版本在征求意见稿的基础上增加了向境外提供个人信息数量累计计算的起算时间，对实践更具有指导性。

2. 保护认证

保护认证是除两类特殊主体外的其他主体（以下简称一般主体）在处理个人信息出境时可以选择的合规路径。根据《个人信息保护法》的规定，按照国家网信部门的规定经过专业机构进行个人信息保护认证，也能够满足个人信息出境的前置条件。2019年人民网曾有报道，在我国首次针对企业进行的“个人信息安全管理体系认证”中，支付宝成为首批获得国家认证的企业，此次针对个人信息安全的认证由中国网络安全审查技术与认证中心（CCRC）组织进行，测评对象有阿里、腾讯、百度、京东等10家企业。这是自2016年《网络安全法》颁布后，有关管理部门首次对国内企业进行的个人信息保护认证，通过认证的企业将会获得个人信息安全管理体系认证证书。

中国网络安全审查技术与认证中心由中央机构编制委员会办公室批准成立，是国家市场监督管理总局直属的事业单位，负责依据《网络安全法》《网络安全审查办法》及国家有关强制性产品认证法律法规承担网络安全审查技术支撑和认证工作。2022年6月24日，全国信息安全标准化技术委员会秘书处发布了《网络安全标准实践指南——个人信息跨境处理活动安全认证规范》，该指南的技术支持单位即包括中国网络安全审查技术与认证中心，综合以上信息，中国网络安全审查技术与认证中心有较大可能作为进行个人信息保护认证的专业机构，配合《个人信息保护法》中个人信息保护认证制度的落地。

《网络安全标准实践指南——个人信息跨境处理活动安全认证规范》有明确的适用情形，即跨国公司或者同一经济、事业实体下属子公司或关联公司之间的个人信息跨境处理活动，以及《个人信息保护法》第3条第2款[①]适用的个人信息处理活动。跨国公司或者同一经济、事业实体下属子公司或关联公司之间的个人信息跨境处理活动可以由境内一方申请认证，并承担法律责任。《个人信息保护法》第3条第2款规定的境外个人信息处理者，可以由其在境内设置的专门机构或指定代表申请认证，并承担法律责任。故实践中，可能并非所有的一般主体都可以选择保护认证路径实现个人信息出境，企业需要提前判断自身是否属于上述两种情形。

3. 标准合同

这是一般主体可以选择的另外一条个人信息出境合规路径。一般主体应该按照国家网信部门制定的标准合同与境外接收方订立合同，约定双方的权利义务。2022年6月30日，国家互联网信息办公室发布了《个人信息出境标准合同规定（征求意见稿）》，对标准合同使用的前提条件、个人信息保护影响评估、标准合同主要内容、合同备案、合同重签等使用要点进行了规定，并在该征求意见稿附件中提供了标准合同文本，鉴于笔者撰文之时，该规定仍处于征求意见阶段，故我们仅针对征求意见稿本身进行分析。从标准合同的文本来看，合同内容主要包括：

（1）个人信息处理者和境外接收方的基本信息，包括但不限于名称、地址、联系人姓名、联系方式等；

（2）个人信息出境的目的、范围、类型、敏感程度、数量、方式、保存期限、存储地点等；

（3）个人信息处理者和境外接收方保护个人信息的责任与义务，以及为防范个人信息出境可能带来安全风险所采取的技术和管理措施等；

（4）境外接收方所在国家或者地区的个人信息保护政策法规对遵守本合同

---

① 《个人信息保护法》第3条：在中华人民共和国境内处理自然人个人信息的活动，适用本法。

在中华人民共和国境外处理中华人民共和国境内自然人个人信息的活动，有下列情形之一的，也适用本法：

（一）以向境内自然人提供产品或者服务为目的；

（二）分析、评估境内自然人的行为；

（三）法律、行政法规规定的其他情形。

条款的影响;

(5)个人信息主体的权利,以及保障个人信息主体权利的途径和方式;

(6)救济、合同解除、违约责任、争议解决等。

个人信息处理者应当在标准合同生效之日起 10 个工作日内,向所在地省级网信部门备案,备案应当提交标准合同和个人信息保护影响评估报告,其中的个人信息保护影响评估,个人信息处理者需要提前开展,我们会在后续章节中进行解读。

个人信息出境的前置手续中,满足通过安全评估、经过保护认证、订立标准合同三个条件之一即可,但前文已经提到,安全评估是针对两类特殊主体(关键信息基础设施的运营者、处理个人信息达到国家网信部门规定数量的个人信息处理者)的要求。那么对于一般主体而言,是否也可以选择通过安全评估来完成个人信息出境的前置手续?笔者倾向于认为不可以。首先,《个人信息保护法》第 38 条第 1 款已经明确安全评估是依照本法第 40 条的规定,而《个人信息保护法》第 40 条是针对两类特殊主体的专门规定,故第 38 条第 1 款应该理解为仅针对两类特殊主体适用;其次,后文中我们会说明,安全评估是一个体系完整、复杂的流程,且《数据出境安全评估办法》也仅规定了几类特殊情形应当进行安全评估,如果允许任何主体向网信部门申请安全评估,无疑会造成行政资源的浪费,无益于效率的提升,也与促进数据跨境安全、自由流动的立法本意相悖。

我们在前文中也提到,跨国公司或者同一经济、事业实体下属子公司或关联公司之间的个人信息跨境处理活动,以及《个人信息保护法》第 3 条第 2 款适用的个人信息处理活动,可以向专业机构申请个人信息保护认证,那么符合以上两种情形的个人信息出境,是否也可以通过签订标准合同来实现?《网络安全标准实践指南——个人信息跨境处理活动安全认证规范》中已经明确,个人信息跨境处理活动认证属于国家推荐的自愿性认证,鼓励符合条件的个人信息处理者和境外接收方在跨境处理个人信息时自愿申请个人信息跨境处理活动认证,充分发挥认证在加强个人信息保护、提高个人信息跨境处理效率方面的作用,即保护认证并非强制,笔者倾向于认为上述两种情形下,如果个人信息处理者并非两类特殊主体,也可以通过签订标准合同实现个人信息出境。

(二)重要数据出境前置手续

我国《数据安全法》规定,国家建立数据分类分级保护制度,根据数据在经济社会发展中的重要程度,以及一旦遭到篡改、破坏、泄露或者非法获取、非法利用,对国家安全、公共利益或者个人、组织合法权益造成的危害程度,对数据实行分类分级保护。国家数据安全工作协调机制统筹协调有关部门制定重要数据目录,加强对重要数据的保护。

重要数据作为一类特殊数据,与国家安全、经济发展以及公共利益密切相关。以汽车行业为例,汽车重要数据包括军事管理区、国防科工单位以及县级以上党政机关等重要敏感区域的地理信息、人员流量、车辆流量等数据,车辆流量、物流等反映经济运行情况的数据等,都是可能危害国家安全、公共利益或者个人、组织合法权益的数据。企业的重要数据出境前,自然也有前置手续要求。根据《数据出境安全评估办法》,[①]数据处理者向境外提供的数据中包含重要数据的,应当通过所在地省级网信部门申报数据出境安全评估。即对于重要数据的出境,安全评估是必经的流程,与个人信息出境一样,安全评估也是由网信部门进行。

如果应当履行前置手续的企业在没有履行的情况下实施了数据出境,且所涉及的出境数据为个人信息,则可能被履行个人信息保护职责的部门责令改正,给予警告,没收违法所得,对违法处理个人信息的应用程序,还可能责令暂停或者终止提供服务;拒不改正的,并处 100 万元以下罚款;对直接负责的主管人员和其他直接责任人员处 1 万元以上 10 万元以下罚款。如果情节严重的,则由省级以上履行个人信息保护职责的部门责令改正,没收违法所得,并处 5000 万元以下或者上一年度营业额 5% 以下罚款,并可以责令暂停相关业务或者停业整顿、通报有关主管部门吊销相关业务许可或者吊销营业执照;对直接

① 《数据出境安全评估办法(征求意见稿)》第 4 条:数据处理者向境外提供数据,符合以下情形之一的,应当通过所在地省级网信部门向国家网信部门申报数据出境安全评估。(一)关键信息基础设施的运营者收集和产生的个人信息和重要数据;(二)出境数据中包含重要数据;(三)处理个人信息达到一百万人的个人信息处理者向境外提供个人信息;(四)累计向境外提供超过十万人以上个人信息或者一万人以上敏感个人信息;(五)国家网信部门规定的其他需要申报数据出境安全评估的情形。

负责的主管人员和其他直接责任人员处10万元以上100万元以下罚款,并可以决定禁止其在一定期限内担任相关企业的董事、监事、高级管理人员和个人信息保护负责人。如果所涉及的出境数据为重要数据或依法应当进行安全评估的个人信息,则相关部门也会依照我国《网络安全法》《数据安全法》《个人信息保护法》等法律法规的规定处理,构成犯罪的,还可能被依法追究刑事责任。

三、企业数据出境安全评估

企业数据出境满足安全评估条件的,应当进行安全评估,安全评估由国家网信部门组织,相关的要求主要见于《数据出境安全评估办法》及国标《信息安全技术　数据出境安全评估指南(意见稿)》。

(一)安全评估的流程

符合条件的企业在向境外提供个人信息前,应当事先开展数据出境风险的自评估,形成数据出境风险自评估报告后,再通过所在地省级网信部门向国家网信部门申报数据出境安全评估。换言之,企业的自评估应该提前准备。在自评估报告完成后,企业应向国家网信部门提交以下材料:申报书、数据出境风险自评估报告、数据处理者与境外接收方拟订立的法律文件或者其他具有法律效力的文件以及安全评估工作需要的其他材料。

国家网信部门自收到企业提交的申报材料之日起5个工作日内,完成完备性查验,并自收到申报材料之日起7个工作日,确定是否受理并书面通知数据处理者,确认受理后,国家网信办会组织行业主管部门、国务院有关部门、省级网信部门、专门机构等进行安全评估,并自发出书面受理通知书之日起45个工作日内完成数据出境安全评估,情况复杂或者需要补充、更正材料的,可能适当延长并告知数据处理者预计延长的时间。数据出境评估结果有效期2年,在目的、方式范围、种类等方面发生较大变化影响出境数据安全的、数据接收方实际控制权发生变化等情况下,企业应当重新申报评估。此外根据国标《信息安全技术　数据出境安全评估指南(意见稿)》的说明,如果数据出境的目的、接收方相同,范围、类型、数量不发生较大变化,且两次数据出境间隔不超过一年,属于连续出境,此时无须重复评估。

综上,企业进行安全评估的总体流程可以以图4-10作为参考。需要注意的一点是,企业在处理某些特殊的数据出境情形时,可能不仅需要向国家网信部门申请安全评估,还需要先获得主管部门的同意。例如在处理外国司法或者执法机构关于提供存储于境内的个人信息请求时,按照《个人信息保护法》第41条的规定,需要经过我国主管机关的批准。

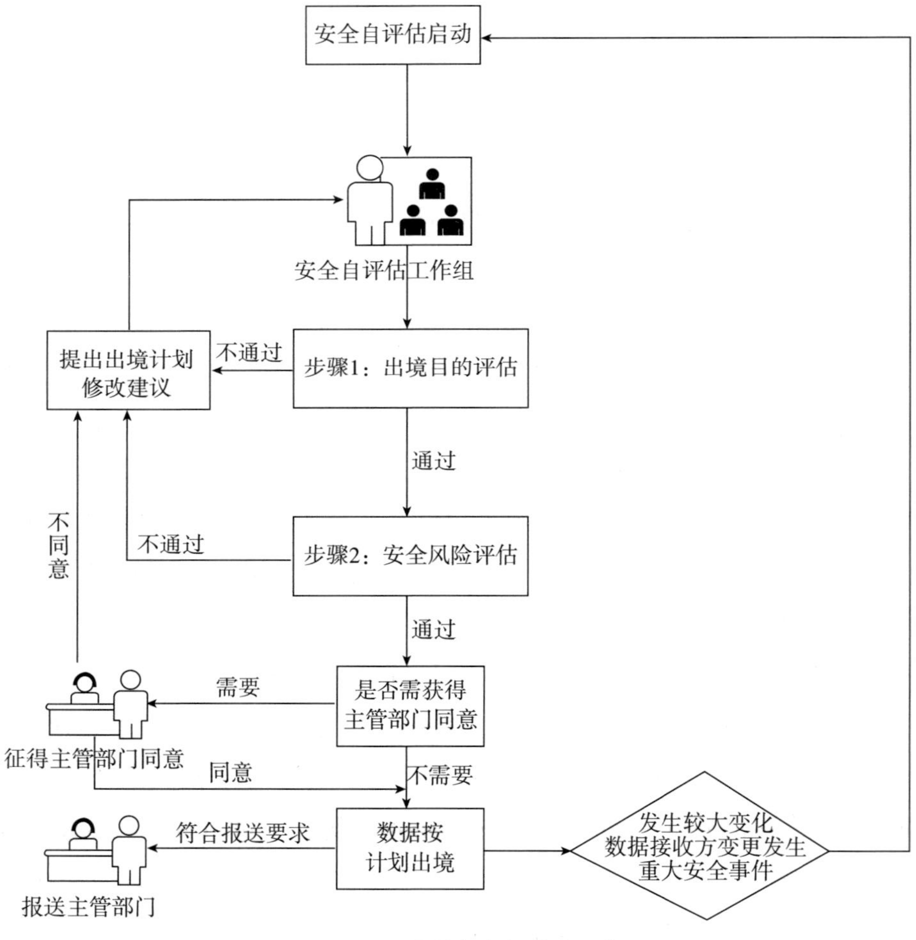

图4-10 主管部门评估流程①

① 参见《信息安全技术 数据出境安全评估指南(意见稿)》。

（二）企业如何进行自评估

企业应当组织法务、政策、安全、技术、管理相关专业人员，成立安全自评估工作组并制订数据出境计划，针对出境目的、安全风险等评估要点形成安全自评估报告。

如果数据出境涉及多方主体，如何确定开展自评估的责任主体？参考国标《信息安全技术　数据出境安全评估指南（意见稿）》的说明，对于云服务、转包服务等涉及多方数据出境主体的场景，应该根据数据出境的发起方，确定安全自评估的责任主体。例如客户主动要求云服务提供商进行数据出境的，由云服务提供商配合客户开展安全自评估，且由客户承担相应责任；如果云服务提供商主动要求进行数据出境的，由客户配合提供商开展安全自评估，且由云服务提供商承担相应责任。

进行自评估是安全评估的前置条件，那么无须进行安全评估的企业，在个人信息出境前也需要进行自评估吗？

答案是肯定的，如果出境数据是个人信息，根据《个人信息保护法》第 55 条的规定，个人信息处理者向境外提供个人信息，应当事前进行个人信息保护影响评估，并对处理情况进行记录。个人信息保护影响评估的内容包括个人信息的处理目的、处理方式等是否合法、正当、必要，对个人权益的影响及安全风险，所采取的保护措施是否合法、有效并与风险程度相适应。个人信息保护影响评估报告和处理情况记录应当至少保存 3 年。除《个人信息保护法》作出了要求外，《数据出境安全评估办法》第 5 条也规定，数据处理者在向境外提供数据前，应事先开展数据出境风险自评估。可以看出，进行自评估是企业向境外提供个人信息和重要数据前的义务，无论企业属于两类特殊主体还是一般主体，均应做好自评估工作并留存记录。

四、出境数据的安全保障制度

上文中我们讨论了数据出境的前置手续和安全评估，主要分析了监管机关的强制要求。在数据处理场景中，企业还需要从数据提供者、接收方的视角出发，确保数据处理活动符合相关法律法规的基本要求并完善安全保障制度。

(一)向个人信息主体告知信息出境事项,并获得单独同意

处理个人信息应当遵循公开、透明的原则,公开个人信息处理规则,明示处理的目的、方式和范围,企业向境外提供个人信息时,也应当符合该标准。根据《个人信息保护法》第39条的规定,个人信息处理者向我国境外提供个人信息的,应当向个人主体履行如下义务:

1. 向个人告知境外接收方的名称或者姓名、联系方式、处理目的、处理方式、个人信息的种类以及个人向境外接收方行使《个人信息保护法》规定权利的方式和程序等事项。

2. 就上述告知事项,取得个人主体的单独同意。取得个人的单独同意即不得将特定对象的授权与其他授权内容进行"捆绑"以获得个人"一揽子"同意,实践中我们遇到的问题主要是在单独同意的实现方式上。对于应当适用"单独同意"的情形,我们建议企业针对需要授权的数据处理活动制作专门的授权同意文件或文本,在用户实际触发相关业务功能时启动单独同意的授权机制。具体而言,企业可以通过界面弹窗、跳转链接、邮箱推送、纸面文件等方式充分告知用户,并设置强制阅读停留、用户主动点击确认、填写、拍照、文件签署上传等同意模式,确保数据处理活动获得用户自主、明确的同意决定。

3. 企业应该建立针对数据出境的申诉管理机制和跟踪机制,向个人主体公开申诉的渠道并在合理的时间内对申诉进行响应。如果发生数据出境的安全事件(如数据接收方发生数据泄露、损毁、滥用等),企业应当及时将数据出境安全事件的相关情况告知受影响的个人主体,难以逐一告知时,也应当采取合理、有效的方式发布有关的警示信息,保障个人主体的知情权。

(二)对境外信息接收主体进行调查

出境后,数据即处于境外接收方的控制之下。鉴于数据本身存在传输、修改、复制的便利性,一旦境外接收方对所获取信息的处理出现问题,数据出境活动便会处于一种不可控的状态,即便已经与境外接收方订立了标准协议,这种书面的防控措施也只能起到警示和补救作用。所以企业应当在向境外接收方提供数据之前,考察数据接收方的安全保护能力及采取的措施,了解接收方所

在国家或区域的政治法律环境,从而充分评估数据出境发生安全事件的可能性及影响程度。具体可从以下方面开展调查:

1. 接收方的背景情况:接收方是否具有真实有效的主体资质、之前是否出现过数据安全相关事件、是否进行了及时有效处置。涉及重要数据出境的,还应该获得数据接收方的股东构成或主管部门等背景信息。

2. 接收方的保障能力:包括接收方的安全管理制度、人员管理制度、审计机制、应急机制是否健全。

3. 接收方的技术手段保障能力:接收方应具备针对数据安全事件的预防、检测及响应能力;具有整体数据安全技术防护体系,保障所接收数据的保密性、完整性和可用性;并应该保留数据接收日志,在数据接收、保存、使用、传输、销毁等阶段具备审计能力,以及对数据存储介质安全进行安全管理及对数据进行备份和恢复的能力。

4. 接收方所在国家或区域的政治法律环境:评估接收方所在地相关法律法规及普遍适用的标准情况、所在地主管数据安全的执法机构及相关司法机构等。企业应尽量选择法律环境保障能力较强地区的数据接收方。

(三)企业自身的安全保障

与对境外接收方的要求类似,企业本身也应当完善自身的安全管理制度、人员管理制度、审计制度及应急处置机制,提高技术手段的保障能力。

同时,企业也可以从数据本身降低出境的风险,例如精简出境数据的内容,或者使用匿名化、去标识化等技术措施来处理数据,以降低数据的敏感程度。

第五节　合规保障:个人信息影响评估的落地实操

根据《个人信息保护法》的规定,无论是企业数据的主体流转还是地域流转,如果涉及委托处理个人信息、向其他个人信息处理者提供个人信息、公开个人信息,向境外提供个人信息等情形的,企业需要进行“个人信息保护影响评估”。企业在落地执行过程中,如何进行个人信息保护影响评估,是一项备受关注的问题。为便于企业理解个人信息保护影响评估,本节将从实操指引的角度进行解析。

一、个人信息保护影响评估是什么

“个人信息保护影响评估”虽作为《个人信息保护法》的亮点之一,并首次在法律法规文件亮相,但《个人信息保护法》并未对其进行定义,仅明确评估内容应包含个人信息的处理目的、处理方式等是否合法、正当、必要;对个人权益的影响及安全风险;所采取的保护措施是否合法、有效并与风险程度相适应。

对其更清晰的界定,企业可以参看 GB/T 39335—2020《信息安全技术　个人信息安全影响评估指南》(以下简称《评估指南》)。《评估指南》指出,个人信息安全影响评估是指针对个人信息处理活动,检验其合法合规程度,判断其对个人信息主体合法权益造成损害的各种风险,以及评估用于保护个人信息主体的各项措施有效性的过程,与“个人信息保护影响评估”应包含的内容一一对应。两者虽在用语表达上存在一定差异,实则具备重要参考价值。因此,《评估指南》可作为有效参考指引,指导企业开展个人信息保护影响评估。

二、什么情况下需要进行评估

根据《个人信息保护法》第 55 条的规定,如企业开展下列活动的,应当事前进行个人信息保护影响评估:

1. 处理敏感个人信息。

2. 利用个人信息进行自动化决策。

3. 委托处理个人信息、向其他个人信息处理者提供个人信息、公开个人信息。

4. 向境外提供个人信息。

5. 其他对个人权益有重大影响的个人信息处理活动。

上述场景所触发的评估义务已被《个人信息保护法》确认为强制性要求,企业在开展相应活动前均应严格遵守。不过,何为“其他对个人权益有重大影响的个人信息处理活动”?《个人信息安全规范》《评估指南》予以了细化,具体可包括:

基于不同业务目的所收集个人信息的汇聚融合，如对集团内各业务部门收集的个人信息进行数据分析并用于商业化营销目的。

1. 产品或服务发布，或业务功能发生重大变化。

2. 业务模式、信息系统、运行环境发生重大变更。

3. 发生重大个人信息安全事件。

4. 个人信息匿名化和去标识化处理。

由于暂未被列入强制性法律法规文件中，如企业涉及上述处理活动的，建议可根据实际处理的个人信息敏感程度、类型、数量，对用户造成的长期和直接影响，已采取措施的有效性，品牌建立等方面综合评估是否有必要采取个人信息保护影响评估，尽可能降低对用户合法权益的不利影响。

三、委托处理关系下的评估责任主体是谁

解决了什么情况下需要进行评估后，实务中，我们还经常收到企业关于评估责任主体的咨询，尤其是在委托处理关系下。

首先，委托方是否具有评估责任？答案是肯定的。根据问题二所述的《个人信息保护法》要求，企业作为委托处理方，应在委托前进行个人信息保护影响评估。对此，《评估指南》明确提供了评估要点提示（见表 4－4）。

表 4－4　评估要点

序号	评估要点
1	个人信息的类型、数量、敏感程度等
2	是否向个人信息主体告知了转让、共享、公开披露的基本情况，并征得个人信息主体的明示授权同意
3	委托方的安全管理保障和安全技术保障能力
4	受托方的安全管理保障和安全技术保障能力（不包括公开披露）
5	受托方可能会开展的个人信息处理活动，或公开披露的个人信息可能会被使用的个人信息处理场景
6	个人信息是否进行过去标识化处理
7	发生个人信息安全事件后的补救措施
8	受托方所能响应个人信息主体的请求的范围，如访问、更正、删除等

其次,受托方是否同样应承担评估责任,不可一概而论。由于受托方仅在委托方的委托范围内处理个人信息,一般情况下无须进行评估,但若受托方处理的个人信息为健康医疗数据、生物识别数据等敏感个人信息,或服务于征信、违法违规判断等自动化决策场景,或数据规模涉及 100 万人以上的高风险个人信息处理行为,则我们仍建议受托方同样应进行个人信息保护影响评估。

四、个人信息保护影响的评估流程是什么

个人信息保护影响的评估流程可分为以下四个环节进行:数据映射分析、个人权益影响分析、安全保护措施有效性分析、确定风险级别(见图 4－11)。

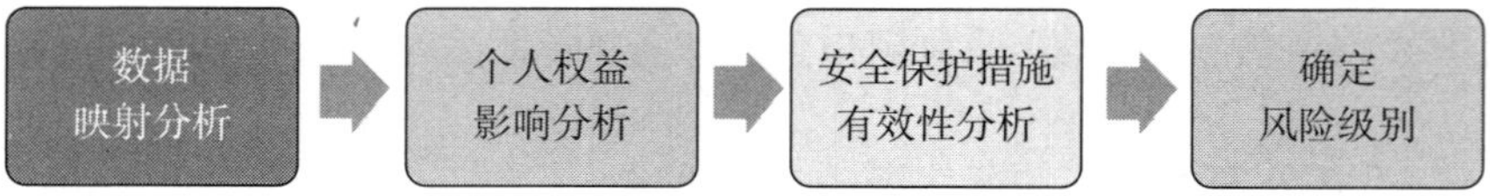

图 4－11　个人信息保护影响的评估流程

1. 数据映射分析

数据映射分析,也称数据调研,具体是指企业结合个人信息处理的具体场景,对个人信息收集、存储、使用、转让、共享、删除等环节涉及的个人信息类型、处理目的、具体实现方式等,以及个人信息处理过程涉及的资源(如内部信息系统)和相关方(如企业、平台运营者、外部服务商等第三方合作机构)进行调研。

根据个人信息的类型、敏感程度、收集场景、处理方式、涉及相关方等要素,企业可对个人信息处理活动进行分类,并描述每类个人信息处理活动的具体情形,便于后续分类进行影响分析和风险评价(见表 4－5)。

表 4－5　基于处理活动、场景、特性或组件的个人信息映射

个人信息处理活动、场景、特性或组件	个人信息类型	个人信息主体	个人信息收集、处理的目的	个人信息处理的合法事由	个人信息控制者	个人信息处理者	是否涉及跨境转移	是否涉及第三方共享
处理活动 A								
处理活动 B								
处理活动 C								

2. 个人权益影响分析

数据映射分析完成后,企业需根据调研结果进行个人权益影响分析,即分析特定的个人信息处理活动是否会对个人信息主体合法权益产生影响,以及可能产生何种影响。具体来讲,企业可从“限制个人自主决定权”“引发差别性待遇”“个人名誉受损或遭受精神压力”“人身财产受损”四个维度进行分析,并最终得出严重、高、中、低四个影响级别。

例如,就处理健康医疗数据(敏感个人信息)而言,如企业并未向用户履行单独同意义务,亦未提供实现用户个人信息权益的有效路径,则在限制个人自主决定权的维度上,其处理活动将对个人权益产生较为“严重”的影响。

3. 安全保护措施有效性分析

安全保护措施有效性主要侧重于分析个人信息安全事件发生的可能性,识别可能存在的个人信息安全危险源,并评估现有安全保护措施是否已足够应对可能产生的安全事件。因此其评估维度主要为网络环境和技术措施、参与人员与第三方、个人信息处理流程、业务特点和规模及安全态势,集中在技术手段、内部职权划分、商业发展等方面。

比如,就对外提供个人信息的行为,企业应重点评估对外传输过程是否已进行加密、数据接收方是否具备相应的数据安全能力、是否定期审计检查第三方的处理行为、相关负责人员是否已签署保密协议等。如答案均为否,那么此项活动发生安全事件的可能性级别应为“高”甚至“很高”。

4. 确定风险级别

结合个人权益影响级别及安全事件的可能性等级,参考如下风险等级判定表,可得出风险等级,完成个人信息保护影响的综合评估(见表4-6)。

表4-6 风险等级判定

风险等级		可能性级别			
		低	中	高	很高
影响级别	严重	中	高	严重	严重
	高	中	中	高	严重
	中	低	中	中	高
	低	低	低	中	中

五、评估完成后如何保存与使用

应《个人信息保护法》的要求，个人信息保护影响评估报告和处理情况记录应当至少保存3年。

对此，《信息安全技术　个人信息安全规范》规定更为严格，提出了需要确保可供相关方查阅并以适宜形式对外公开的要求。例如，幼儿园、学校等教育机构决定采用自动化设备收集未成年人个人信息的，如为检验教学质量而采取监控设备、利用App软件布置教学作业等，或选用人脸考勤打卡装置的，则所涉主体应尽可能向监护人提供个人信息安全影响评估报告全文或摘要，以便在正式投入上述设备前，已征得监护人的自愿、明确、充分同意。

此外，影响评估是一项长期性的合规工作，并非一劳永逸。以使用自动化决策机制或处理个人金融信息为例，参考《信息安全技术　个人信息安全规范》及相关标准文件要求，企业应定期（至少每年一次）开展个人信息安全影响评估，并依评估结果及时改进保护用户个人信息的措施，以确保用户的个人信息可得到最大限度地保护。

从《评估指南》到《个人信息保护法》，开展个人信息保护影响评估已成为各企业必须直面的数据合规义务。对企业而言，评估数据安全风险、改进保护措施不仅是履行合规义务的要求，更是释放数据商业价值的基础和保障。

第五章　应变之策:隐私计算平台的合规探讨

第一节　隐私计算平台概述

作为人口大国和制造大国,我国数据生产量巨大。信通院发布的《中国数字经济发展白皮书(2021 年)》[①]显示,2020 年中国数字经济规模达到 39.2 万亿元,占 GDP 比重为 38.6%,有效支撑了疫情防控和经济社会发展。

数据价值的释放,需借助"数据开放"与"数据流通"实现,但如此前章节所述,由于数据要素的特殊性,数据处理实则面临许多难题。一方面,伴随国内《网络安全法》、《数据安全法》及《个人信息保护法》的相继出台,日趋严格的监管态势日益加重着企业的数据合规压力;另一方面,在解决方案上,目前仍缺乏可彻底、完美解决数据互通后潜在的泄露、损坏、灭失等安全风险的可信技术措施。

因此,在政策与技术的双重影响下,握有数据的企业更加"不愿、不敢、不能"开放数据,导致不同系统、不同组织、不同行业之间的非公开内部数据无法流通,形成"数据孤岛"。此背景下,"隐私计算平台"应运而生,助力打破数据壁垒,为释放数据价值提供应变之策。

---

① 参见《中国数字经济发展白皮书(2021 年)》,载信通院官网 2021 年 4 月 23 日,http://www.caict.ac.cn/kxyj/qwfb/bps/202104/t20210423_374626.htm。

一、隐私计算平台的重要特征

隐私计算平台，是数字经济时代下的新产物，主要依托联邦学习、多方安全计算、可信执行环境等隐私保护计算技术对单个或多个数据源的数据进行关联、组合，从而为企业提供更好的数据处理效果，释放数据商业价值。因此，其本质是一个实现企业数据融合的新型服务平台。

隐私计算平台的重要特征，是"数据可用不可见"，即数据融合过程中，平台通过各项隐私保护计算技术保障"数据持有"与"数据使用"分离，实现原始数据不出库但数据价值流通的目标，促进跨领域多维度数据的融合。由于隐私计算平台运用了多项隐私保护计算技术，在不同技术场景下，平台实现数据处理的情形有所差异，为更清晰地界定隐私计算平台的处理行为，我们有必要先就其技术原理进行厘清。

二、隐私计算平台的技术原理

目前，隐私计算平台主要通过联邦学习、多方安全计算及可信执行环境等三项关键技术实现数据处理，每项技术的处理原理具体如下。

（一）联邦学习

传统模式下，机器学习需要将原始数据上传或集中至特定服务器进行训练，由于涉及原始数据流动，存在潜在的数据合规风险。为解决"原始数据出库"的问题，联邦学习打破了传统模式，确立了"数据不动模型动"的基础模式。

联邦学习允许各参与方在本地设备对自有数据进行模型训练，并仅将模型训练的迭代更新成果加密上传至云端，通过与云端其他参与者的模型更新成果相融合，对联合模型进行改进并反馈给各参与者（见图5－1）。

可见，该框架下各参与方之间传递的仅为模型参数，系以密文形式呈现的中间计算结果或转化结果，而非原始数据，可在各参与者不揭露底层原始数据的前提下，共同建立与改进机器学习模型，从而缓解传统机器学习中数据离开本地带来的数据隐私与合规问题。

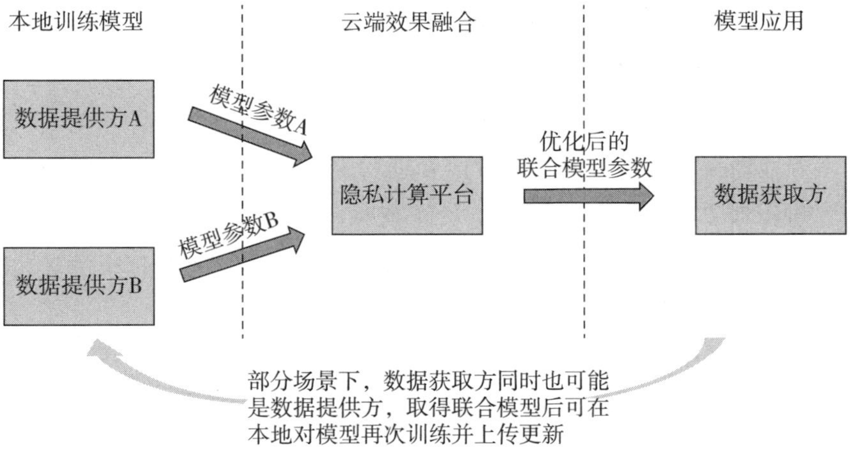

图 5 –1　联邦学习的技术原理

(二)多方安全计算

多方安全计算,主要解决两个或多个参与方如何在不披露各自数据的情况下协同计算得出各自预定的数据处理结果的问题。在具体应用中,多方安全计算主要分为三个环节,分别是数据输入、数据计算及数据输出(见图 5 –2)。

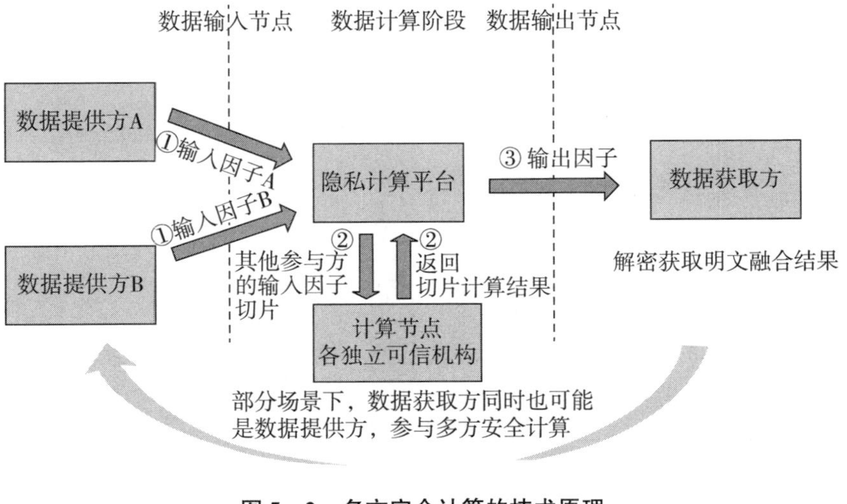

图 5 –2　多方安全计算的技术原理

1. 数据输入阶段

各参与方需要输入得出最终预定处理结果所需的原始数据,多方安全计算将进行数学变换，自动生成多个随机字符以实现数据加密，并仅将加密后的随机数据（输入因子）上传至多方计算引擎。

2. 数据计算阶段

多方计算引擎对输入因子进行预处理后分发至由相互独立且可信权威机构构成的计算节点，确保各计算节点仅能获取到其他任一参与方随机生成的输入因子的部分“切片”，计算节点基于各自获取的切片按照平台提供的算法完成计算后将各自的计算结果提交至多方计算引擎。

3. 数据输出阶段

多方计算引擎将返回的计算结果切片（输出因子）分发给数据获取方，获取方最终通过解密获取明文融合结果。

多方安全计算场景下，即便各参与方输入相同的原始数据，各获取方需要获取相同的处理结果，平台自动生成的“输入因子”也完全不同，且不具备除当次计算价值外的可读取信息，因此各参与方既无法获取其他参与方的原始数据，也能降低被第三方恶意攻击下的数据泄露风险。

（三）可信执行环境

可信执行环境，是指动态存储器内存中的一个安全区域，通过对存储的数据和代码设置访问权限，并仅在数据加载到处理器时才进行解密明文运算，确保数据处于一个隔离和可信的环境中被存储、处理和保护（见图 5－3）。

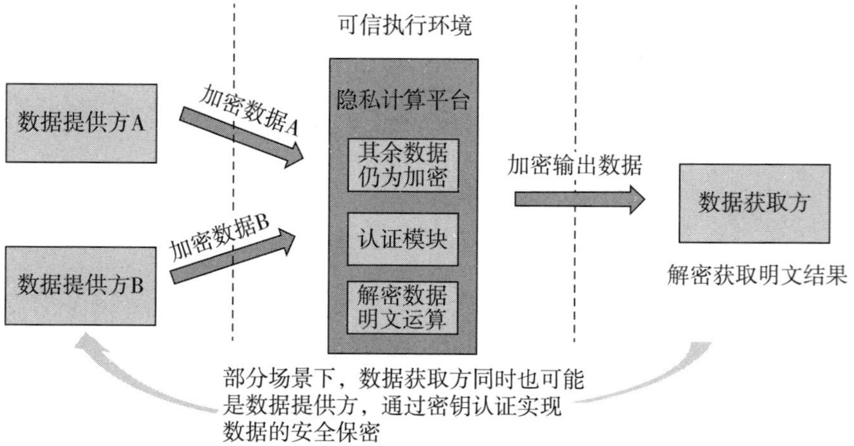

图 5－3　可信执行环境的技术原理

因此,其主要用于解决数据融合过程中的机密性问题,通常与联邦学习、多方安全计算技术叠加使用。数据融合的应用中,数据提供方可通过建立可信执行环境验证自身数据在计算过程中是否被恶意系统盗取,但由于可信执行环境需对数据进行解密计算,其计算引擎能接触明文数据,对平台提供方的可信性有较高要求。

三、隐私计算平台的应用场景

目前,隐私计算技术主要落地在金融领域。交通银行 2021 年 12 月发布的《隐私计算金融应用蓝皮书》显示,[①]隐私计算技术目前覆盖的项目已涉及普惠金融、乡村振兴、跨境贸易、金融风控、精准营销、生物信息保护、业务合规、金融监管等。

(一)精准营销场景下的应用

精准营销是指利用大数据深入分析客户行为、客户需求、客户偏好,挖掘潜在客户,并为特定产品匹配有效的客户群体,实现可持续的营销计划。这一过程依赖用户画像,而用户画像源于用户数据。单一机构拥有的历史数据资源有限,数据特征单一,不足以完整刻画出用户的行为偏好,即便是对历史数据进行分析,分析结果也和客户实际难以匹配。尤其在数据隐私保护和安全管控趋严的政策环境下,各主体间也不敢擅自将内部数据资源向外提供,用以联合构建客户画像。因此,如何安全地在多方之间进行数据融合并完成准确的建模分析,成为关键性问题。

隐私计算技术作为一项实现“数据可用不可见”的解决方案,应用于精准营销场景,最为贴切。交通银行联合中国银联通过隐私计算实现客户精准营销,

---

① 参见张亚军、唐汤健:《上海金融科技国际论坛 | 交行牵头成立数据产业化专委会,〈隐私计算金融应用蓝皮书〉发布》,载微信公众号“交通银行”2021 年 12 月 6 日,https://mp.weixin.qq.com/s?__biz = MzI5OTE4NDc3Mw = = &mid = 2659781965&idx = 2&sn = b8580a11d34aba38dd83e7f429bf0f41&chksm = f7e7caa7c09043b1f0243a50b5cde6833b8dac4806e83b3b7c19fe5d2fb9d9feee5727ac69bd&mpshare = 1&scene = 1&srcid = 0518qvG02h8cvNW19RLWCZOE&sharer_sharetime = 1652857837077&sharer_shareid = d7a89ff26ef8b82ba8b91e580d7c4ef3#rd。

便是当中的成功案例。据报道,交通银行某财富业务因即将面向客户进行营销,其决定与中国银联进行合作,在隐私计算平台的帮助下,使用存储在各自数据中心的多方数据,完成客户画像联合建模。

合作中,交通银行提供其控制的存量存款用户 ID 及特征数据,中国银联则提供银联的用户 ID 及特征数据,通过隐私计算平台将两方用户数据进行“求交”,最终交通银行得到双方都认为是潜力客户的高度潜力客户名单,并以此作为精准营销对象。

本案例验证了隐私计算在精准营销场景下的助益作用,其有效弥补了交通银行数据不充分而对客户认识不全面、分析不完整、画像不准确的不足,为交通银行在营销策略、运营分析方面提供了数据支撑,既能保障数据融合应用安全,又能实现对客户的精准画像,进而更好地了解客户实际需求,提升金融营销服务的匹配度,最终实现营销方案与产品的精准投送。

(二)金融风控场景下的应用

金融风控包括贷前风控和贷后风控,贷前风控是指银行发放贷款前根据申请贷款客户的信用报告给予的授信评级,贷后风控是指对发放贷款的资金监控,即对在客户领取贷款之后的资金用途进行监控,如企业申请经营性贷款后资金是否流入了房地产、股市等。

然而,实践中,金融机构在开展金融风控时常面临以下难点:

其一,贷款人或贷款企业在金融机构中的信用记录并不完整。由于相关财务报表并不规范且市场活动频次相对较少,金融机构难以基于企业的日常行为记录识别出有效信息,进而无法评价其信用状况,更难对其提供资料或信息的真实性予以考究。

其二,成本高企,金融欺诈问题严峻。若按照传统的人工方式进行信息搜集、风险评估,金融机构的投入成本将居高不下。同时,近年来贷款人,尤其贷款企业实施融资欺诈的问题日益严重,金融机构的风控压力也在不断攀升。在融资成本持续高涨、风控要求逐步收紧的情况下,贷款人或贷款企业纷纷面临融资难、融资贵的痛点,金融市场亟须新技术对传统反欺诈模式进行补充。

其三，数据源分散，掌控不同数据资源的机构之间缺乏信任基础。实践中，贷款人或贷款企业的真实信息并非不可捉摸，它分散在多个企业的数据资源库之中。以企业为例，企业的通信缴费记录、水电气支付信息、经营流水、税收和社保缴纳记录等与企业经营活动高度相关的信息实则散落在电信部门、水电部门、税务部门、社保部门等各机构，但在数据安全监管政策越发严格的背景下，各机构间越发缺乏合作的信任基础，金融机构难以掌握完整的贷款主体信息，这一问题构成金融机构在融资风控场景下的又一困境与难点。

通过引入隐私计算技术，金融机构有望能够在保护各方自有原始数据的前提下，完成多源数据价值的共享、计算和建模，提供多角度、全方位的信用信息深度整合，建立信用风险监测与预警，并进行全面体检和风险穿透识别，达到对信贷资产贷前、贷中、贷后的持续风险甄别、基础资产风险监控目标，降低坏账率与实现反欺诈，为融资风控难点提供技术解决方案。

除精准营销外，交通银行同样是隐私计算技术应用在金融风控领域的受益者。交通银行联合中移（上海）信息通信科技有限公司等公司，通过隐私计算平台，在数据不出库的前提下联合建模。通过融合安全计算建立反欺诈模型，部署异常监测规则和离群行为预警等技术手段，最终，交通银行得以快速精准识别高危客户群体，有效规避相应风险，解决信息不对称和计算结果不准确等问题，有效审核客户开户真实性意愿，识别金融欺诈行为，预警群体性客户联合欺诈风险。

第二节　隐私计算平台的核心风险

厘清技术原理后，我们可以发现隐私计算平台的应用通常涉及三方主体，分别是数据提供方、技术提供方（隐私计算平台）与数据获取方（见图5－4）。

图5-4 隐私计算应用的各参与方关系

数据提供方，是负责提供隐私计算所需数据的主体，其权利义务包括从数据控制者处获取数据使用的授权、要求其他参与方告知数据使用的方式及目的、对数据来源的合规性承担责任，并在提供数据前进行数据的预处理（如转换数据存储格式）等工作。

技术提供方，是负责提供隐私计算所使用的平台设施的主体，决定采用何种技术实现方案（如多方安全计算、联邦学习等），并对该方案履行算力支持、提供计算逻辑或模型等义务。

数据获取方，则是接收隐私计算结果的主体，通常需要依照各参与方对输出计算结果的使用目的、范围等方面的约定对结果进行使用。

不过，实际应用中，数据提供方、技术提供方和数据获取方三者可能因应用场景不同而存在角色重合。例如，智能营销场景下，金融机构需要融合移动、联通等运营商的客户信息构建潜力用户画像，此时银行与运营商都是数据提供方；通过隐私计算平台计算后，输出的潜力客户名单由金融机构实际使用，此时金融机构又同时是隐私计算的数据获取方。

一、隐私计算各参与方的定性分析

数据提供方、技术提供方、数据获取方等各方在隐私计算过程中的职能不同，意味着各方的法律地位有所差异，进而导致不同主体应履行的合规义务及责任亦有所差别，因此深入探讨隐私计算平台的合规风险前，需先就参与隐私计算的各主体进行法律定性分析。

（一）数据提供方是否属于"个人信息处理者"

根据《个人信息保护法》的规定，个人信息的处理包括个人信息的收集、存储、使用、加工、传输、提供、公开、删除等，但匿名化后的个人信息不属于个人信息，同时个人信息的处理应当具有明确、合理的目的。

就数据提供方而言,其是否构成个人信息处理者,关键在于其向隐私计算平台输入的数据是否属于个人数据。如果输入的数据属于个人数据,则其构成"个人信息处理者",需要通过用户授权同意等方式获得合法性基础,并在后续合作过程中充分履行个人信息保护义务。

之所以输入数据的性质存疑,是因为当前的隐私计算应用常有一个误区,即经过数据加密或预处理后,数据提供方输入隐私计算平台的数据就可以实现个人数据匿名化,从而按照《个人信息保护法》第 4 条的规定,不再属于个人数据。但与隐私计算平台实际合作中,数据提供方存在直接输入个人数据或输入数据未满足匿名化标准的情况。

以联邦学习为例,在进行联邦模型训练前,数据提供方需要对原始数据(包括个人数据)进行本地模型训练,即通过样本对齐、特征清洗、特征处理、联邦特征选择等工序完成数据预处理,进而将预处理后的本地模型参数传至联邦训练场景。其中,进行本地模型训练的数据主要是原始数据,输入联邦模型训练的数据则是经过预处理后的模型参数。对于多方安全计算和可信执行环境两种隐私计算技术,数据提供方则分别会向隐私计算平台上传输入因子和加密数据。

模型参数、输入因子和加密数据可在一定条件下(如参与方较多、数据加密技术较高、数据样本大)实现个人数据的"相对匿名化",但条件要求较高,且客观上存在可逆的可能性,企业仍应当将其视为个人数据进行风险管控。因此,数据提供方虽然并未直接提供原始数据,但经过技术处理后的输入数据仍可能构成个人数据,其向隐私计算平台提供数据的行为,已经符合对个人信息的传输和使用,属于"个人信息处理者"。

(二)技术提供方是否属于"受托处理者"

由于数据提供方输入隐私计算平台的数据在一般情况下仍属于个人数据,隐私计算平台作为数据接收方,应归为《个人信息保护法》概念下的哪类数据处理主体,是需要进一步探讨的问题。

参考《个人信息保护法》第 20 条的规定,[①]界定数据处理者是“共同控制者”还是“受托处理者”的要点,在于判断其是否能够共同决定个人信息的处理目的和方式。换言之,如果一方仅提供数据加密能力、数据传输路径、平台设施等技术处理方案,不具备对个人信息处理目的或方式的决定权,应属于“受托处理者”,但如隐私计算平台具有个人数据处理目的、方式的决定权,则其与其他参与方之间构成个人数据的“共同控制者”。

对于技术提供方来说,其本身提供的是隐私计算技术方案和服务,不对数据来源负责,仅提供算力、数据传输等技术工作,且往往需要遵循数据提供方或数据获取方的指示来部署技术方案,实现计算结果的输出。同时,参照中国人民银行发布的《多方安全计算金融应用技术规范》(JR/T 0196—2020)的要求,数据提供方有权取消数据使用授权。因此,技术提供方在一般情况下不具备自行控制个人数据的处理目的、方式和授权的权利,应被界定为“受托处理者”,并应依照法律法规的规定,采取必要措施保障所处理的个人信息的安全,协助个人信息处理者履行个人信息保护相关的合规义务。

(三)数据获取方是否属于“个人信息处理者”

隐私计算追求的目标,并非“匿名化处理个人数据”,而是“隐私性传输原始数据”,故此,经隐私计算技术处理后的数据仍可能属于“可识别或指向特定自然人”的个人数据。且对数据获取方来说,其是最终的“需求方”,是提出需要特定计算结果的一方,其目标和需求通常能够决定数据提供方所提供个人数据的处理目的和处理方式。此情况下,输出结果(个人数据)的获取方,仍将成为个人信息处理者,需就获取的数据履行个人信息保护的合规义务。

以融资风控为例,企业获取的数据通常为“个人画像”。所谓“个人画像”,是指直接使用特定自然人的个人标签,形成可直接指向该特定自然人的特征模

---

① 《个人信息保护法》第 20 条规定:两个以上的个人信息处理者共同决定个人信息的处理目的和处理方式的,应当约定各自的权利和义务。但是,该约定不影响个人向其中任何一个个人信息处理者要求行使本法规定的权利。

个人信息处理者共同处理个人信息,侵害个人信息权益造成损害的,应当依法承担连带责任。

型,如个人信用评价,结合《个人信息保护法》中的定义,显然属于个人数据,因此数据获取方取得"个人画像"并加以使用的行为,就属于个人信息处理,应受《个人信息保护法》约束。

不过,倘若数据获取方最终取得的数据为匿名化后的个人数据,如"群体画像",即通过特定自然人以外的信息(如所在群体的数据)最终形成不可直接指向特定自然人的特征模型。例如,经隐私计算平台数据融合,数据获取方得到了"60 岁至 70 岁男性用户的消费偏好",并基于群体标签向该群体有针对性地提供产品营销。在各参与方较多、参与计算的数据样本庞杂、加密技术安全性高的情况下,上述"群体画像"重识别特定自然人的成本较高,已实现"相对匿名化"。因此,在特定情况下,其获取"群体画像"的行为不构成个人信息的收集,可不属于个人信息处理者,但其使用数据的行为仍受《数据安全法》《反不正当竞争法》等约束。

二、隐私计算数据来源的授权瑕疵风险

用于隐私计算的原始数据一般由金融机构自有数据、合作方数据和社会公共数据组成,可能涉及企业行政许可、行政处罚、工商变更等企业公示信息,可能包括企业年收入、员工工资、应收或应付账款、重大债权或债务等非公开企业信息,也可能涵盖个人姓名、消费习惯、地理位置、支付记录等个人数据,具有一定的复杂性。任何一个数据源受到污染均可能影响输出结果的质量。因此,隐私计算虽提供了多元数据跨界合作的途径,有效拓宽数据来源渠道,但并不能根本解决数据来源的合法性问题。

虽然隐私计算平台会对输入数据进行加密处理,但仍存在从加密数据推知原始数据或重识别的可能,因此除企业公示信息外,数据提供方获取并输入数据的行为均应征得企业、用户个人等权利方的合法授权,包括收集数据是否已经权利方明示甚至单独同意、是否已向权利方披露用于隐私计算之目的、数据获取的授权链条及内容是否完整准确及有效、输入数据是否控制在必要范围内等,否则数据来源的真实性、合规性将存在瑕疵,从而直接影响隐私计算的最终结果。

三、隐私计算平台运算的技术安全风险

如前所述，隐私计算平台作为技术提供方，其法律定性应为“受托处理者”，如企业选择与隐私计算平台开展合作，则应视为委托第三方处理数据，形成委托关系。

根据《民法典》规定，由于受托人仅能在委托人的委托范围内处理个人数据，无法脱离委托人意志自主决定处理个人数据的目的与方式，委托人应就受托人在委托范围内实施的行为承担民事责任。这意味着企业作为委托人，同样应就隐私计算平台的处理行为承担民事责任。因此，隐私计算平台提供的算法准确性、运算过程的保密性、传输阶段的安全性等合规问题应予关注。

（一）数据泄露风险

隐私计算过程中，受保护的数据包括数据提供方输入的数据、数据获取方获得的数据，以及算法参数和模型参数中需要被保护的数据。因此，运算过程中的参数与因子仍然有可能落入应当被保护的范围。

互联网并非百分之百安全的技术环境，隐私计算平台的运算过程中存在被未知第三方恶意攻击的风险，此情况下，恶意攻击者可能采用技术手段将加密数据破解还原为原始或明细数据，或伪装成参与方窃取运算结果、扭曲模型或破解可信环境，造成数据泄露。

（二）算法失准风险

数据获取方基于隐私计算平台输出的结果为个人作出是否发放贷款、如何制定推广方案等决定，实则是通过计算机程序自动分析、评估个人的行为习惯、兴趣爱好或者经济、健康、信用状况等并进行决策的活动，构成自动化决策，应当保证决策的透明度和结果公平、公正。

由于平台输出结果是否准确较大程度上取决于算法是否可信，如隐私计算平台的算法模型不客观、不准确，将导致输出结果存在偏差，因此在算法失准的情况下，数据获取方基于此所实施的自动化决策行为将存在违规风险。

四、隐私计算输出数据的权属不明风险

在与隐私计算平台的合作中，企业可通过联邦学习、多方安全计算等技术在数据输出阶段获得"计算模型"（或"计算结果"），并持续应用在智能营销和融资风控等场景，具有较高的经济价值。但因为隐私计算过程中涉及数据控制者、数据获取方、技术提供方、数据提供方等多个参与主体，最终形成的"计算模型"可能因确权困难导致权益及知识产权归属存在争议，进而导致企业的使用权限受限甚至难以享有输出结果所附带的经济效益，与隐私计算平台合作的目的根本上无法实现。

第三节　隐私计算平台合作的合规建议

鉴于隐私计算过程中存在较多潜在的合规风险，如企业未能采取有效合规措施降低违规风险，根据《个人信息保护法》《民法典》等规定，将可能面临责令改正、给予警告、没收违法所得、罚款、责令暂停相关业务、停业整顿、通报有关主管部门吊销相关业务许可甚至吊销营业执照等行政处罚责任及赔偿损失等侵权责任，如情节严重的，还存在被追究刑事责任的风险。

个人信息保护领域的各项新规出台后，如发生侵犯个人信息权益的行为，企业的直接负责主管人员或其他直接责任人也同样难逃追责，行政部门有权依据情节严重程度对其处以 1 万元以上 100 万元以下罚款，并可以决定禁止其在一定期限内担任相关企业的董事、监事、高级管理人员和个人信息保护负责人。为避免企业及相关直接负责人承担上述法律责任，本节将就企业与隐私计算平台合作的落地建议进行梳理，以供参考。

一、核查隐私计算平台的安全运营资质

隐私计算多数情况下属于黑盒状态，无法以直观方式确认其运行情况，因此在采购与运用隐私数据进行项目工作前，平台及其隐私计算产品的安全性主要通过考察平台、合作方所享有的资质资格、企业规模、综合实力、商业信誉等

情况进行确定。此外,隐私计算平台的数据泄露风险的高低较大程度上取决于其所采用的安全保障措施是否充分、技术手段是否专业、加密程度如何、提供的计算模型或算法逻辑是否存在安全漏洞等。为降低企业与隐私计算平台合作面临的风险,建议企业可核查隐私计算平台的运营资质,以保障隐私计算过程中的数据隐私性、数据合法性、计算结果正确性、计算性能可接受性。

目前,信通院等官方机构已就隐私计算类产品的安全等能力制定了相应的测试标准,并对通过测试的产品发布测评认证证书,如《多方安全计算基础能力专项评测证书》(见图 5－5)、《大数据产品能力评测基础能力专项测试证书》,以及中国金融认证中心(CFCA)发布的多方安全计算金融应用测评结果等。

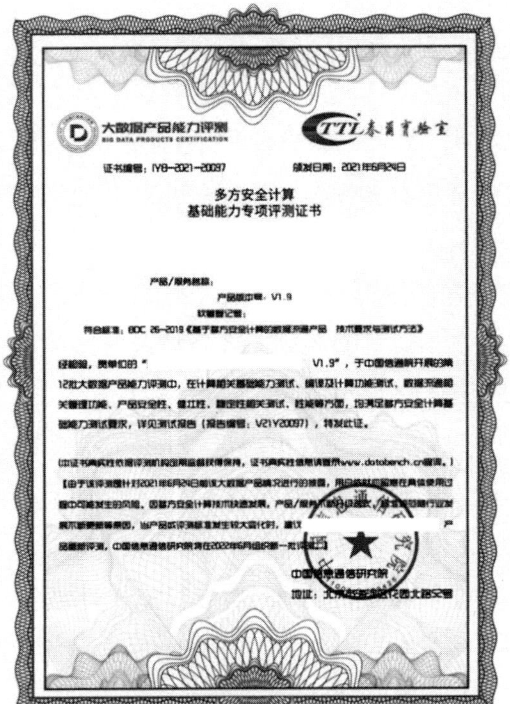
大数据产品能力评测
BIG DATA PRODUCTS CERTIFICATION
TTL泰尔实验室
证书编号: IYB-2021-20097
颁发日期: 2021年6月24日
多方安全计算
基础能力专项评测证书
产品版本号: V1.9
报告编号: V21Y20097
www.databench.cn
中国信息通信研究院

图 5－5　隐私计算平台测评认证证书

尽管上述产品认证尚未构成强制资质要求,但借助官方机构对该隐私计算运算能力的背书,可在一定程度上过滤掉不适格的合作主体,最大限度地避免企业合作中面临的数据安全性、完整性、稳定性等方面的风险。此外,企业还可通过关注平台在数据处理方面的涉诉情况、行政处罚情况、通报情况、新闻报道情况、用户投诉情况等,对隐私计算平台的安全性有更准确的把握和认识。

二、通过隐私政策、告知书等形式履行告知同意义务

尽管隐私计算的过程并不涉及原始数据的流转,但由于隐私计算处理后的数据仅在特定条件下可达到匿名化的效果,笔者仍建议企业以取得用户授权同意作为与隐私计算平台展开合作的合法性基础。

企业与隐私计算平台合作需特别注意在以隐私政策、告知书等形式取得用户同意时,应保证授权链条的完整性,并对涉及敏感个人信息的处理取得单独同意,其中既应包括企业自身对个人数据的处理,即企业作为数据提供方在收集数据时向用户告知收集、使用个人信息将涉及隐私计算的应用,还应覆盖全部隐私计算参与方的数据处理行为,对经由隐私计算平台汇聚融合后的数据使用范围、使用目的、权益归属进行明确,如用于广告营销、精准投放、融资放贷风控分析等。

另外,如企业发起隐私计算后发现使用目的和范围超出此前所声明的范围,还应当再次征得个人信息主体的同意。

三、输入/使用的个人信息应控制在必要范围内

《个人信息保护法》确立了个人信息处理的“最小必要”原则,该原则应当贯穿数据处理的始终。

企业使用隐私计算平台时输入的数据应控制在最小必要范围内,即仅提供处理当前目的所需的最少个人信息类型和数量。例如,企业基于个人信贷目的向隐私计算平台输入用户个人数据的,应限于评估所需的必要范围,避免输入用户银行密码等方面的非必要信息。

此外,每次隐私计算过程应只服务于特定计算目标,如基于其他目的进行隐私计算,应分次授权、重新建模,控制数据滥用,充分践行“最小必要”原则。

四、与各参与方就隐私计算平台合作签署协议

目前我国立法回避了“数据权属”问题,仅变通地确定“数据权益”,规定自

然人对个人数据享有人格权益，同时自然人、法人和非法人组织对其合法处理数据形成的数据产品和服务享有财产权益。由于司法实践目前已承认数据产品的财产性权益，认为企业在投入人力、物力、财力后有权对其合法收集、加工、整理获取的数据产品享有经济性权益，因此如企业在与隐私计算平台合作过程中投入了研发成本，则具有获取"计算模型"财产权益的正当理由。

企业与隐私计算平台的合作类似于技术服务合作，参考《民法典》第 885 条对"技术服务合同技术成果"的归属规定，"技术咨询合同、技术服务合同履行过程中，受托人利用委托人提供的技术资料和工作条件完成的新的技术成果，属于受托人"。如企业未与隐私计算平台明确约定"计算模型"财产权益及知识产权归属，则相关权属将归平台所有，这将导致企业实际难以实现数据价值的释放，因此，企业有必要提前与隐私计算平台以书面形式对此作出明确约定。

此外，为避免其他数据提供方输入的数据缺乏合法性基础，也便于各参与方责任义务的明确划分，笔者建议企业还应与参与隐私计算的各方签署协议，进一步要求隐私计算平台确保技术方案及算法模型的安全、可靠、可用，约束其他参与方履行个人信息主体权利行使等方面的数据合规义务，明确数据泄露、数据失实风险的各方责任分担等，保障隐私计算任务全流程的有章可循。

五、为自动化决策场景下的用户提供主体参与权

企业基于隐私计算平台输出的数据为用户提供个性化营销或个人信用评价的，构成自动化决策，应为用户提供拒绝选项，并以显著方式告知用户所提供算法的基本原理、目的意图和主要运行机制等。如企业基于自动化机制为用户作出个人信贷评价等对个人权益有重大影响的决定的，还应同时提供其他评估用户个人信用评价的非自动化决策途径。

六、事先进行个人信息保护影响评估

根据我国《个人信息保护法》第 55 条的规定，当个人信息处理者有处理敏感个人信息，利用个人信息进行自动化决策，委托处理个人信息、向其他个人信息处理者提供个人信息、公开个人信息等情形时，应当事前进行个人信息保护影响评估，并对处理情况进行记录。

企业作为数据提供方或数据获取方，在基于智能营销、融资风控等目的与隐私计算的合作中，可能涉及敏感个人数据的使用，也可能存在自动化决策场景。此情况下，企业应进行事前的个人信息安全影响评估，评估的具体内容包括但不限于数据的处理目的和方式是否合法、正当和必要；对个人权益的影响及安全风险；保护措施是否合法、有效及与风险程度相适应等。

七、评估各参与方的数据安全能力

评估隐私计算参与各方的数据安全能力，包括评估其技术手段是否严格遵循平台要求，协作机制是否按照各方所约定的操作流程与规范进行，是否采用了适当的加密措施确保数据和模型的存储安全，是否依照各方约定及时进行数据删除或数据的匿名化处理，是否采取了分布式存储的方式并避免大量明文数据的物理汇聚，如多次重复输入相同数据是否均会生成特定的测试结果等，从而进一步确保隐私计算的过程切片、模型参数和最终结果等数据的安全，以降低第三方采用非法或违规手段进行恶意攻击并还原原始数据的可能。

八、建立日志审计和监督机制

为确保隐私计算平台与其他各参与方在数据处理活动中满足合规要求，建议企业考虑构建监督机制，对平台与其他各参与方的存储、使用、传输情况进行监督，并建立日志审计制度，对数据的获取、传输、处理等过程证据进行保存，以满足内外部监管要求，避免发生安全事件时的举证困难。

第六章　保管有道:企业数据存储的合规指引

2021 年 6 月 22 日,有黑客在暗网平台出售超过 7 亿的领英用户数据,并发布了一个包含 100 万领英用户的样本数据集。经研究人员查看该样本发现其中含有以下信息:邮箱;姓名;电话号码;家庭地址;地理位置记录;领英用户名和介绍;个人和职业经验、背景信息;性别;其他社交媒体账号和用户名。这是领英史上最大规模的数据泄露事件。该用户称完整的数据库中包含 7 亿领英用户的个人信息。因为领英官方声称有 7.56 亿用户,也就是说有约 92% 的领英用户可以在该泄露的数据库中检索到个人的信息。从黑客给出的样本数据可以看到用户全名、领英用户名、Facebook 用户名、邮件地址、手机号码、职业数据、工资数据等。

从上述案例可以看出,企业数据一旦由于存储问题引发数据泄露,不仅极大影响企业的声誉,更是会严重威胁用户的数据安全和隐私安全。

数据存储系统作为信息化系统的基础设施,构建稳定、高效、满足未来业务发展需求的数据存储系统将是企业和组织夯实数据底座、挖掘数据价值、释放数据潜能的关键。企业数据存储,特别是个人信息和重要数据的存储,也已经成为企业数据合规和行政部门数据监管的焦点之一。

第一节　企业数据的存储期限

《个人信息保护法》第 19 条规定:“除法律、行政法规另有规定外,个人信息的保存期限应当为实现处理目的所必要的最短时间。”这是《个人信息保护法》

第 6 条“最小必要”原则的具体体现,即信息处理者不能无限期地保存用户个人信息,一旦信息处理的目的完成,即应做匿名化或删除处理。

一、有关企业数据存储期限的规定

关于“最短时间”的规定散见于各法律法规、部门规章、国家标准中,根据数据种类、行业内容不同亦有不同(见表 6 – 1)。

表 6 – 1　关于数据存储期限的规定汇总

序号	法律位阶	名称	法律规定
1	法律	《个人信息保护法》	第 19 条:除法律、行政法规另有规定外,个人信息的保存期限应当为实现处理目的所必要的最短时间。
2	法律	《网络安全法》	第 21 条第 3 项:国家实行网络安全等级保护制度。网络运营者应当按照网络安全等级保护制度的要求,履行下列安全保护义务,保障网络免受干扰、破坏或者未经授权的访问,防止网络数据泄露或者被窃取、篡改:(三)采取监测、记录网络运行状态、网络安全事件的技术措施,并按照规定留存相关的网络日志不少于六个月。
3	法律	《反洗钱法》	第 19 条第 1 款、第 3 款:金融机构应当按照规定建立客户身份资料和交易记录保存制度。 客户身份资料在业务关系结束后、客户交易信息在交易结束后,应当至少保存五年。
4	法律	《证券法》	第 153 条:证券登记结算机构应当妥善保存登记、存管和结算的原始凭证及有关文件和资料。其保存期限不得少于二十年。
5	法律	《证券投资基金法》	第 102 条第 2 款:基金份额登记机构应当妥善保存登记数据,并将基金份额持有人名称、身份信息及基金份额明细等数据备份至国务院证券监督管理机构认定的机构。其保存期限自基金账户销户之日起不得少于二十年。
6	法律	《电子商务法》	第 31 条:电子商务平台经营者应当记录、保存平台上发布的商品和服务信息、交易信息,并确保信息的完整性、保密性、可用性。商品和服务信息、交易信息保存时间自交易完成之日起不少于三年;法律、行政法规另有规定的,依照其规定。

续表

序号	法律位阶	名称	法律规定
7	法律	《电子签名法》(2019年修正)	第24条:电子认证服务提供者应当妥善保存与认证相关的信息,信息保存期限至少为电子签名认证证书失效后五年。
8	法律	《精神卫生法》(2018年修正)	第47条:医疗机构及其医务人员应当在病历资料中如实记录精神障碍患者的病情、治疗措施、用药情况、实施约束、隔离措施等内容,并如实告知患者或者其监护人。患者及其监护人可以查阅、复制病历资料;但是,患者查阅、复制病历资料可能对其治疗产生不利影响的除外。病历资料保存期限不得少于三十年。
9	行政法规	《征信业管理条例》	第16条第1款:征信机构对个人不良信息的保存期限,自不良行为或者事件终止之日起为5年;超过5年的,应当予以删除。
10	行政法规	《互联网信息服务管理办法》(2011年修订)	第14条第2款:互联网信息服务提供者和互联网接入服务提供者的记录备份应当保存60日,并在国家有关机关依法查询时,予以提供。
11	行政法规	《互联网上网服务营业场所管理条例》(2022年修订)	第23条:互联网上网服务营业场所经营单位应当对上网消费者的身份证等有效证件进行核对、登记,并记录有关上网信息。登记内容和记录备份保存时间不得少于60日,并在文化行政部门、公安机关依法查询时予以提供。登记内容和记录备份在保存期内不得修改或者删除。
12	行政法规	《缺陷汽车产品召回管理条例》(2019年修订)	第9条:生产者应当建立并保存汽车产品设计、制造、标识、检验等方面的信息记录以及汽车产品初次销售的车主信息记录,保存期不得少于10年。 第11条第1款:销售、租赁、维修汽车产品的经营者(以下统称经营者)应当按照国务院产品质量监督部门的规定建立并保存汽车产品相关信息记录,保存期不得少于5年。
13	行政法规	《麻醉药品和精神药品管理条例》(2016年修订)	第32条:第二类精神药品零售企业应当凭执业医师出具的处方,按规定剂量销售第二类精神药品,并将处方保存2年备查;禁止超剂量或者无处方销售第二类精神药品;不得向未成年人销售第二类精神药品。

续表

序号	法律位阶	名称	法律规定
14	行政法规	《不动产登记暂行条例》(2019年修订)	第13条第1款：不动产登记簿由不动产登记机构永久保存。不动产登记簿损毁、灭失的，不动产登记机构应当依据原有登记资料予以重建。
15	部门规章	《快递市场管理办法》	第22条第2款：经营快递业务的企业在事故处理过程中，应当对所有与事故有关的资料进行记录和保存。相关资料和书面记录至少保存一年。 第31条第2款：经营快递业务的企业收寄已出具安全证明的物品时，应当如实记录收寄物品的名称、规格、数量、重量、收寄时间、寄件人和收件人名址等内容。记录保存期限不少于一年。
16	部门规章	《金融机构客户尽职调查和客户身份资料及交易记录保存管理办法》①	第46条：金融机构应当按照下列期限保存客户身份资料及交易记录： (一)客户身份资料自业务关系结束后或者一次性交易结束后至少保存5年； (二)交易记录自交易结束后至少保存5年。 如客户身份资料及交易记录涉及正在被反洗钱调查的可疑交易活动，且反洗钱调查工作在前款规定的最低保存期限届满时仍未结束的，金融机构应当将相关客户身份资料及交易记录保存至反洗钱调查工作结束。 同一介质上存有不同保存期限客户身份资料或者交易记录的，应当按最长保存期限保存。同一客户身份资料或者交易记录采用不同介质保存的，应当按照上述期限要求至少保存一种介质的客户身份资料或者交易记录。 法律、行政法规对客户身份资料及交易记录有更长保存期限要求的，从其规定。
17	部门规章	《网络借贷信息中介机构业务活动管理暂行办法》	第23条：网络借贷信息中介机构应当采取适当的方法和技术，记录并妥善保存网络借贷业务活动数据和资料，做好数据备份。保存期限应当符合法律法规及网络借贷有关监管规定的要求。借贷合同到期后应当至少保存5年。

① 根据中国人民银行2022年2月21日发布的公告及人民银行有关负责人就暂缓实施《金融机构客户尽职调查和客户身份资料及交易记录保存管理办法》答记者问，原定2022年3月1日生效的《金融机构客户尽职调查和客户身份资料及交易记录保存管理办法》暂缓生效。

续表

序号	法律位阶	名称	法律规定
18	部门规章	《网络交易监督管理办法》	第31条:网络交易平台经营者对平台内经营者身份信息的保存时间自其退出平台之日起不少于三年;对商品或者服务信息,支付记录、物流快递、退换货以及售后等交易信息的保存时间自交易完成之日起不少于三年。法律、行政法规另有规定的,依照其规定。
19	部门规章	《单用途商业预付卡管理办法(试行)》(2016年修正)	第16条第1款:发卡企业和售卡企业应保存购卡人的登记信息5年以上。
20	部门规章	《旅行社条例实施细则》(2016年修改)	第50条:旅行社应当妥善保存《条例》规定的招徕、组织、接待旅游者的各类合同及相关文件、资料,以备县级以上旅游行政管理部门核查。 前款所称的合同及文件、资料的保存期,应当不少于两年。 旅行社不得向其他经营者或者个人,泄露旅游者因签订旅游合同提供的个人信息;超过保存期限的旅游者个人信息资料,应当妥善销毁。
21	部门规章	《道路旅客运输及客运站管理规定》(2020年)	第52条:班车客运经营者及客运站经营者对实行实名制管理所登记采集的旅客身份信息及乘车信息,除应当依公安机关的要求向其如实提供外,应当予以保密。对旅客身份信息及乘车信息自采集之日起保存期限不得少于1年,涉及视频图像信息的,自采集之日起保存期限不得少于90日。
22	部门规章	《网络预约出租汽车经营服务管理暂行办法》(2019年修正)	第27条第1款:网约车平台公司应当遵守国家网络和信息安全有关规定,所采集的个人信息和生成的业务数据,应当在中国内地存储和使用,保存期限不少于2年,除法律法规另有规定外,上述信息和数据不得外流。
23	部门规章	《网络餐饮服务食品安全监督管理办法》(2020年修订)	第15条:网络餐饮服务第三方平台提供者和自建网站餐饮服务提供者应当履行记录义务,如实记录网络订餐的订单信息,包括食品的名称、下单时间、送餐人员、送达时间以及收货地址,信息保存时间不得少于6个月。

续表

序号	法律位阶	名称	法律规定
24	部门规章	《医疗器械网络销售监督管理办法》	第22条:医疗器械网络交易服务第三方平台提供者应当记录在其平台上开展的医疗器械交易信息,记录应当保存至医疗器械有效期后2年;无有效期的,保存时间不得少于5年;植入类医疗器械交易信息应当永久保存。相关记录应当真实、完整、可追溯。
25	部门规章	《医疗机构管理条例实施细则》(2017年修正)	第53条:医疗机构的门诊病历的保存期不得少于十五年;住院病历的保存期不得少于三十年。
26	部门规章	《电信服务规范》	6.7　信息服务业务经营者应保存信息服务计费原始数据,短信息服务系统应当自动记录并保存短信息的发送与接收时间、发送端和接收端的电话号码,保存期限至少5个月。在计费原始数据保存期限内,信息服务业务经营者应根据用户需求提供信息服务收费清单。
27	部门规范性文件	《非银行支付机构网络支付业务管理办法》	第16条:对于客户的网络支付业务操作行为,支付机构应当在确认客户身份及真实意愿后及时办理,并在操作生效之日起至少五年内,真实、完整保存操作记录。
28	部门规范性文件	《商业银行信息科技风险管理指引》	第27条第1款:商业银行应制定相关策略和流程,管理所有生产系统的活动日志,以支持有效的审核、安全取证分析和预防欺诈。日志可以在软件的不同层次、不同的计算机和网络设备上完成,日志划分为两大类:(一)交易日志。交易日志由应用软件和数据库管理系统产生,内容包括用户登录尝试、数据修改、错误信息等。交易日志应按照国家会计准则要求予以保存。(二)系统日志。系统日志由操作系统、数据库管理系统、防火墙、入侵检测系统和路由器等生成,内容包括管理登录尝试、系统事件、网络事件、错误信息等。系统日志保存期限按系统的风险等级确定,但不能少于一年。
29	部门规范性文件	《互联网直播服务管理规定》	第16条第1款:互联网直播服务提供者应当记录互联网直播服务使用者发布内容和日志信息,保存六十日。

续表

序号	法律位阶	名称	法律规定
30	部门规范性文件	《移动智能终端应用软件预置和分发管理暂行规定》	第5条第3项:生产企业和互联网信息服务提供者应依法依规提供移动智能终端应用软件,采取有效措施,维护网络安全,切实保护用户合法权益。 (三)为移动智能终端应用软件提供代收费的企业,应当采取必要措施,加强对计费、收费行为的管理,杜绝不明扣费;收费企业应对用户确认信息和计费原始数据至少保存5个月,并为用户查询提供方便。
31	部门规范性文件	《互联网销售彩票管理暂行办法》	第21条:彩票发行机构、经授权的彩票销售机构应当保存彩票销售原始数据,保存期限不得少于60个月。
32	国家标准	《信息安全技术 个人信息安全规范》	6 个人信息的存储 6.1 个人信息存储时间最小化 对个人信息控制者的要求包括: a)个人信息存储期限应为实现个人信息主体授权使用的目的所必需的最短时间,法律法规另有规定或者个人信息主体另行授权同意的除外; b)超出上述个人信息存储期限后,应对个人信息进行删除或匿名化处理。

从上述所列的法律、行政法规、部门规章和国家标准来看,不同行业、不同业务、不同主体以及不同类型的数据的存储期限要求基本上各不相同,要做到数据存储合规,首先需要对自身的行业、业务、身份、信息种类、内容、目的等内容进行评估,参考相关法律法规和部门规章的规定,有针对性地设置不同的存储期限。

二、行业头部企业数据存储期限现状

目前关于数据存储合规的诸多细节仍有待完善,企业应如何设置数据的存储期限?在隐私政策中又应当如何向用户进行告知?我们对华为、京东、淘宝、快手、携程、优酷、腾讯视频、Bilibili、万豪酒店(以上排名不分先后)9家各行业头部企业的隐私政策进行了梳理,其中关于个人信息的留存期限的条款表述形式主要包括以下几种。

（一）分类详述

部分企业详细列举了其提供服务过程中可能涉及处理的信息种类及其对应的留存期限。

以华为为例，华为在其2022年3月29日更新的《关于华为服务支持与隐私的声明》[①]中将其收集和使用的数据，按照数据的类型明确告知用户该等数据的对应留存期限（见图6－1）。

5. 数据存储地点及期限

我们依据本声明处理的其他信息将会传输并保存至中华人民共和国境内的服务器。

我们仅在实现本声明所述目的所必需的时间内保留您的个人信息，并在超出下述保留时间后删除或匿名化处理您的个人信息，除非法律法规另有要求。相关业务的数据存储期限如下述：

（1）您的华为账号信息：华为账号、头像、昵称、手机号码和电子邮件地址的信息将加密传输并保存在服务器中，直到您注销账号后自动删除信息。

（2）您的热线自动服务录音将保留1个月，自助服务录音转换为文本格式将保留24个月；您的聊天记录、手机号码/电话号码、电子邮件地址、热线记录、人工客服、录音、服务工单信息将加密传输并保存在服务器中，自您上一次与我们联系之日起保留24个月。

（3）当您使用邮件反馈服务，您的姓名、电子邮件地址、问题类型及描述、联系人电话（非必填项）、产品型号、购买时间和邮件记录将被保存3个月。

（4）但当您使用设备中心功能时，您的设备标识符（SN）、华为账号信息会加密传输并保存在服务器直到您在已绑定的设备的详情页面中选择删除设备，您的上述信息会被立即删除。

（5）您的其他信息：联系人信息，服务过程中收集的姓名、手机号码将加密传输并保存在服务器中，自您上一次与我们联系之日起最多保留24个月。

此外，当我们的产品或服务发生停止运营的情形时，我们将以推送通知、公告等形式通知您，并在合理的期限内删除您的个人信息或进行匿名化处理。

图6－1 关于华为服务支持与隐私的声明

（二）归纳＋举例

有部分企业采取了“归纳＋举例”的形式来告知用户留存期限的问题，具体表现形式为：先以《个人信息保护法》及相关法律结合自身隐私保护的目的作为原则归纳，后选择列举了1～2种信息处理的场景中或相关法律法规规定中对留存期限的具体要求（见图6－2）。

---

① 《关于华为服务支持与隐私的声明》，载华为官网2022年3月29日，https://consumer.huawei.com/cn/support/service-privacy-notice/。

(二)您个人信息的保存

1. 您的个人信息将存储于中华人民共和国境内。如您使用跨境交易服务,且需要向境外传输您的个人信息完成交易的,我们会单独获取您的授权同意并要求接收方按照双方签署的数据保护协议、本隐私政策以及相关法律法规要求来处理您的个人信息。

2. 在您使用我们的产品与/或服务期间,您的个人信息将在为了实现本政策所述目的之期限内保存,同时将结合法律有强制的留存要求期限的规定确定,如《中华人民共和国电子商务法》要求商品和服务信息、交易信息保存时间自交易完成之日起不少于三年。在超出保存期间后,我们会根据适用法律的要求删除您的个人信息,或进行匿名化处理。

3. 请您注意,当您成功注销京东账号后,我们会根据适用法律的要求删除您的个人信息,或进行匿名化处理。

4. 如果我们终止服务或运营,我们会至少提前三十日向您通知,并在终止服务或运营后对您的个人信息进行删除或匿名化处理。

图6-2　京东《隐私政策》(2022年4月13日版)①

(三)概括表述

除前述两种表现方式外,还有部分企业(如快手、优酷、万豪)仅表示将在隐私政策所述目的所需的期限内保留个人信息,而未明确具体的留存期限(见图6-3)。

五、信息的存储

(一)存储期限

我们只会在达成本政策所述目的所需的期限内保留您的个人信息,除非法律有强制的留存要求。而我们判断前述期限的标准包括:

(1)完成与您相关的服务目的、维护相应服务及业务记录、应对您可能的查询或投诉;

(2)保证我们为您提供服务的安全和质量;

(3)您是否同意更长的留存期间;

(4)是否存在保留期限的其他特别约定。

在您的个人信息超出保留期限后,我们会根据适用法律的要求删除您的个人信息,或使其匿名化处理。

图6-3　优酷《隐私政策》(2021年10月31日版)②

三、超过保存期限后的数据处置方式

(一)主动删除企业数据

《个人信息保护法》第47条规定:"有下列情形之一的,个人信息处理者应当主动删除个人信息;个人信息处理者未删除的,个人有权请求删除:(一)处理

① 《京东隐私政策》,载京东官网2021年10月7日,https://about.jd.com/privacy/。

② 《优酷隐私政策》,载优酷官网,https://mapp.youku.com/service/flsm2。

目的已实现、无法实现或者为实现处理目的不再必要；（二）个人信息处理者停止提供产品或者服务，或者保存期限已届满……法律、行政法规规定的保存期限未届满，或者删除个人信息从技术上难以实现的，个人信息处理者应当停止除存储和采取必要的安全保护措施之外的处理。”个人信息数据保存期限届满的，个人信息处理者应以删除为原则，以采取必要安全保护措施继续持有为例外方式。

（二）匿名化处理

除对个人信息的删除，企业还可以对用户个人信息进行匿名化处理。根据《个人信息保护法》第 4 条的规定，匿名化处理后的信息，不属于个人信息，因此企业存储匿名化处理后的用户个人信息，本身并不违反《个人信息保护法》的规定。

而且《信息安全技术　个人信息安全规范》第 6.1 条第 b 项也明确规定，超出个人信息存储期限后，对个人信息进行删除或匿名化处理均可。《深圳经济特区数据条例》第 11 条第 4 项亦有如此规定。

但值得注意的是，在部分特殊情况下，个人信息的保存期限届满后不得进行匿名化处理，而应当直接删除，如《征信业管理条例》第 16 条第 1 款规定：“征信机构对个人不良信息的保存期限，自不良行为或者事件终止之日起为 5 年；超过 5 年的，应当予以删除。”

第二节　数据脱敏：存储的去标识化和匿名化

“脱敏”这个词在相关的法律法规、规范、标准中通常作为保护数据安全的技术手段或技术措施出现，有时与“去标识化”及/或“匿名化”并列[①]，有时则包

---

① 如在《互联网个人信息安全保护指引（征求意见稿）》第 6.3 条第 a 项规定：“经过匿名化或脱敏的方式处理的个人信息数据可用于历史、统计或科学目的……”

含了“去标识化”及/或“匿名化”[①]。结合《个人信息保护法》对“去标识化”和“匿名化”的定义以及我们日常工作中遇到的咨询情况，本文所指的“脱敏”主要指“去标识化”和“匿名化”两种做法，是指根据一定规则对个人信息采用变形、转换或屏蔽等保护数据安全的方式或手段，降低数据与个人信息主体之间的关联程度，从而实现保护个人信息权益和促进数据价值挖掘的平衡。

一、去标识化与匿名化的定义与区别

所谓“去标识化”，是指对个人信息进行处理，使其在不借助额外信息的情况下无法识别特定自然人的过程；“匿名化”是指个人信息经过处理无法识别特定自然人且不能复原的过程。《个人信息保护法》第 4 条第 1 款将经过匿名化处理后的信息排除在个人信息的范畴内。因此，匿名化后处理的信息不再属于个人信息，不受个人信息保护的相关原则及安全保障要求所约束，对该等信息的使用也因此不会涉及数据安全问题。而去标识化后的信息因其仍可能结合其他信息识别或关联到特定自然人，仍属于个人信息的范畴。

基于《个人信息保护法》《信息安全技术　个人信息安全规范》的规定，匿名化与去标识化的区别可见表 6－2。

表 6－2　匿名化与去标识化的区别

项目	匿名化	去标识化
仅从该信息本身无法识别或关联到特定的自然人	√	√
结合其他信息，也无法识别或关联到特定自然人	√	×
处理后的信息不能被复原为个人信息	√	×
是否属于个人信息	×	√

由此不难看出，匿名化对个人信息的处理更加彻底，匿名化处理后的效果等同于删除的效果，对个人信息的保护程度也相对更高，数据经过匿名化处理之后可以直接对外提供，而去标识化处理后的数据则仍需满足知情同意规则或其他个人信息处理的合法性要求，如“最小必要”原则。

---

① 如《个人金融信息保护技术规范》（JR/T 0171—2020）第 7.2.1 条第 e 项规定：“建立个人金融信息脱敏（如屏蔽、去标识、匿名化等）管理规范和制度……”

二、去标识化技术与模型

在一定的场景下,当信息经去标识化处理后无法重新识别或者关联到个人信息主体时,即达到了匿名化处理的效果。从《信息安全技术 个人信息去标识化指南》的规定可见,去标识化和匿名化所采用的技术和模型是具有共通性的,故我们遵循其表述,统称为“去标识化技术/模型”。

(一)常见的去标识化技术与模型

《信息安全技术 个人信息去标识化指南》列举了7种去标识化技术,包括统计技术、密码技术、抑制技术、假名化技术、泛化技术、随机化技术和数据合成技术。如抑制技术中的屏蔽技术,就是删除或隐藏数据里一些项目,如我们快递盒上的姓名和联系电话使用“ * ”来代替其中一部分字体或数字,就是一种比较常用的去标识化技术。又如泛化技术,实际上就是使用概括、抽象的方法去表达原来的数据项目,如对于“1.747”取整泛化处理为“1”。泛化技术中还有一种技术叫作“顶层与底层编码”,它其实就是为某个属性设定一个可能的最大或最小阈值,如对某个人的高薪资,我们可以设置该个人的薪水值为“高于×元”,这种做法就能够有效避免记录准确数值以保护其个人信息安全,但它更适用于连续或分类有序的数据。同样适用连续数据的还有随机化技术中的噪声添加技术,它通常是指添加随机值到所选的连续属性值中来修改数据集的一种去标识化技术,如对于身高“1.80m”,产生随机数值“-0.33m”,把它加入原始数值后就变成了“1.47m”,在计算如分布、平均值、相关性等统计特性的场景中,这种去标识化技术能够在保护个人信息安全的同时尽可能地保持该属性在数据集中的原始统计特性。

因去标识化技术各有特点,在实践中可能会混合多种技术方法对个人信息进行去标识化处理方能达到目的。具体去标识化技术子类、适用数据类型及降低重标识风险等比较情况(见表6-3)。

表 6－3　去标识化各技术特点比较

类别	子类	输出数据类型	数据记录级保真性	适用数据类型	适用属性类型	降低分离风险	降低关联风险	降低推导风险	计算消耗
统计技术	抽样	微数据	√			部分	部分	部分	低
	聚合	统计数据		连续数据	所有	√	√	√	低/中
密码技术	确定性加密	微数据	√	所有	所有	×	部分	×	中
	保序加密	微数据	√	所有	所有	×	部分	×	中
	同态加密	微数据	√	所有	所有	×	×	×	高
	保留格式加密	微数据	√	所有	所有	×	×	×	高
	同态秘密共享	微数据	√	所有	所有	×	×	×	高
抑制技术	屏蔽	微数据	√	分类数据	局部标识符	√	部分	×	低
	局部抑制	微数据	√	分类数据	标识符	部分	部分	部分	低
	记录抑制	微数据	√			部分	部分	部分	低
假名化技术		微数据	√	分类数据	直接标识符	×	部分	×	低/中
泛化技术	取整	微数据	√	连续数据	标识属性	×	部分	部分	低
	顶层与底层编码	微数据	√	有序数据	标识属性	×	部分	部分	低

续表

类别	子类	输出数据类型	数据记录级保真性	适用数据类型	适用属性类型	降低分离风险	降低关联风险	降低推导风险	计算消耗
随机化技术	噪声添加	微数据	×	连续数据	标识属性	部分	部分	部分	低
	置换	微数据	×	所有	标识属性	部分	部分	部分	中
	微聚集	微数据	×	连续数据	所有	×	部分	部分	中
数据合成技术		微数据		所有	所有	√	√	√	低/中

注:“√”表示满足;“×”表示不满足。

因攻击者仍可能借助其他外部信息对采用去标识化技术的数据进行重标识以识别或关联到个人,因此除了选择合适的去标识化技术外还需要选择适当的去标识化模型。《信息安全技术 个人信息去标识化指南》中介绍了两种模型:K-匿名模型和差分隐私模型。

K-匿名模型用于隐藏一群相似人员中各个个人的身份,其中K是一个数字,表示相应群组内的总人数。对于数据集中的任何人,如果有至少(K-1)个人具有相同的属性,即表示该数据集已实现K匿名效果。举个例子,一个数据集对应的K是100,属性是邮政编码。如果我们查看该数据集中任何个人的相关数据,一定会发现另外99个人也有着相同的邮政编码。因此,仅根据邮政编码,我们无法辨识该数据集中任何人的身份。

差分隐私模型是一种向数据中添加数学噪声的技术。如果使用了这种技术,就无法确定任何个人是否属于某数据集,因为给定算法的输出结果看起来基本都一样,无论是否包含相应个人的信息。例如,假设我们正在衡量某地理区域的整体流感检索趋势,我们可增加或减少某个社区中搜索流感相关内容的人数,这样做不会影响我们在该地理区域这个大范围内衡量这一趋势,但会导致攻击者无法确认该社区的具体情况。但这种模型技术可能会导致数据变得不那么实用。关于K-匿名模型和差分隐私模型的特点比较,见表6-4。

表 6－4　K－匿名模型和差分隐私模型特点比较

类型	数据记录级保真性	适用数据类型	降低分离风险	降低关联风险	降低推导风险
K－匿名模型	满足	所有	满足	部分	不满足
差分隐私模型	不满足	所有	满足	满足	部分

根据《信息安全技术　个人信息去标识化指南》，去标识化强调对标识内容的处理，其目标在于对直接标识符和准标识符进行删除或变换，控制重标识的风险，在此前提下结合业务目标和数据特性选择合适的去标识化模型和技术。又因数据的公开共享程度越高，数据中包含的个人信息被重标识的风险就越高，对相应数据的去标识化要求程度也就越高。因此，在评估是否采取去标识化处理措施及采取何种措施时，除遵守法律法规的规定外，企业还需综合考虑数据类型、公开共享范围、重标识风险及数据有用性等。

（二）去标识化的效果

根据《信息安全技术　个人信息去标识化效果分级评估规范（征求意见稿）》规定，评定个人信息去标识化处理后的效果分为 4 级，等级越高，重标识风险就越低（见表 6－5）。

表 6－5　去标识化效果分级

级别	数据类型	解释
4 级	聚合数据	对数据汇总分析所得，如总计数、最大值、最小值、平均值等
3 级	重标识风险可接受数据	消除直接标识符，且重标识风险地域设定阈值
2 级	消除直接标识符的数据	删除直接标识符或将直接标识符处理至无法单独（直接）识别到个人身份，但包含准标识符，重标识风险高于设定阈值
1 级	能直接识别主体的数据	包含直接标识符，在特定环境下能够直接识别个人信息主体

目前实践中更多对应的是 2 级，比如我们常见的快递信息、外卖订单上的手机号。但这种程度的去标识化，仍有比较大的概率通过大数据的对比、数据库撞库等方式来重新识别或关联到个人信息主体，属于“重标识风险较高”的信

息数据。它和3级其实仅差了一个阈值,这种定量性质的标准虽然在技术层面具备了一定的实操指导价值,但是仍然未能考虑不同的去标识化技术和模型的适用对基础算法逻辑的偏离影响及如何量化这些影响来适用不同行业不同业务下的不同场景。就当前立法对于匿名化处理后的个人信息豁免"知情同意"等原则要求的情况看,未来针对前述3~4级的去标识化处理后的数据有可能会适用匿名化处理的法律效果,允许个人信息处理者对相应的数据进行更加便捷的开发和利用,而1~2级则可能仍需受到个人信息保护相关原则及规范的约束。[①] 未来规范标准显然都是需要不断细化和不断释义的。

三、去标识化场景示例

当前我国对于个人信息去标识化处理的规定尚处于比较宽泛的阶段,一般是在特定场景下的数据安全指南之中举例说明典型情景下某一种数据类型的去标识化处理方法,并阐明去标识化处理所需要的达到的结果,并不要求企业选择特定的去标识化技术和模型。

以声纹为例,根据《信息安全技术　声纹识别数据安全要求(征求意见稿)》的规定,若用户所使用的软件仅为录制声音的工具,无须用户提供也不会自动采集用户声音的,不存在回传服务器,则该用户的录音音频不需要进行去标识化处理;《信息安全技术　个人信息告知同意指南(征求意见稿)》附录G中亦有类似表述。若该软件需要传输、存储,则要求在存储、传输声纹识别数据时不在文件名中出现能识别用户的信息,通过人工监督的方式确保语音内容不包含用户完整的身份证号码、姓名、手机号码、账号口令等个人信息;若确需存储数据主体的身份信息、声纹特征和声纹模型时,应采用物理或逻辑隔离的方式分别存储这三类信息。在声纹并非用于身份识别的场景中(如智能音箱语音唤醒、自动语音翻译等),企业应通过语音转换等技术手段消除或破坏语音样本中的声纹信息后再进行处理。

例如,在网约车行程录音录像的场景下,根据《信息安全技术　网络预约汽

---

① 参见熊定中、张宇涵:《个人信息去标识化的法律效果丨基于〈个人信息去标识化效果分级评估规范(征求意见稿)〉的技术趋势》,载微信公众号"中国法律评论"2021年4月15日。

车服务数据安全指南(征求意见稿)》规定,驾驶员 App 生成的行程录音文件应在上传完成后删除,不应在移动终端留存。网约车运营者需要对行程录音采取技术措施使录音可识别录音内容但无法识别用户身份,如对音频信息的基频进行改变等;同时,还需要对行程录像采取技术措施对乘客和驾驶员面部识别特征模糊化处理,如采取检测技术在视频中定位乘客面部位置,对面部识别特征遮挡处理等,但当涉及投诉处理必须使用行程录音录像中的原始音频基频和面部识别特征除外。若涉及共享,网约车经营者还需按照国家标准对录音录像进行加密等保护措施。当涉及委托第三方对行程录音进行处理时,网约车经营者需要将行程录音中的描述的个人身份信息内容提取并删除,随后将录音分割为最小听音分片并打散,并使之无法重新组装还原成原始文件。

第三节　企业数据存储的合规指引

本节将从数据的存储期限、存储方式、存储地点来探讨企业数据存储的合规指引。

一、数据存储期限合规

《信息安全技术　个人信息安全规范》规定“个人信息存储时间最小化”原则,即“个人信息存储期限应为实现个人信息主体授权使用的目的所必需的最短时间”,同时在“超出上述个人信息保存期限后,应对个人信息进行删除或匿名化处理”。实务中,“最小化”的落地一般结合企业主营业务特征综合确定。例如,为了维护交易和业务记录,以提供售后服务或查询、投诉;或者为了确保提供服务的安全和质量等。

同时,企业需要比照上述规定梳理,关注自身所处行业及业务场景对存储期限的特定要求,存储期限一旦届满,应当及时删除存储的个人信息或者对其进行匿名化处理。

二、数据存储方式合规

为保障数据存储阶段的安全,除了前文中分析的去标识化和匿名化措施外,企业还可采取以下数据存储措施,以增强数据安全。

(一)使用加密存储方式

《信息安全技术　个人信息安全规范》要求对个人敏感信息采用加密措施[个人敏感信息包括身份证件号码、个人生物识别信息、银行账号、通信记录和内容、财产信息、征信信息、行踪轨迹、住宿信息、健康生理信息、交易信息、14 岁以下(含)儿童的个人信息等]。但《互联网个人信息安全保护指南》要求对收集的个人信息均应采取加密存储等安全措施进行处理,而并未区分是否为个人敏感信息,因此,我们建议企业对收集的信息均进行加密存储,而不论是否为个人敏感信息。

相关国家标准也对加密存储措施提出了要求,根据《信息安全技术　健康医疗数据安全指南》,如果企业运营有为个人提供的在线健康医疗服务(如在线问诊、在线处方)或健康医疗数据服务的移动应用程序(如个人电子健康档案),如果使用可移动介质存储健康医疗数据和个人身份标识信息,则宜对存储在介质上的数据进行加密,以防止数据受到未经授权的访问;《信息安全技术　人脸识别数据安全要求(征求意见稿)》要求企业采取安全措施存储和传输人脸识别数据,包括但不限于加密存储和传输人脸识别数据,采用物理或逻辑隔离方式分别存储人脸识别数据和个人身份信息等。

(二)建立备份措施

根据《互联网个人信息安全保护指南》规定,企业保存信息的主要设备,应对个人信息数据提供备份和恢复功能,确保数据备份的频率和时间间隔,并使用不少于以下一种的备份手段:(1)具有本地数据备份功能;(2)将备份介质进行场外存放;(3)具有异地数据备份功能。为避免网络病毒、人为删除、黑客入侵等导致数据丢失,建议企业建立相应的数据备份措施。

以医疗数据为例,根据《信息安全技术　健康医疗数据安全指南》,对于商业保险公司而言，宜定期进行数据备份，备份介质场外存放，配备灾难恢复所需的通信线路，建立介质存取、验证和转储管理制度，按介质特性对备份数据进行定期的有效性验证，保证健康医疗数据在健康医疗信息系统中数据存储的可用性。

（三）分开存储

个人生物识别信息属于个人敏感信息之一，因其具有高度敏感性，除应采取加密等安全措施外，还应当遵循特别规定。根据《信息安全技术　个人信息安全规范》的规定，企业应注意将个人生物识别信息与个人身份信息分开存储。原则上企业不应存储原始个人生物识别信息，具体可采取以下合规措施：(1)仅存储个人生物识别信息的摘要信息；(2)在采集终端中直接使用个人生物识别信息实现身份识别、认证等功能；(3)在使用面部识别特征、指纹、掌纹、虹膜等实现识别身份、认证等功能后删除可提取个人生物识别信息的原始图像。

（四）分级管理

根据《信息安全技术　健康医疗数据安全指南》，数据控制者宜对健康医疗数据进行分类分级管理，制定、实施合理的策略与流程，将使用和披露限制在最低限度；《人口健康信息管理办法（试行）》也要求对人口健康信息实行分级存储。在分级措施的设计上，企业可参考《深圳经济特区数据条例》中的规定，数据处理者对数据存储进行分域分级管理，选择安全性能、防护级别与安全等级相匹配的存储载体；对敏感个人数据和国家规定的重要数据还应当采取加密存储、授权访问或者其他更加严格的安全保护措施。

三、数据存储地点合规

数据本身具有无形、易复制的特征，一旦泄露，所影响的范围不仅包括企业和个人本身，还有可能涉及国家安全和公共利益。鉴于此，我国对数据的存储地域有着明确的要求，不同种类的数据、不同主体所掌握的数据，在是否能够跨境存储这一点上会存在不同。

对于关键信息基础设施的运营者（如面向公众提供网络信息服务或支撑能

源、通信、金融、交通、公用事业等重要行业运行的信息系统或工业控制系统）而言，其在中华人民共和国境内运营中收集和产生的个人信息和重要数据（以汽车行业为例，军事管理区、国防科工单位以及县级以上党政机关等重要敏感区域的地理信息、人员流量、车辆流量等数据就属于重要数据，关于关键信息基础设施的运营者和重要数据的界定，可见第四章第二节相关内容），应当在境内存储，如果因业务需要，确需向境外提供的，应当按照国家网信部门会同国务院有关部门制定的办法进行安全评估；法律、行政法规另有规定的，依照其规定。

对于处理个人信息达到国家网信部门规定数量的个人信息处理者，其应当将在中华人民共和国境内收集和产生的个人信息存储在境内。确需向境外提供的，应当通过国家网信部门组织的安全评估；法律、行政法规和国家网信部门规定可以不进行安全评估的，从其规定。

对于国家机关而言，其处理的个人信息应当在中华人民共和国境内存储；确需向境外提供的，应当进行安全评估。安全评估可以要求有关部门提供支持与协助。

对于某几类特殊的数据，相关部门规章、国家标准等也在以上法律原则的基础上进行了补充要求：

1. 人口健康信息：根据原国家卫生计生委《人口健康信息管理办法（试行）》的规定，企业不得将人口健康信息在境外的服务器中存储，不得托管、租赁在境外的服务器。

2. 云计算平台中的个人信息：根据公安部网络安全保卫局等部门发布的《互联网个人信息安全保护指南》，企业应该确保个人信息在云计算平台中存储于中国境内，如需出境应遵循国家相关规定，存储、处理客户数据的数据中心和云计算基础设施不得设在境外。

3. 人脸识别数据：根据《信息安全技术　人脸识别数据安全要求（征求意见稿）》，在我国境内收集或产生的人脸识别数据应在境内存储。因业务需要确需出境的，应按照个人信息出境相关规定进行安全评估。

4. 声纹识别数据：根据《信息安全技术　声纹识别数据安全要求（征求意见稿）》，在我国境内收集或产生的声纹识别数据，应在境内存储，因业务需要确需出境的，应遵循国家相关规定和相关标准的要求。

5. 医疗数据：根据《信息安全技术　健康医疗数据安全指南》（GB/T 39725—2020），企业不得将健康医疗数据在境外的服务器中存储，不托管、租赁在境外的服务器；使用云平台的应符合国家相关要求。

6. 即时通信个人信息：根据《信息安全技术　即时通信服务数据安全指南（征求意见稿）》，即时通信服务运营者应将境内收集的用户个人信息存储于中国境内，如因业务需要向境外提供，应符合国家相关规定和标准的要求。

7. 快递物流服务数据：根据《信息安全技术　快递物流服务数据安全指南（征求意见稿）》，不涉及国际快递物流服务的，寄递用户个人身份信息、电话号码、地址不宜传输至境外。境外仅需查询的不应将数据在境外存储。

此外，根据《个人信息保护法》规定，存储于我国境内的个人信息，如果没有经过中华人民共和国主管机关批准，个人信息处理者不得向外国司法或者执法机构提供。存在境外纠纷或遭受境外行政处罚的企业在向境外司法、执法机构提供信息时需要格外注意。

第七章　权益保护:司法保护模式与裁判规则

本书在前述章节探讨了企业在数据处理中的各项合规指引,然而在实际经营活动中,除去对合规措施的关注,企业另一方面最关心的莫过于对自身合法权益的保护,但长期以来,由于数据这一对象所具有的多样性、特殊性和复杂性等,关于数据权益的概念、范围、分类、权属关系和保护方式等内容一直未有明确规定,其中关于企业是否对其所收集掌握和开发利用的用户数据享有合法权益的问题更是争议不断。

在实务中,也出现了一些有关数据争议方面的纠纷案件,侵权方大多会提出原告企业对于所掌握的用户数据不具有合法权益的抗辩,无论是所有权、财产权还是处分权等,进而主张原告无权提起诉讼,更无权要求法院支持停止侵害、消除妨害和赔偿实际损失等诉讼请求。因而,法院常常需耗费大量的文字对企业在数据上享有的权益进行论证;同时由于权益所依托的基础不明确,各法院对侵权行为的定性与说理往往也存在差异,这都给企业维权带来了困难和不确定性。

这一问题随着《数据安全法》的出台,企业享有的数据权益被予以了明确肯定,逐渐撕开了面纱的一角。本章节将结合法律法规对数据权益方面的保护规定以及目前发生的司法实践典型案例,展开详细讨论,探讨企业数据保护的司法保护模式与裁判规则。

第一节　用户与企业间数据权益问题的多维解析

数据权属问题由来已久。按照科斯名言,“缺乏清楚的产权界定,便不存在有效的市场”。尤其是对于处理大量用户数据的平台企业，清晰的产权归属似乎是企业交易数据的前提条件。在我们为其提供数据合规法律服务时，也常有企业客户提出“致命”问题：这些数据归谁所有？

为了解答这一问题，本节将从立法、司法、学术三个维度，梳理数据权属的问题现状，为企业提供数据合规使用、权益有效保障的“解题思路”。

一、立法留白

《民法总则（草案）》一审稿曾将“数据信息”与作品、专利和商标并列，纳入知识产权的客体范畴；后在《民法总则（草案）》二审稿中，数据信息从知识产权客体项下删去。最终，《民法典》第127条将“数据和网络虚拟财产的保护”独立成条，仅提示“法律对数据、网络虚拟财产的保护有规定的，依照其规定”。由此可见，《民法典》搁置了数据权属问题，通过敞口规定预留了未来的界权空间。

《数据安全法》作为数据领域的基本法，仅对数据所涉权益进行原则性规定：“国家保护个人、组织与数据有关的权益，鼓励数据依法合理有效利用，保障数据依法有序自由流动，促进以数据为关键要素的数字经济发展。”

《个人信息保护法》则着眼于保护个人信息权益，赋予个人在信息处理过程中的诸多权利，包括知情权、决定权、限制和拒绝权、查阅权、复制权、更正权、删除权、自动化决策相关权利以及一定程度的可携带权。

作为地方综合性数据立法的先行者，2022年1月1日同步施行的《深圳经济特区数据条例》及《上海市数据条例》同样没有直接对数据确权，仅确认了数据相关的人格权益和财产权益。

《深圳经济特区数据条例》第3条和第4条明确自然人对个人数据享有人格权益，同时，自然人、法人和非法人组织对其合法处理数据形成的数据产品和服务享有财产权益。但是，财产权益不得危害国家安全和公共利益，亦不得损害他人的合法权益。

《上海市数据条例》则在第12条规定，自然人对其个人信息享有人格权益，自然人、法人和非法人组织享有数据处理活动和数据创新活动中的相关财产权益。

综上，目前立法层面并未真正触及数据确权的核心内容，而是选择在数据权属问题上留白，对数据相关的人格权益及财产权益进行保护。

二、司法变道

总体而言，司法趋势与立法态度接近，近年来法院判决并未直接回应企业数据的权利归属，而多从《反不正当竞争法》第2条“经营者的合法权益”维度，承认和保护企业长期合法经营后所获数据的竞争性财产权益，同时兼顾用户/消费者的个人信息保护。

在淘宝（中国）软件有限公司诉安徽美景信息科技有限公司商业贿赂不正当竞争纠纷案件（以下简称“生意参谋案”）中，对于原告主张其对“生意参谋”数据产品享有财产所有权的诉讼主张，一审法院认为财产所有权作为一项绝对权利，如果赋予网络运营者，则意味不特定多数人将因此承担相应义务。是否赋予数据产品财产所有权，事关民事法律制度的确定，但限于法律尚无具体规定，基于“物权法定”原则，法院未确认原告的该项诉讼主张。本案中，法院同步肯定了数据产品的财产性权益。法院认为，原告在投入大量智力劳动成果后，深度开发与系统整合形成的大数据产品已独立于用户信息、原始数据，应由原告享有独立的财产性权益。

在“微信诉群控软件案”中，法院认为应当区分整体数据资源和单一用户数据的不同数据权益。对于单一用户数据（如用户发布的内容数据、头像昵称），网络平台只能依附网络用户信息权益，依其与用户的约定享有原始数据的有限使用权。如未经许可使用他人控制的数据，只要不违反“合法、必要、征得用户同意”原则的，一般不应被认定为不正当竞争。在“大众点评诉百度”案中，百度公司大量使用大众点评的用户评论信息，因超出必要限度、对大众点评构成实质性替代，被认定为不正当竞争行为。

对于单一原始数据聚合而成的整体数据资源，系平台投入了大量人力、物力，经过长期经营积累聚集而成的，法院认为平台对于整体数据资源享有竞争性权益。如未经许可规模化破坏性使用他人控制的数据资源，或在他人数据资源基础上开展的“创新性竞争”在市场竞争效果上弊大于利的，可以认定为不正当竞争。

综上，对于企业在投入精力合法收集、加工、整理获取的数据产品，司法实践大多认为企业享有财产权益,且这种财产权益属于竞争性权益,即其他市场主体不应随意搭便车,截取原企业的投入成果并产生实质性替代等破坏性后果。对于网络平台控制的单一用户数据,当前司法趋向于以“用户授权同意”为先,这也呼应了《个人信息保护法》的个人信息可携带权。

三、学术争鸣

与立法和司法不同,理论界认为,将数据权利降格为数据权益,只能保障数据控制者遭受特定侵害时获得救济,保护密度和强度受限。因此,对于如何将数据权益上升至数据权利,多个理论学说百家争鸣。

(一)所有权保护说

所有权保护说认为数据控制者应对数据享有占有、使用、收益、处分的所有权,尤其是在数据交易的场景下,清晰的产权归属被认为是交易前提。例如,贵州大数据交易所制定的交易规则就明确:“数据买卖双方要保证数据所有权、合法、可信、不被滥用。”在这一学说下,对用户数据进行匿名化处理后的数据产品所有权似乎应归属企业。但鉴于数据具有可复制性,很难遵循物权法的“一物一权主义”与排他性效力,故通过所有权保护数据利益与现有物权理论存在冲突。

(二)知识产权保护说

知识产权保护说认为数据产品等衍生数据的性质属于智力成果:衍生数据是原生数据的加工、计算和集合,这一过程包含了智力创造,最终形成非物质化的劳动作品,属于智力成果。因此,该理论建议在知识产权保护项下另设“数据专有权”。

但这一学说也有明显缺陷,即企业对数据的加工、利用难以达到知识产权的创造性标准。即便衍生数据是非物质性且有劳动投入,但缺乏创造性的劳动作品并不等于知识产权下的智力成果,不具有知识产权的权利基础。

（三）债权保护说

债权保护说提出数据应在债权关系中进行保护，认为数据不是民事权利的客体，其本身不具有价值和交易可能性，数据的经济价值需要通过技术举措实现，因此数据交易也应定性为债权关系下的数据服务合同。

这一学说完全否定了数据的民事权利客体性质，受到了诸多批判，认为数据所具有的独立经济价值及财产属性不应被彻底否定，数据交易强调的也是其掌握的可交易数据，而非交易本身。

（四）新型数据权利保护说

上述学说主要是从已有部门法的维度出发，以"旧瓶装新酒"的形式希望将数据权属问题纳入其中。但如上文分析，既有制度框架无法完美契合新兴的数据确权需要，学者们也开始探索新型数据权利理论的可为空间。其中比较有代表性的观点有以下两种。

数据资产权保护说。这一学说认为，数据权利可以分为两部分：一方面是初始数据主体基于个人数据的人格权和财产权；另一方面是数据控制者享有排他性和绝对性的数据经营权和数据资产权。其中数据经营权关于数据经营地位或经营资格，而数据资产权是指对数据集合或加工产品的归属财产权。数据控制者的这些权利应当采取近似物权的设计：对于数据经营权，数据经营者以经营为目的对他人数据进行收集、分析、加工，这种经营权具有专项性和排他性；对于数据资产权，数据经营者可以对自己合法数据活动形成的数据产品占有、使用、收益和处分，是对数据资产化经营利益的一种绝对化赋权。

"所有权＋用益权"二元权利结构学说。这一学说认为，数据可以借鉴"自物权＋他物权"的权利分割模式，根据不同主体对数据形成的贡献来源和程度的不同，设定"数据原发者拥有数据所有权"和"数据处理者拥有数据用益权"的二元权利结构，形成"所有权＋用益权"的协同格局，以实现用户与企业之间财产权益的均衡设置。就企业数据权利而言，数据企业可以通过法定或约定方式取得数据用益权，而该权利包括数据控制权、数据开发权、数据许可权、数据转让权等多种权能。

第二节　数据权益的竞争法保护模式

竞争法保护是一种企业数据的常见保护方式。对于企业来说,除了构成独创性的数据外,还有很多数据是企业的核心竞争力,比如点评类网站的用户点评信息、电商网站的商家信息,显然无法按照《著作权法》保护,但对于企业来说也是重要的数据资产,且这类数据大多是公开信息,很容易被竞争者复制使用,从而对企业的正常经营造成重大影响,给企业带来巨大损失,这类企业数据最为可取的保护模式可能是基于《反不正当竞争法》保护。

如前文所述,近年来法院并未直接对企业数据权属问题进行回应,而是从保护经营者合法权益的角度出发,承认企业长期合法经营后所获数据的竞争性财产权益。

当前,竞争法领域已积累大量的司法裁判案例,大众点评诉百度、新浪微博诉脉脉……"三重授权""实质性替代"等裁判观点开创数据权益保护的先河,填补了立法的空白,对平衡多方利益进行了有益的尝试。

我们通过分析各大案例的裁判思路发现,法院在对数据权益进行竞争法益保护时,通常会考虑以下因素:(1)侵权主体方面,双方是否具有竞争关系;(2)权利基础方面,原告是否享有数据权益,是否投入大量成本,是否进行开发、使用,是否获得商业利益、竞争优势等;(3)损害后果方面,是否损害市场竞争秩序,是否造成原告的利益损失,是否形成实质性替代,是否妨碍原告的正常经营等;(4)侵权行为方面,被告获取数据是否违背商业道德,是否存在"搭便车"的故意,是否具有积极效果,是否有利于促进创新与市场竞争,是否有利于提升市场效能等。我们将就上述考量因素分别进行阐述分析。

一、是否享有数据权益

对于平台型企业而言,海量用户数据是其核心的竞争优势,但持有数据是否就可以和享有数据权益画等号,这一问题司法裁判已给出了一定的解答。

（一）企业对经过深度加工的衍生数据享有权益

在“生意参谋案”[①]中，就淘宝公司是否享有其运营的“生意参谋”大数据产品财产权益问题，法院进行了详细分析。淘宝公司的“生意参谋”数据产品中的数据内容虽然源于原始用户信息数据，但经过其深度开发（通过一定的算法，经过深度分析过滤、提炼整合以及匿名化脱敏处理）已不同于普通的网络数据。

此外，法院还对大数据产品及网络原始数据进行区分，如网络运营者只是对网络用户信息进行数字化记录的转换，其虽然在转换过程中付出了一定劳动，但原始网络数据的内容仍未脱离原网络用户信息范围，故网络运营者对于原始网络数据仍应受制于网络用户对于其所提供的用户信息的控制，而不能享有独立的权利。因此，深度加工是企业是否享有数据权益的关键。

（二）企业对原始数据资源整体享有权益

在深圳市腾讯计算机系统有限公司、腾讯科技（深圳）有限公司与浙江搜道网络技术有限公司、杭州聚客通科技有限公司不正当竞争纠纷案件[②]中，原告主张享有数据权益的涉案数据为微信用户的个人身份数据或个人行为数据，该部分数据只是将微信用户信息作了数字化记录后形成的原始数据，并非微信产品所产生的衍生数据。

法院认为，网络运营者所控制的数据分为原始数据与衍生数据，对于单一原始数据，数据控制主体只能依附网络用户信息权益，依其与用户的约定享有原始数据的有限使用权；对于单一原始数据聚合而成的数据资源整体，数据控制主体享有竞争性权益。

而未经许可使用他人控制的单一原始数据，不违反“合法、必要、征得用户同意”原则的，一般不应被认定为不正当竞争；未经许可规模化破坏性使用他人所控制的数据资源的，可以认定为不正当竞争。

然而，实践中很多案件并未严格区分原始数据与衍生数据。比如在大众点

---

① 浙江省杭州市中级人民法院民事判决书，(2018)浙01民终7312号。

② 浙江省杭州市中级人民法院民事判决书，(2020)浙01民终5889号。

评诉百度地图案[①]中,法院就笼统认定上海汉涛信息咨询有限公司的大众点评网站通过长期经营,积累了大量的用户点评信息,这些点评信息可以为网站带来流量,同时这些信息对于消费者的交易决定有着一定的影响,本身具有较高的经济价值。当然,因为该案发生于 2016 年,司法实践和数据保护都刚刚起步,因此,裁判观点存在一定的局限性。

但这一区分标准也存在一些问题,比如何为原始数据资源整体,需具备多大的规模,当前的司法裁判其实并未解决,仍有待法院在个案中自由裁量。

二、是否造成损害后果

在数据权益纠纷中,损害后果有多种体现形式,如是否形成实质性替代,是否妨碍原告的正常经营等,以下将分别进行展开论述。

(一)是否构成实质性替代

"实质性替代"的观点起源于大众点评诉百度地图案。在该案中,北京百度网讯科技有限公司(以下简称百度公司)在百度地图及百度知道中使用了大众点评的用户评论信息并同步提供了跳转至大众点评的链接。法院认为,基于日常经验,消费者逐一阅读全部用户评论信息的可能性极低,大部分消费者在百度阅读用户评论信息后,已经无须再跳转至大众点评网查看更多的信息。因此,百度公司在百度产品中大量使用来自大众点评用户评论信息,构成对大众点评的实质性替代。

实质性替代的观点曾被纳入《最高人民法院关于适用〈中华人民共和国反不正当竞争法〉若干问题的解释(征求意见稿)》,该征求意见稿第 26 条规定,经营者违背诚实信用原则和商业道德,擅自使用其他经营者征得用户同意、依法收集且具有商业价值的数据,并足以实质性替代其他经营者提供的相关产品或服务,损害公平竞争的市场秩序的,人民法院可以依照反不正当竞争法第 12 条第 2 款第 4 项予以认定。虽然在 2022 年 1 月 29 日通过的正式稿中,基于各种理由删去了该条款,但也说明立法曾经考虑以立法的方式将司法实践的一些原

① 上海知识产权法院民事判决书,(2016)沪 73 民终 242 号。

则予以确定,具有一定探索意义。

(二)是否妨碍产品或服务的正常运营

通常情况下,通过公开渠道正常获取数据并不会导致不正当竞争的问题,但实践中部分企业往往会采取一些技术手段来获取其他经营者的数据。网络爬虫就是一种大规模获取数据的技术手段,作为一项技术其本身是中立的。根据《互联网搜索引擎服务自律公约》的规定,企业可以在遵守 Robots 协议①的情形下爬取数据。但突破平台方的技术限制、破坏平台方技术措施获取数据,就必然会损害平台方的合法权益,干涉其产品或服务的正常运营。

但不同于一般破坏技术措施爬取数据,限制性爬取行为是一种更隐形的不正当竞争行为,会在一定程度上妨碍被限制主体产品或服务的正常运营。在百度在线网络技术(北京)有限公司(以下简称百度公司)等与北京奇虎科技有限公司不正当竞争纠纷案件②中,百度在线公司、百度公司对 Robots 协议的设置方式是以白名单的形式区分希望抓取其相关网页内容的搜索引擎,即未能纳入白名单的搜索引擎,将无法抓取其相关网页内容。因百度在线公司、百度公司未将 360 搜索引擎纳入白名单,导致 360 搜索引擎无法抓取其相关网页内容。

针对上述限制性抓取行为,该案二审法院认为,被诉行为的损害后果体现在四个方面:一是被诉行为影响了 360 搜索引擎的正常运行,导致 360 搜索引擎无法抓取其相关网站的网页内容,使得 360 搜索引擎的功能无法正常发挥;二是被诉行为损害了相关消费者的利益,影响网络用户对 360 搜索引擎使用体验的同时,迫使存在相关信息检索需求的网络用户不得不更换其他搜索引擎,从而影响网络用户自主选择的决定权,增加了选择成本;三是被诉行为将导致 360 搜索引擎与百度搜索引擎之间交易机会和竞争优势的"此消彼长";四是被诉行为有违公平竞争原则,扰乱了正常的互联网竞争秩序。

除上述损害后果外,数据权益纠纷中比较常见的损害后果还包括损害消费

---

① Robots 协议是一种在互联网领域内由从业者自发形成的行业惯例,指的是网站所有者通过在网站根目录下设置的 robots. txt 文件提示搜索引擎的网络机器人哪些网页内容不应被抓取,哪些可以抓取。

② 北京市高级人民法院民事判决书,(2017)京民终 487 号。

者的合法权益等，如上述限制性抓取案件中，被诉行为就直接影响消费者的选择决定权，增加其选择成本。另外，如果被诉行为可能会减少原告的用户流量与收益，造成双方交易机会和竞争优势的"此消彼长"，也会影响不正当竞争的认定。

三、被诉行为是否具有不正当性

因数据权益本身并非绝对权利，其受到损害并不必然意味着应当得到法律救济，只要他人的竞争行为本身是正当的，则该行为并不具有可责性。因此，在判定构成不正当竞争时，需要回归到被诉行为本身是否具有不正当性上，如数据的获取、使用是否明显违背商业道德和诚实信用原则，或者该行为是否可以促进市场效能的提升。

（一）是否违反商业道德和诚实信用原则

数据权益纠纷中，被诉行为是否违反商业道德和诚实信用原则是法院的重要裁判因素。在大众点评诉百度地图案件[①]中，法院在判断百度公司的行为是否违反商业道德时，综合考虑了以下四个因素：

其一，百度公司的行为是否具有积极的效果，如果经营者是完全攫取他人劳动成果，提供同质化的服务，这种行为对于创新和促进市场竞争没有任何积极意义，有悖商业道德。

其二，百度公司使用涉案信息是否超出了必要的限度，如果存在明显有对汉涛公司损害方式更小的方式而未采取，或者其欲实现的积极效果会严重损害汉涛公司利益的情况下，则可认定为使用方式已超过必要的限度。

其三，超出必要限度使用信息的行为对市场秩序所产生的影响，如果获取信息投入者的利益不能得到有效保护，则必然使得进入这一领域的市场主体减少，消费者未来所能获知信息的渠道和数量亦将减少。

其四，百度公司所采取的"垂直搜索"技术是否影响竞争行为正当性的判断，垂直搜索技术作为一种工具手段在价值上具有中立性，但这并未意味着技术本身可以作为豁免当事人法律责任的依据。无论是垂直搜索技术还是一般

---

① 上海知识产权法院民事判决书，(2016)沪73民终242号。

的搜索技术,都应当遵循搜索引擎服务的基本准则,即不应通过提供网络搜索服务而实质性替代被搜索方的内容提供服务。

此外,法院还从利益平衡角度对被诉行为是否违反公认的商业道德进行判断。一方面,需要考虑产业发展和互联网环境所具有信息共享、互联互通的特点;另一方面,要兼顾信息获取者、信息使用者和社会公众三方的利益,既要考虑信息获取者的财产投入,还要考虑信息使用者自由竞争的权利,以及公众自由获取信息的利益;在利益平衡的基础上划定行为的边界。

(二)是否提升用户整体福利或市场效能

判断被诉行为的正当性还需要考虑行为本身的效益,如是否为创新性使用,是否有利于用户整体福利的提升,是否会促进社会公共利益的实现,是否会提升所在行业、整体市场经济发展的质量和水平。

在北京微梦创科网络技术有限公司与云智联网络科技(北京)有限公司不正当竞争纠纷案件[①]中,法院对涉案 App 通过抓取数据实现的功能进行了评判,其认为该种功能虽一定程度上体现了节省粉丝下载、浏览不同产品所产生的成本等价值增量,但此种价值增量并非对互联网用户整体福利的普遍提升或将促进社会公共利益的实现(如有助于公民获取必要信息,或有利于推进科学、社会、经济发展等研究),也未明显提升互联网产业或其所在行业、整体市场经济发展的质量和水平。因此,涉案 App 所具有的价值增量程度极为有限,不足以抵消云智联公司被诉行为的不正当性。

由此可见,法院会综合权衡被诉行为带来的价值增量及行为的不正当性,如果并未带来明显的价值增益,则该行为还是会被认定为不具有正当性。

四、已被认定为具有不正当竞争性的数据行为

(一)数据爬虫行为的不正当竞争性

很多企业数据的不正当竞争行为,都涉及数据爬虫行为,在上海汉涛信息

---

① 北京市海淀区人民法院民事判决书,(2017)京 0108 民初 24512 号。

咨询有限公司诉百度公司、上海杰图软件技术有限公司不正当竞争案件中[①]，原告运营大众点评网站，享有大众点评商家及用户的点评信息的合法权利。百度地图、百度知道未经大众点评的同意大量抄袭、复制大众点评网点评信息，直接替代了大众点评网向用户提供内容，擅自使用“大众点评”知名服务特有名称构成不正当竞争行为。该案件中，百度公司即使用数据爬虫功能大量爬取了大众点评的信息，并在百度地图中直接展示。就大众点评信息构成原告竞争优势这一问题，百度公司提出的主要抗辩是：点评信息只是大众点评网的部分功能，并非其核心竞争资源，百度公司索引点评信息并不会构成替代大众点评的功能。且百度地图产品不仅未实质性替代大众点评网，反而给大众点评网无偿带来了新的访问流量。法院最终认定，百度公司未经同意大量爬取大众点评网用户点评信息的行为构成对原告的不正当竞争行为。

就大众点评公司是否因百度公司行为受到损失，法院作出如下认定：“首先，汉涛公司的大众点评网站通过长期经营，其网站上积累了大量的用户点评信息。用户在百度地图和百度知道中搜索某一商户时，所展示的用户评论信息大量来自大众点评网，这些信息均全文显示且主要位于用户评论信息的前列，虽然附有‘来自大众点评’的跳转链接，但基于日常消费经验，消费者逐一阅读所有用户评论信息的概率极低，消费者在百度地图和百度知道中阅读用户评论信息后，已经无须再跳转至大众点评网阅看更多的信息。百度公司在百度地图和百度知道产品中大量使用来自大众点评网用户的评论信息，已对大众点评网构成实质性替代，这种替代必然会使汉涛公司的利益受到损害。”在该案件中，虽然原告主张的权益无法达到侵犯企业著作权或财产权的保护高度，但法院最终通过认定确定了数据也是企业核心竞争资源。在自由、开放的市场经济秩序中，经营资源和商业机会具有稀缺性，且原告在收集用户点评信息过程中实际上付出了很多劳动时间。且随着信息技术和互联网产业的发展，企业信息所具有的价值超越以往任何时期。如果不加节制地允许市场主体任意地使用或利用他人通过巨大投入所获取的信息，将不利于鼓励商业投入、产业创新和诚实经营，最终损害健康的竞争机制。

---

① 上海市浦东新区人民法院民事判决书，(2015)浦民三(知)初字第528号。

就百度公司行为是否违反诚实信用和商业道德,法院做出如下认定:“百度公司在使用来自大众点评网的评论信息时,应当遵循‘最少、必要’的原则,但百度公司通过搜索技术抓取并大量全文展示来自大众点评网的信息,已经超过必要的限度,实质替代了大众点评网的相关服务,百度公司明显可以采取对汉涛公司损害更小,并能在一定程度上实现积极效果的措施。百度公司的行为不仅损害了汉涛公司的利益,也可能使得其他市场主体不愿再就信息的收集进行投入,破坏正常的产业生态,并对竞争秩序产生一定的负面影响。”该案件中,法院认定百度公司构成违反诚实信用原则和商业道德的要件在于,一方面百度公司的爬取数据行为已超过必要限度,且违反了数据处理的“最小、必要”原则。另一方面是百度公司的行为产生了实质性替代作用。不仅对大众点评公司造成损害,也对市场竞争秩序有一定破坏。

(二)数据授权使用的不正当竞争性

除了非法爬取企业数据可能构成不正当竞争行为,在企业进行数据授权使用过程中也可能会存在不正当竞争行为。

在北京微梦创科网络技术有限公司诉北京淘友天下技术有限公司、北京淘友天下科技发展有限公司不正当竞争案件中,①原告北京微梦创科网络技术有限公司为微博运营主体,被告北京淘友天下技术有限公司、北京淘友天下科技发展有限公司(以下简称二淘友公司)为脉脉运营主体。微博授权脉脉在用户登录时,调用微博 Open API(登录接口),获得微博授权收集用户在微博注册的姓名、性别、头像、电子邮箱等信息。但脉脉在未经微博同意的情况下,还擅自收集了微博用户的教育信息、职业信息和电话号码等其他信息,并使用收集的用户信息向用户提供定向推送服务。微博认为脉脉在授权使用企业数据的过程中非法抓取、使用新浪微博用户信息,非法获取并使用脉脉注册用户手机通讯录联系人与微博用户的对应关系,构成不正当竞争。脉脉公司答辩称,微博开放平台授权被告获取新浪微博用户的相关信息,脉脉未绕开新浪微博的开放接口抓取用户数据。且脉脉公司从新浪微博网页获取的未授权用户信息系基

① 北京知识产权法院民事判决书,(2016)京73民终588号。

于与微梦公司的合作关系,也已经取得用户的同意,且仅针对授权用户显示,不向不特定的第三方用户显示,并非针对微梦公司的不正当竞争行为。最终,法院还是认定了脉脉未经微博授权的情况下抓取用户信息的行为构成了不正当竞争行为。

就开放平台的数据授权使用规则,法院确认了"平台授权 + 个人授权 + 平台授权"的原则。法院认为:"互联网中第三方应用通过开放平台例如 Open API 模式获取用户信息时,应坚持'用户授权' + '平台授权' + '用户授权'的三重授权原则。本案二淘友公司与微梦公司通过新浪微博平台 Open API 进行合作,二淘友公司未经新浪微博用户的同意,且未取得新浪微博的授权,获取并使用新浪微博用户的职业信息、教育信息,侵犯了微梦公司的竞争优势,破坏了互联网行业的公平竞争秩序,构成《反不正当竞争法》第 2 条规定的不正当竞争行为。"该案件中,脉脉收集用户职业信息、教育信息等时虽然获得了用户的授权,但并未获得微博的另外授权,且脉脉与微博同属社交软件领域,具有竞争关系,因此构成不正当竞争行为。

就获取数据的举证责任,法院确认了由技术实施者举证的原则。法院认为:"在现阶段技术手段无法实现相应技术效果的情况下,技术实施者有义务就其采取的具体技术手段进行举证。本案二淘友公司是否通过脉脉用户手机通讯录联系人展示与新浪微博用户的对应关系,在现有技术手段无法实现如此高精准和极具个性化信息的匹配关系时,二淘友公司无法举证如何获得该种对应关系,应当对此承担举证不能的不利后果。"该案件中,由于微博无法举证脉脉超范围收集了微博用户的教育信息、职业信息,但根据法院的举证责任设置,脉脉应对未收集使用微博个人信息的行为承担举证义务,换言之,脉脉应就其获得用户个人信息的合法来源予以证明,否则将承担举证不利的后果,最终脉脉也被认定为需要承担不正当竞争的责任。

第三节　数据著作权保护模式探索

当数据构成作品时,可以受到著作权法保护。数据能否受到著作权法保护的问题由来已久，欧美一般通过邻接权对数据库进行保护。1996 年欧盟通过了《数据库指令》，规定无论数据库是否具有独创性，只要其从数据数量或质量上反映了在获取、校验或展示数据内容方面的巨大投资，投资者有权禁止对数据库进行复制、发行、出租和传播。《德国著作权法》第 2 编“邻接权”中也新增“对数据库制作者的保护”，规定数据库制作者享有复制发行和传播数据库内容或其中大量或重要内容的专有权利。①

我国的立法虽未对数据或数据库的著作权保护进行单独规定，但实践中已有法院认定数据或数据库构成作品。通常有两条裁判路径：一是针对数据集或数据库，考虑到其独特的选择、编排方式，认定构成汇编作品；二是数据本身在内容上符合独创性要求，因此认定属于《著作权法》的法定作品类型。以下将就两条路径分别阐述。

一、数据集或数据库构成汇编作品

《著作权法》第 15 条规定：“汇编若干作品、作品的片段或者不构成作品的数据或者其他材料，对其内容的选择或者编排体现独创性的作品，为汇编作品……”不同于文字、美术等作品的创作，汇编的作用在于以汇编者认为的合理呈现方式，提供汇编者眼中有价值的作品、数据或其他信息。② 因我国未将数据库纳入邻接权的保护体系，汇编作品可以说是与数据保护关联度最高的一类作品，当数据库或数据集的制作者选择与编排方式达到独创性的程度，数据库或数据集即可以被认定为汇编作品。这一观点已被司法裁判所认可。

在上海钢联电子商务股份有限公司与长沙同瑞信息技术有限公司商业贿赂不正当竞争纠纷③案件中，法院认为原告通过人力物力对全国多个城市相关钢材价格信息进行汇编，其成果具有一定的独创性，且在互联网上以数字表格的形式固定，以会员方式对相关人员进行发布，故原告享有汇编作品所有权，应依法予以保护。

---

① 参见王迁：《知识产权法教程》（第 5 版），中国人民大学出版社 2016 年版，第 213 页。

② 参见王迁：《知识产权法教程》（第 5 版），中国人民大学出版社 2016 年版，第 181 页。

③ 长沙市岳麓区人民法院民事判决书，（2020）湘 0104 民初 10602 号。

但此种保护路径存在一定的局限性，在算法与自动化当道的时代，数据的整合更多是依靠算法或计算机系统自动进行，此种方式似乎难以达到独创性的要求。后面提及的北京菲林律师事务所（以下简称菲林律所）诉百度公司著作权侵权纠纷案件①刚好可以印证上述观点，该案法院认为自然人创作完成应是《著作权法》上作品的必要条件，否认了计算机软件智能生成的“作品”受到著作权保护。由此可见，自动化形成的数据库想要寻求汇编作品保护似乎难以实现。

二、特殊数据构成其他法定作品

当然，数据并未完全被隔离于著作权保护体系外，某些特殊类型的数据产品在满足独创性要求后，仍有可能构成《著作权法》规定的其他作品类型。以我们检索到的导航电子地图案②为例。

导航电子地图是一种能够反映相关地理现象，显示空间地理坐标位置，并且与导航应用系统结合使用的终端地图数据产品；用数字化形式把地理信息中各要素以及他们之间的相互关系进行有机组织并存储于计算机内部，由地理信息数据和图形两部分组成。

在该案中，法院认为现实世界的地理信息非常丰富，但地图上能容纳的信息本身有限，如何利用线条、色彩、图标呈现筛选确定的信息必然要经过复杂的筛选过程，独立测绘的导航电子地图有很大的创作空间，偶合或者与现有作品重合的可能性小，通常可以符合独创性的要求。法院认定原告的导航电子地图可以构成图形作品。

同时，法院也认可涉案地理信息数据系原告耗费巨大的人力、物力、财力，经过复杂的情报收集、数据采集、数据制作、数据质检等过程形成，具有较高的经济价值，已成为原告的无形资产和核心竞争力，应当受到法律保护。但在已认定导航电子地图可以构成图形作品的情形下，不再适用竞争法重复保护。

本案提供了数据权益的又一保护路径，在数据产品具有较高市场价值及表

① 北京互联网法院民事判决书，（2018）京0491民初239号。

② 北京知识产权法院民事判决书，（2019）京73民终1270号。

达成本时，有非常大的可能被认定为《著作权法》上的作品。

三、自动生成的数据分析报告虽然具有一定的独创性，但并非作品

司法实践中，包含企业数据的作品是否可以获得《著作权法》的保护，还需要判断是否符合著作权的独创性及作者等法律要件。

在菲林律所诉百度公司著作权侵权纠纷中①，原告菲林律所起诉北京百度网讯科技有限公司，认为百度公司未经菲林律所同意，将《影视娱乐行业司法大数据分析报告——电影卷·北京篇》发布在百度公司经营的百家号平台，且删除了涉案文章的署名、引言等部分，侵害了菲林律所享有的信息网络传播权、署名权、保护作品完整权。但百度公司辩称：涉案文章含有图形和文字两部分内容，但均是采用法律统计数据分析软件获得的报告，报告中的数据并不是菲林律所经过调查、查找或收集获得，报告中的图表也不是由其绘制所得，而是由分析软件自动生成，因此涉案文章不是由菲林律所通过自己的智力劳动创造获得，不具有《著作权法》规定作品的独创性，不属于《著作权法》的保护范围。最终法院认定了百度公司侵害了菲林律所享有的信息网络传播权，应承担相应的民事责任。但法院认为涉案文章并不构成著作权法上的文字作品。

就涉案文章是否具有独创性及是否构成作品的问题。法院是这样论述的："从分析报告生成过程看，选定相应关键词，使用'可视化'功能自动生成的分析报告，其内容涉及对电影娱乐行业的司法分析，符合文字作品的形式要求，涉及的内容体现出针对相关数据的选择、判断、分析，具有一定的独创性。但是，本院认为，具备独创性并非构成文字作品的充分条件，根据现行法律规定，文字作品应由自然人创作完成。虽然随着科学技术的发展，计算机软件智能生成的此类'作品'在内容、形态，甚至表达方式上日趋接近自然人，但根据现实的科技及产业发展水平，若在现行法律的权利保护体系内可以对此类软件的智力、经济投入予以充分保护，则不宜对民法主体的基本规范予以突破。故本院认定，自然人创作完成仍应是著作权法上作品的必要条件。"因此，该判决认为涉案文章不属于自然人创作完成，不构成文字作品。

---

① 北京互联网法院民事判决书，(2018)京0491民初239号。

就涉案文章是否受到法律保护。法院是这样论述的:“虽然分析报告不构成作品,但不意味着其进入公有领域,可以被公众自由使用。分析报告的产生既凝结了软件研发者(所有者)的投入,也凝结了软件使用者的投入,具备传播价值。如果不赋予投入者一定的权益保护,将不利于对投入成果(分析报告)的传播,无法发挥其效用。对于软件研发者(所有者)来说,其利益可通过收取软件使用费用等方式获得,其开发投入已经得到相应回报;对于软件使用者而言,其通过付费使用进行了投入,基于自身需求设置关键词并生成了分析报告,其具有进一步使用、传播分析报告的动力和预期。因此,应当激励软件使用者的使用和传播行为,将分析报告的相关权益赋予其享有。”

不过,法院最后虽然认为涉案文章无法被认定为《著作权法》的作品,但仍然赋予了软件使用人享有涉案文章的权益。

第四节　数据权益的刑事保护模式

与数据权益相关的纠纷并不止步于民事领域,越来越多的刑事案件进入公众视野。破解用户密码、利用系统安全漏洞访问非公开的系统等,都有可能触发刑事犯罪。一般而言,最容易触发的罪名主要是侵犯公民个人信息罪和非法获取计算机信息系统数据罪。我们列举部分认定为犯罪的刑事裁判观点以供参考。

一、获取用户同意后非法留存数据构成犯罪

2021 年,“魔蝎案件”①引发公众关注。魔蝎科技开发可以在网贷平台 App 中嵌入的前端插件,用户使用网贷平台的 App 借款时,需要在魔蝎科技提供的前端插件上,输入其通信运营商、社保、公积金、淘宝、京东、学信网、征信中心等网站的账号、密码,经过贷款用户授权后,魔蝎科技的爬虫程序代替贷款用户登录上述网站,进入其个人账户,利用各类爬虫技术,爬取(复制)上述企、事业单

---

① 杭州市西湖区人民法院民事判决书,(2020)浙 0106 刑初 437 号。

位网站上贷款用户本人账户内的通话记录、社保、公积金等各类数据,并按与用户的约定提供给网贷平台用于判断用户的资信情况,并从网贷平台获取每笔0.1元至0.3元不等的费用。在案发时魔蝎科技以明文形式非法保存的个人贷款用户各类账号和密码条数多达2000余万条。最终魔蝎科技因非法获取公民个人信息,被认定为侵犯公民个人信息罪。

"魔蝎案件"虽然使用了爬虫技术,但是在获取用户授权同意的基础上进行爬虫,实际上其更大的问题在于信息的非法留存,即在明确告知用户不会保存个人信息的情况下,还将用户信息留存在自己租用的服务器上,因此法院最终认定魔蝎科技以其他方法非法获取公民个人信息。

二、无权限或超越权限获取公开数据构成犯罪

网络爬虫是否构成非法获取计算机信息系统数据罪的关键在于是否存在获取权限,而非数据是否公开。没有授权或超越授权,即使未采取技术手段获取数据仍有可能被认定为"侵入"计算机信息系统。

在上海晟品网络科技有限公司、侯某强等非法获取计算机信息系统数据罪案件[①]中,被告人在上海市采用技术手段抓取被害单位北京字节跳动网络技术有限公司服务器中存储的视频数据,破解北京字节跳动网络技术有限公司的防抓取措施,实施视频数据抓取行为,构成非法获取计算机信息系统数据罪。本案中尽管被害单位允许用户缓存观看视频,视频数据处于公开状态,但其并未允许用户下载数据,数据也并未丧失保护措施,因此,任何主体都不得直接非法获取。

三、数据交易未严格审查构成犯罪

数据交易未进行严格审查、处理的,不仅在民事上引发个人信息保护问题,在刑事上还可能构成单位犯罪导致业务线的直接关闭。

在常某、颜某旺侵犯公民个人信息刑事案件[②]中,数据交易为该公司的主要

---

① 北京市海淀区人民法院民事判决书,(2017)京0108刑初2384号。

② 山东省临沂市中级人民法院民事判决书,(2018)鲁13刑终549号。

业务模式,具体为先向合作企业购进数据,再对购进数据进行接收、整理、存储,根据用户的兴趣、爱好不同加工,分别打上不同的标签后,将数据放入数据堂公司的大数据处理集群。最后,再按照客户需求提取符合条件的数据,将数据发送给客户。在该模式下,购买的数据极大可能包含用户个人信息,能够识别到特定自然人,属于以购买、收受、交换等方式获取公民个人信息;在未进行去标志化、匿名化处理又将其出售给客户,属于以出售方式向他人非法提供公民信息。因此,构成侵犯公民个人信息罪。

该案为以数据交易为业的企业敲响警钟,交易个人信息未进行严格审核并脱敏处理的,构成刑事犯罪的风险极大,应慎之又慎。

四、采取侵入性手段无权限或超越权限获取个人信息构成两罪竞合

随着各大网站保护公民个人信息的力度加强,采取的技术安全措施也越来越强,在此种背景下,获取者如果绕开或破坏技术措施,未经授权或超越授权获取公民个人信息的,可能同时构成非法获取计算机信息系统数据罪与侵犯公民个人信息罪,构成两罪竞合,应从一重罪处罚。

在谢某安等侵犯公民个人信息刑事案件[①]中,被告人谢某安、林某华利用被告人杨某提供的"Smarttool"等软件,通过技术手段非法侵入京东商城"WIS 旗舰店"等商户的账户维护后台,窃取被害人周某等人的交易类个人信息共计240,372 条,后谢某安、林某华将窃取的个人信息出售并获利。因此,构成侵犯公民个人信息罪。

五、常见的数据类犯罪罪名

(一)非法获取计算机系统数据罪

根据《刑法》第 285 条的规定,非法获取计算机信息系统数据、非法控制计算机信息系统罪,是指违反国家规定,侵入国家事务、国防建设、尖端科学技术领域以外的计算机信息系统或者采用其他技术手段,获取该计算机信息系统中

① 北京市大兴区人民法院民事判决书,(2019)京 0115 刑初 570 号。

存储、处理或者传输的数据,情节严重的行为。犯本罪的,处3年以下有期徒刑或者拘役,并处或者单处罚金;情节特别严重的,处3年以上7年以下有期徒刑,并处罚金。

在叶某星、张某秋提供侵入计算机信息系统程序、谭某妹非法获取计算机信息系统数据案①中,被告人叶某星编写了用于批量登录某电商平台账户的“小黄伞”撞库软件(“撞库”是指黑客通过收集已泄露的用户信息,利用账户使用者相同的注册习惯,如相同的用户名和密码,尝试批量登录其他网站,从而非法获取可登录用户信息的行为)供他人免费使用。“小黄伞”撞库软件运行时,配合使用叶某星编写的打码软件(“打码”是指利用人工大量输入验证码的行为)可以完成撞库过程中对大量验证码的识别。叶某星通过网络向他人有偿提供打码软件的验证码识别服务,同时将其中的人工输入验证码任务交由被告人张某秋完成,并向其支付费用。被告人谭某妹通过下载使用“小黄伞”撞库软件,向叶某星购买打码服务,获取到某电商平台用户信息2.2万余组。被告人叶某星、张某秋通过实施上述行为,从被告人谭某妹处获取违法所得共计人民币4万余元。谭某妹通过向他人出售电商平台用户信息,获取违法所得共计人民币25万余元。浙江省杭州市余杭区人民法院采纳了检察机关的指控意见,判决认定被告人叶某星、张某秋的行为已构成提供侵入计算机信息系统程序罪,且系共同犯罪;被告人谭某妹的行为已构成非法获取计算机信息系统数据罪。

(二)侵犯公民个人信息罪

根据《刑法》第253条之一规定,侵犯公民个人信息罪是指违反国家有关规定,向他人出售或者提供公民个人信息,情节严重的,处3年以下有期徒刑或者拘役,并处或者单处罚金;情节特别严重的,处3年以上7年以下有期徒刑,并处罚金。违反国家有关规定,将在履行职责或者提供服务过程中获得的公民个人信息,出售或者提供给他人的,依照前款的规定从重处罚。

在彭某、蒋某军等侵犯公民个人信息案②,被告人彭某为牟取利益,采取购

---

① 杭州市余杭区人民法院民事判决书,(2017)浙0110刑初664号。

② 湖南省衡阳市中级人民法院民事判决书,(2019)湘04刑终234号。

买、交换等方式,获取了大量衡阳市各大楼盘业主房产信息,信息内容包含:小区名称、楼栋号、房间号、业主姓名、房屋面积、联系方式等内容。2015 年 9 月 10 日至 2018 年 2 月 14 日期间,被告人彭某以每条信息 0.5 元至 4 元不等的价格,将上述楼盘业主信息出售给被告人蒋某军、邓某、姚某东、曾某、彭某兴及周某勤(另案处理)等人共计 79,026 条,获利数万元。最终法院判决被告人彭某犯侵犯公民个人信息罪,判处有期徒刑 3 年 6 个月,并处罚金 10 万元;被告人蒋某军等 5 人犯侵犯公民个人信息罪,判处有期徒刑 1 年至 3 年不等,缓刑 1 年至 4 年不等,并处罚金。

该案件中,虽然侵权主体与企业并无直接关联,但被告人通过购买、交换的方式获得楼盘业主的个人信息,因此构成侵犯公民个人信息罪。对于企业数据合规来说,要做好包含个人信息的数据保存,避免因任何方式导致的个人信息的泄漏可能引发的企业风险。

第五节　企业数据权益保护的实务难点与趋势

当前,企业数据权益保护已经成为经济活动中不可忽略的要点,而法律实务界也对企业数据权益颇为关注。但是,我国目前的法律保护未能跟上实践的步伐,在企业数据权益保护领域中,仍有很大的空白留待我们填补。这些空白导致在法律实务中对企业数据权益保护产生了比较明显的障碍。此外,企业面临的经营上的主客观因素也在侧面阻碍着企业数据权益保护的实现。面对数据日益全球化的流动,境内外企业数据权益的保护体系也亟待建设。我们总结了以下要点,都是目前企业数据权益保护存在的比较明显的难点、痛点。

一、企业数据权益缺乏明确的体系化的法律规定

我国法律法规对“企业数据”这一客体缺乏明确的法律规定。正如本章第一节、第二节提到,针对企业数据的保护模式多种多样,其背后折射出的,是对企业数据的民法上的权利定位认识不清、关键概念界定模糊、与其他法律概念存在交叉和冲突的尴尬局面。

(一)企业数据的权利定性缺乏法律基础

企业数据究竟是什么?目前法律法规并没有对所谓"企业数据"有定义,也没有提到过企业数据的外延,更没有对企业数据出台过综合意义上的形成、使用、转移的指导,这可能导致在未来实践中就面临不同方面的挑战,又可能因为缺乏统一的体系而产生自相矛盾的解释。比如,个人信息与企业数据产生重合,企业是否可以将其有偿或无偿地共享给第三方;用户公开发表的信息,如果用户公开许可第三方进行转载(如在评论中加入开源协议),则企业基于什么法律基础可以阻止第三方抓取该评论并在自己的网页上进行展示。

司法实务界对其的界定就根据不同情况,采取了不同的保护路径,但最核心的问题,即企业数据的定性,都避而不谈。就目前的司法保护路径来看,我国法院曾引用《著作权法》《不正当竞争法》《刑法》去规制企业数据的使用,以保证企业数据权益。由于缺乏统一的界定,对企业数据采取什么样的保护措施,纯粹取决于司法实务中能够利用到的法律是如何规定的,不同的法律的保护力度、需求救济的证明难度等差别巨大,这对企业维护自身企业数据权益是个巨大的障碍。

放到思维更加活跃的理论界,法律研究者对企业数据的定性更是千差万别,莫衷一是。就企业数据的法律定性而言,出现了包括知识产权说①、物权说②、债权说③、新型权利说④、权利否定说⑤等数种主流理论,这些理论都对企业数据的法律规制发展作出了有益的探索,但一直没有一种主流理论得到明显的国家层面的支持。

---

① 参见徐实:《企业数据保护的知识产权路径及其突破》,载《东方法学》2018年第5期。

② 参见周林彬、马恩斯:《大数据确权的法律经济学分析》,载《东北师大学报(哲学社会科学版)》2018年第2期。

③ 参见钟晓雯:《数据交易的权利规制路径:窠臼、转向与展开》,载《科技与法律(中英文)》2021年第5期。

④ 参见龙卫球:《数据新型财产权构建及其体系研究》,载《政法论坛》2017年第4期。

⑤ 参见梅夏英:《在分享和控制之间数据保护的私法局限和公共秩序构建》,载《中外法学》2019年第4期。

就目前而言，立法与司法实践更偏向于权利否定说，即否定传统民事法律制度权利分类对立法和司法的路径依赖式指引，针对“数据现象所做的理论研究存在着离散化和碎片化的特征”，放弃形成稳固和统一的权利基础，而着重于如何“在理论上如实把握数据的特性和现实流动规律”，实打实地解决数据的利用、流通问题。在这种理论的指导下，只要把企业数据从收集、存储、保护、使用、传输、分享方方面面打点得当，就不用纠结其权利基础的问题。这种思维带来最大的问题是，若出现一个新的问题，无论是产业工作者还是法律实务人员都很难在缺乏既定的权利基础上对这个问题提出合乎规范的解决方案，每一个细节都需要在反复的讨论和利益的平衡中，等待又一个新的规范的出现。这对盘活企业数据、维护企业数据权益、促进数据有序流通、打通企业数据生态链是极其不利的。

(二)企业数据的范围与保护的边界缺乏法律基础

什么样的数据可以视为企业数据，这是企业数据目前缺乏法律基础的另一个体现。我们可以轻松列举出大量的企业数据，但是从来没有权威部门或理论研究给出过关于企业数据的内涵与外延，对企业数据需要保护的法益也缺乏相关的研究，导致司法实践中对其保护的边界缺乏法律基础。

如果不从根源上解决企业数据的定义，则会给之后出台关于企业数据利用的更详细规定产生障碍，也会导致实践中适用法律的成本陡然上升。如果我们对企业数据采取过于狭隘的定义，可能导致进行企业数据更详细规制的基础，而企业数据会因为范围太小失去利用的基础，更严重的会产生法律漏洞，遗漏部分应当被规制的数据在灰色区域；而如果我们对企业数据采取过于宽泛的定义，则可能导致企业权益的无序扩张，为部分企业赋予极大的垄断优势，也可能产生与其他数据规制的法律适用冲突。

此外需要考虑的是，企业数据权益的保护范围在哪里，企业数据权益保护的法益究竟是什么。以当前的数据保护趋势来看，《反不正当竞争法》逐渐变成了企业数据权益保护的“口袋”。不可否认的是，反不正当竞争的的确确与企业数据权益保护存在天然的契合点，无论是根据第 9 条的商业秘密保护，还是第 12 条的网络经营特别规定，都与企业数据存在密不可分的联系。但如果不对企业数据背后的法益进行一个合理的限定,可能会使得《反不正当竞争法》成为阻碍一切数据利用的万能条款,导致《反不正当竞争法》企业数据成为部分企业建立“垄断护城河”的帮凶。部分企业可能会基于数据垄断维持行业垄断地位,如妨碍竞争对手获取数据资源、数据开放中专门限制向特定竞争对手提供数据、通过经营者集中手段阻碍竞争对手进入市场等,破坏行业生态和市场竞争。

综合而言,保护企业的数据权益,并非无限制地容忍企业对数据的掌控。归根结底,平衡数据流动以及企业数据权益,促进数据有序流通,维护互联网的开放,才是保护企业数据权益的最终目的。由于这个平衡是动态的,因而其对企业数据权益的限制可能也是动态的。由于我国目前在这方面的法律和司法实践都比较匮乏,因而此处谨以司法实践较为完善的美国举例。根据美国《1986 年计算机欺诈与滥用法》(CFAA),对未经授权或超过权限访问计算机早期的认定标准是,网站发表限制访问的明确声明或网站在使用条款中明确禁止网络爬虫,只要发布了类似的声明,即视为企业已经对其他主体对企业数据的抓取收集的反对和不授权。然而,在新世纪的 Craigslist Inc. v. 3Taps Inc. 和 Facebook, Inc. v. Power Ventures 案中,法院又否定了仅仅依靠类似声明即可禁止其他企业对企业数据的抓取使用,认为只有企业发出行为禁令信表示明确反对,或采取足够的技术手段阻止数据收集(如事后的 IP 封禁,哪怕技术手段不足以完全阻止,但可以反映出企业禁止数据抓取意愿),才会使其他主体的行为被认定为违反 CFAA 的“未授权行为”。到了 2017 年的 hiQ Labs, Inc. v. Linked In Corp 案法院的态度再次变化,基于促进信息流动和保障自由的目的,网络上已经公开的信息不属于 CFAA 意义上的“未经授权”或“超出授权”行为,事前的“使用条款”、事后的禁令通知、实施 IP 封锁技术都不再有效。我国企业目前面临的一个问题也是类似的,企业缺乏在维护自己数据权益与保持互联网开放特性之间寻求平衡点的明晰指引,需要一步步摸索监管和政策的红线,难以有效盘活企业数据权益。

(三)企业数据与其他类型数据交叉重合部分的处置缺乏法律基础

现实中的数据类型多种多样,同一个数据或数据集,可能归属不同类别的数据。目前,我国规范比较齐全的数据类型就包括个人信息与公共数据,这也是企业数据利用过程中最应关注的数据类型。

1. 个人信息与企业数据的交叉重合

从企业数据的来源来看,个人信息的权利范围对企业数据的权益具有重要影响。个人数据是构成企业数据的重要组成部分,个人的数据权利(个人信息相关权利)行使将直接影响到企业数据的利用。个人信息常常构成其中最为核心且最具价值的部分,因此企业对个人数据享有的权限范围将直接影响到企业的数据权利内容,进而影响到数据产品的价值。

当个人信息与企业数据出现重合时,从尊重自然人个人权利和数据产生的原初的角度出发,个人信息主体对个人信息的处置权利超脱于企业对企业数据的权益。具体而言,个人信息主体行使权利并对企业数据利用产生影响的情况可以分为删除型、拒绝型与同意型。

删除型,是指个人要求删除企业所掌握的个人信息,企业丧失该部分信息导致企业数据的不可用。比如,网购消费者在购物网站上所留下的购买记录和收货地址,在大部分人的思路来看,其既是企业数据的组成部分,又是消费者的个人数据。如果消费者行使删除权(如申请注销账户),依照《个人信息保护法》的规定,企业应及时同步删除该部分信息,法律、行政法规规定的保存期限未届满,或者删除个人信息从技术上难以实现的,企业应当停止除存储和采取必要的安全保护措施之外的处理。个人的权利行使会导致企业失去该项数据内容,企业也不能再利用该数据进行任何活动。针对该类别的权利行使,企业可以采取匿名化信息替代个人信息的方式处置,使得这部分信息在脱敏后仍能长期存在并利用。需要注意的是,由于进行了匿名化,个人信息会极度失真且理论上无法回溯,因而在某些场景仍然会面临无法使用的可能。因而,如何提高已经匿名化的信息的利用效率,可能是未来这方面数据的发展重点。

拒绝型,是指如果个人拒绝企业对其个人信息作出某类别的处理,导致企业无法利用这部分数据,在现实意义上形成了“被删除”类似的情况。由于《个人信息保护法》对该类别的规定比较多,相关的规范性文件和标准也比较关注这一问题,在现实中个人也比较大可能行使这一权利,因此如何对这一类别的权利进行响应成为令企业数据持有者头痛的情况。比如,企业应当为个人提供非基于个人信息的商业性推广信息选项,一旦大量用户选择了这一选项,就意味着企业的营销推广不再精准,这部分的企业数据的价值将会大大贬损。再比如,个人在网络平台的公开个人信息,被第三方通过 API 接口取得,但这种 API 接口取得是否属于个人信息向第三方提供,第三方如何取得用户同意,用户又如何表示拒绝。这都是未来利用企业数据时需要考虑的难题。

同意型,是指个人对其个人信息作出处理指示要求企业进行某类型的处理。个人行使同意型权利,个人信息的权利行使与当下企业数据权益保障可能会产生冲突。在 2021 年新立的《个人信息保护法》下,个人信息主体对个人信息的授权同意即可处理的立法体例,就已经与司法实务中所谓企业数据"三重授权"①形成了冲突。根据《个人信息保护法》,如果个人同意取得该个人在 B 的个人信息,如账户信息、通讯记录,A 就可以向 B 取得而不需要 B 同意。换言之,《个人信息保护法》不承认"三重授权"。如 2017 年荣耀手机的 Magic 系统,未经微信授权,仅通过用户授权同意的方式便收集了用户的微信聊天记录,从而对用户实现聚合推送和智能服务。荣耀手机该行为符合《个人信息保护法》的要求,但倘若依照"三重授权",荣耀手机还需要经过微信的授权才可以使用源于微信的数据,并且微信方也需要额外向用户确认是否同意荣耀手机使用。在原有的司法实务理论中,属于个人信息的企业数据是一种"共有"的权利,但个人信息主体的权利会相对于企业具有一定优越性,因此产生了"三重授权";但在新法律体例下,企业的权益被"抹杀",同时属于个人信息的企业数据权益不再属于市场竞争中的专有优势,企业无法通过禁止性授权拦截这部分企业数据流出。由此可见,个人信息在法律上的绝对性保护已经与照顾企业数据带来的竞争性权益的保护的司法实践思路产生冲突,这是未来企业数据权益保护需要关注的难点和重点。

综合而言,个人信息与企业数据之间存在诸多重合且在现实中存在法律和司法实践冲突,这些都是实务中亟待解决的痛点。

2. 公共数据与企业数据的竞合

从企业数据的形成来看,最近被多项法规提及的公共数据也对企业数据的权益产生了巨大影响。根据各地方性法规的规定来看,公共数据可能包含大量企业数据。例如,根据《广东省公共数据管理办法》的规定,广东省行政区域内

---

① 北京知识产权法院民事判决书,(2016)京 73 民终 588 号。

行政机关、具有公共事务管理和公共服务职能的组织(以下统称公共管理和服务机构)实施的公共数据采集、使用、管理行为,均适用该办法。因此,对于一方面指向企业,另一方面与公共事务管理和公共服务提供相关的数据,"企业数据"属性和"公共数据"属性在此发生竞合。从企业数据的维度来看,这类数据很可能涉及企业的商业秘密或属于保密商务信息,与企业权益息息相关;从公共数据的维度来看,公共数据属于新型公共资源,任何单位和个人不得将其视为私有财产,公共管理和服务机构理论上有权共享、使用这类数据。

虽然《广东省公共数据管理办法》等对保护商业秘密作出了明确规定,要求公共数据开发利用主体在利用公共数据过程中不得侵犯他人商业秘密,但企业的数据相关权益并不限于商业秘密保护。对于自身相关数据可能落入公共数据范畴的企业,如何在当前及未来的公共数据法律体系中维护自己的数据相关权益,是需要深入探讨和长期关注的问题。

二、企业数据权益维护的高难度与高成本

一方面,随着企业数据价值日益提升,特别是互联网经济的突飞猛进,越来越多人注意到企业数据的金矿。另一方面,数据保护上的技术隐患可能带来的损失也会飙升,特别是对于基于互联网提供商品和服务的企业来说,数据俨然成为其业务营利的逻辑核心,对于拥抱互联网的传统零售业、批发业和服务业来说,数据则是打造其私域流量和生态闭环以促进业务升级的核心。数据日益显现的重要性和数据权益维护的难度与成本的矛盾性,也在与日俱增。

(一)数据漏洞频现,企业数据维护成本日益上升

国家信息安全漏洞共享平台的数据[①]显示,2021 年度,我国共报告 18,588 个各类漏洞,其中被列为高危类别的漏洞高达 5399 个。而安华金和科技公布的《2021 年数据库漏洞安全威胁报告》则反馈,旗下的 CVE 安全平台截至 2021 年 12 月公布的数据库漏洞信息的统计结果显示,目前市面上主流数据库在一

---

① 参见国家信息安全漏洞共享平台:https://www.cnvd.org.cn/flaw/statistic,最后访问日期 2021 年 12 月。

年度内发掘漏洞达到226个，以远程攻击途径为主；其中，漏洞数量排名前5的数据库为：MySQL（165个）、Oracle（27个）、MongoDB（13个）、DB2（12个）、Postgre（5个）。[①]

种种数据表明，企业数据相关的技术漏洞等问题必将长期存在，随着数据的重要性的提升，企业也必须将更多的精力放在应对不断被发掘的漏洞上。特别是当一些传统零售业、批发业和服务业向“互联网＋”转变时，额外支出的企业数据维护成本可能会特别明显。

（二）针对数据的恶意窃取行为激增，企业疲于应对

当越来越多人认识到数据的重要性，相应地，针对数据的不法行为也在上升，不少人将手伸向了企业内部数据库，窃取数据，并逐渐形成了一条黑色产业链。通过对国内过往10年的非法获取计算机数据罪司法案件数量进行统计分析，不难发现，非法获取计算机数据的行为总体是呈上升趋势，且增幅十分惊人（见图7－1）。而且，这部分数量仅仅是企业或者国家机构能够发现的并成功找到罪犯的情况，未能发现的或者始终未能确认罪犯的针对数据的不法行为，可能如同潜藏在水面下的冰山一般，数量庞大。

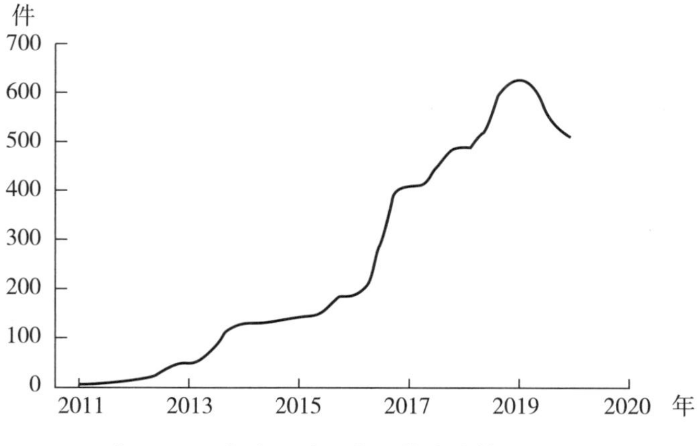

图7－1　2011年至2020年我国涉及非法获取计算机数据罪司法案件数量

① 参见《2021年数据库漏洞安全威胁报告（简版）》，载北京安华金和科技百度百家号2022年1月13日，https://baijiahao.baidu.com/s?id=1721828415159787889&wfr=spider&for=pc。

针对数据窃取行为的防范难点在于，企业不仅要防范外部的攻击，还要防范源于内部的“卧底”。不论是对公司不满或因其他原因盗库（甚至删库）跑路的“前管理员”，还是监守自盗挣内外通吃的公司内部人员，都是隐蔽在企业内部难以被提前预防的。此外也存在冒充安全人员、监管人员上门检查等方式物理上打入企业内部窃取数据等情况，这些都让公司在防控方面难以应付，最终带来的负面影响都是难以评估的。

（三）企业内控意识过低，专业能力不足，缺乏制度化管理

企业对数据保护同时考验的是企业的数据安全内控意识和数据、网络技术人员的专业能力。相比于以互联网发家的企业，从传统企业向互联网发展的企业可能更加面临上述问题的考验。

内控意识主要是指相关专业技术人才缺乏数据安全管理的意识和自觉落实的心态，通常出现的数据安全问题都是一些小问题，诸如数据管理人员使用默认配置、默认账户、简单密码，使用公共端口而非加密端口、数据明文传输等不应当犯的问题导致数据泄露的情况并不罕见。专业能力主要是针对数据管理人员的防控能力讨论，包括数据管理人员对数据的加密能力不足，对 C 端页面的漏洞检测不足留下了通向企业内部库的漏洞，甚至可能是面对黑客在明处大张旗鼓地进攻无法有效应对等。

因而，企业针对数据管理人员的数据防护意识和专业技能培训十分重要，特别是防护意识方面，是可以通过加强教育以及二次检查可以避免的。企业应当加强数据保护制度的建设，形成制度化的数据安全责任、数据使用管理、数据接触权限、定期数据保护巡查和定期教育。但现实情况下是，企业在整体实际执行方面并不到位，在未出现企业数据安全事故的情况下，对数据价值在意识层面尚未被普遍认可和重视，导致整体管理上的缺位。

三、经济全球化视野下的企业数据权益保护复杂化

随着全球经济一体化的程度日益加深，越来越多中国企业走出国门，走向世界。中国企业的出海版图，包括互联网相关行业的海外扩张路径，远远比普罗大众想象得要更丰富。无论是传统的零售业、批发业或服务业，还是互联网

渗透程度较高的新形态企业;无论是最早期的国字头企业,还是大量提供跨国商品贸易或服务的民营企业,都不可避免地面临全球化下各法域不同法律、不同监管要求、不同企业数据立法保护力度、执法力度的挑战。对于"走出去"的企业来说,数据权益保护日益复杂化,亟待升级企业的数据权益保护制度。

(一)不同法域对企业数据的法律规定大相径庭

相比于公司法等公司运营一般性要求,不同国家或地区对企业数据的法律规定的不同之处可能超出想象。特别是,数据保护方面存在大量法律模糊地带和技术细则,因此可能需要结合一地的司法判例、政府命令、强制性技术规范等才能够明晰该地的整体企业数据保护体系。这导致对进行数据权益保护业务的法律工作者要求颇高,专业化程度高则费用自然也会水涨船高。对于体量庞大、业务广泛的企业集团来说,针对自己所有业务板块对全球各地的企业数据保护进行梳理,尽管听起来很不现实,但为了完成企业数据合规和保障自身数据权益,这部分工作不得不做。如果出现企业数据使用等纠纷,还涉及当地的争议解决,则将会进一步加深全球化运营的数据权益保障难度,使得企业难以建立一个全球范围的基本统一的数据权益保护内部制度。

大部分小微出海企业针对的市场一般是有限的,通常会选择一个对应的区域板块作为自己的目标市场,这部分企业就可以仅选择区域内的地区的法律法规作为自己数据权益的合规参考。但一个常常遇到的问题是,这部分小微企业本身资金不算充裕,对企业数据权益的问题即使有所考量,也只能劣后于业务去做工作,或者干脆想当然地不管不顾,导致自己在数据权益方面吃亏。

随着《通用数据保护条例》(General Data Protection Regulation,GDPR)实施近两年,欧盟和各成员国监管机构对于这部法律的解读越来越多,执法案例也越来越多,这都对企业理解规则并在实践中依据规则开展合规给予了很多指导,越来越多企业优先采取 GDPR 作为合规方向,并依据欧洲经济区的企业数据权益作为自己数据权益保护的蓝本和研究方向。不可否认,作为当前对数据管控比较严格的地区,欧洲经济区的 GDPR 在数据总体合规上是有一定的参考价值的,但是 GDPR 作为对个人信息进行保护和处理的规范,并不代表欧盟(或欧洲经济区)在企业数据权益维护方面也处于领先位置。相反,企业数据权益作为一个尚未被完全开发的法律领域，各法域在司法实践中可能会存在巨大差异，会依照区域内经济发展状况、政治与文化习惯、企业数据利用程度、数据侵权案例情况、区域内“重数据”企业整体情况作出具有当地特色的规定。无论是欧洲经济区，抑或是美国，还是中国，这些法域的企业数据权益保护都没有全球普适性。企业存在这方面需求的，还是需要老老实实地下大力气做好本地化企业权益保护体系的建立。

（二）跨法域企业数据保护执法和司法难度高

全球化的互联网发展给存在出海业务的企业带来了企业数据权益保护的巨大挑战。数据的流动带来的是更长的风险链条、更难的数据权益维护以及更高的数据权益保护成本。而在这其中一旦出现跨境企业数据侵害事件，跨法域的企业数据保护执法和司法可能是让人最头疼的问题。

跨法域执法和司法一直都是全球法律界的难题。基于司法主权的考虑，各国或各地区对跨法域执法和司法一向采取比较谨慎和严格的态度，域外取证、域外文件认可、域外法律适用等都是实务中让人头疼的问题。我国目前签署的域外司法协助条约不多，多边条约方面，我国是《关于向国外送达民事或商事司法文书和司法外文书公约》与《关于从国外调取民事或商事证据的公约》的缔约国，但仅限于文书送达和证据调取等单项问题，包括最重要的证据收集、证据承认和判决承认并不包括在内。我国与超过 70 个国家签署了双边司法协助条约，但这些条约中有的仅承认刑事程序，而且全部双边司法协助条约也不涵盖承认域外法院裁决效力这一重要事项，这导致随后的执法程序可能也会存在阻碍。因此，如果涉及我国与其他国家或地区关于企业数据权益的纠纷，司法程序以及执法程序将会是一个难题。

跨法域执法与司法还可能完全发生在境外，涉及两个或以上的不同法域。遇到这种情况，就意味着企业需要完全面临境外司法程序和执法程序，难度也会再提升，同样也意味着相关的法律费用会继续涨高。如果面对企业数据权益被严重侵犯的事件，而企业又无法承担高昂的费用，则可能导致企业原有竞争优势被攫取，甚至被迫退出当地市场的严重后果。

除开程序上的阻碍，对本地市场相关实体法的陌生也可能给企业的数据权益保护带来不小的挑战。结合本章第一节、第二节以及本节前文提到的中国和美国对企业数据权益的不同态度来看，在不同国家或地区，实体法上对权益保护有着不同程度、不同类别的要求，也在大大阻碍着不同法域间执法的交流，降低跨法域联合执法的欲望，其最终结果必将是导致部分企业数据权益受损。

总体而言，在全球化经营的场景下，跨法域企业数据保护执法与司法将会是一个亟待解决的难题，企业面临对自身数据权益的侵害时，拿起法律武器进行反击的阻碍会增大。

四、企业数据权益保护之趋势

随着《数据安全法》的出台，其中第7条首次明确规定，"国家保护个人、组织与数据有关的权益，鼓励数据依法合理有效利用，保障数据依法有序自由流动，促进以数据为关键要素的数字经济发展"，以法律形式明确规定了企业有权享有数据权益，企业有权对数据进行开发利用并流转，国家将为这一权利提供有力保护，关于企业对于数据所享有的合法权益的内容将会得到逐步完善。

尽管目前《数据安全法》对于制度性的规定偏多，对于企业所享有的数据权益的范围等内容未进行明确规定，但该法从上位法角度明确肯定了企业在数据处理活动和开发利用中享有合法权益，并为其提供保护，已经弥补了企业数据权益保护上位法空缺的问题，实现了顶层设计和制度统筹，有了更为明确的法律依托。这在实践中对于保护企业合法权益和促进企业对于数据的更深刻、广泛和高效地开发利用必将起到极大的推动作用，关于企业数据权益的保护和数据交易市场也更将呈现出一片繁荣景象。

企业作为数字经济中的数据经营者，其收集、处理、配置数据的生产方式已非常普遍，经过司法实践的转化，已实际拥有了数据经营权、数据资产权。同时现已出现为出售、转让而收集数据的新业态，如企查查、生意助手等软件。在数据资产化趋势下，数据财产权、资产权制度的建立必然是水到渠成的。提前适应数据资产化，将会是数字经济下每个企业重要的时代课题。